U0114296

既非一個文革，也非兩個文革

也非兩個文革

——南外紅衛兵打死工人王金事件個案分析

喬晞華　著

博客思出版社

獻給王金先生！

　　1966 年 9 月 29 日，工人王金被南京外國語學校的紅衛兵無故打死。雖然慘案發生在半個世紀之前，但是我們不曾、不會也不敢忘記王金先生！

獻給查全華先生！

　　查全華先生是王金先生生前的同事。王金被打死後，查全華先生與 10 多位工友發起了為王金討回公道、嚴懲兇手的群眾運動。三個月後，在市民的壓力下，當局逮捕了三名主要兇手。1970 年，查全華先生因言獲罪被南京市軍管會以反革命罪判處死刑。10 多年後該案終獲平反。歷史將記住查全華等人的功績。

獻給吳玉璋老師！

　　吳玉璋老師曾任南京外國語學校的語文教師，文革中倍受摧殘。如果不是王金先生被打死，兇手受到懲罰，吳玉璋老師很可能在文革中死於非命。吳玉璋老師因工作原因，接觸到當年「9‧28 王金事件聯合調查團」的調查報告。感謝吳玉璋老師為後人留下了這一珍貴的史料。

省思，從工人事件開始

這是一所公認的全國最好的中學之一。

這是一所由周恩來總理親自批准建立的學校。

這是一所走出過數百位外交官的學校。

這是一所培養出數位為國家領導人作翻譯的學校。

這是一所畢業生常被國外大學以全額獎學金直接錄取的學校。

這是一所擁有無數校友是博士、教授和學者的學校。

然而在這些鮮豔奪目的光環下，這所學校有著最黑暗的一頁。1966 年 9 月 29 日，這所學校的 31 位紅衛兵無故打死了一位工人。這就是當時震驚南京市甚至江蘇省的聞名的南京外國語學校紅衛兵打死工人王金事件。本書試圖重新打開這一長期封存的悲慘之頁，以警示後人。

本書為紀念文革發動 50 周年而作，為紀念在文革初期被貴族紅衛兵打死的王金先生遇難 50 周年而作。筆者在寫作過程中得到了美國 Creighton 大學哲學系袁勁梅教授的指教和幫助，南外校友李家駿先生和部分要求匿名的校友為筆者提供了許多情況和幫助，在此一併表示衷心的感謝。

喬晞華　於美國

2015 年 5 月

目　次

第 2 章　既非一個文革，也非兩個文革　101

第 1 章 王金事件始末

　　1963 年周恩來親自批准在全國建立首批外國語學校，南京外國語學校是其中之一。剛開辦時，南京外國語學校分別從二年級學生、小學畢業生和初中畢業生中招生。自 1982 年起改為只從小學畢業生中招生。初建時學校設有英、德、法三個語種，1982 年起增設了日語專業。

　　南京外國語學校地處市中心不遠，瀕臨玄武湖依傍九華山，校園裏綠樹成蔭、環境幽美。學生一律住校，即使學生的家與學校僅一牆之隔也不例外。學校的辦學目的是為國家培養高水準的外語人材打好基礎。當時的南京外國語學校和南京師範學院[1]附屬中學（簡稱南師附中）可以說是江蘇南京地區地方權貴子弟雲集的學校。

---

[1] 現改名為南京師範大學。

文革結束後，中國派出首批出國留學生，9 名學生中有 2
名來自該校。該校培養出眾多的外交官和國家領導人的翻譯，
校友遍及全球。目前該校已經成為全國頂尖的中學之一。然而，
在這些光環之下，該校的歷史上有著最黑暗的一頁。本書將揮
去歷史的塵埃，翻開該校歷史上最恐怖、最黑暗的一頁。

1966 年 8 月起，在北京「紅八月」紅色恐怖的影響下，
南京的紅衛兵也掀起了暴力潮。南京外國語學校的一派紅衛兵
（「毛澤東思想紅衛兵」，簡稱「思想兵」）[2]無故打死了南京市
玄武區建築聯社第三工程隊的工人王金先生。

1.1 王金事件真相的不同版本

王金事件真相有三種廣為流傳的說法。第一種說法是，紅
衛兵貼大字報擋住了王金家的門，使王金進出不便，王金與紅
衛兵發生了爭執，所以被紅衛兵打死了。這一說法從一些網頁
上可以看到。第二種說法影響比較大，出自於王友琴博士寫的
《文革受難者》[3]一書。書上是這樣描寫事實經過的：

> 王金，南京市的一個普通工人，1966 年 8 月中在公共
> 汽車上被南京外國語學校的紅衛兵抓走打死，紅衛兵說
> 王金「家庭出身不好」，該打。

---

[2]　另一派紅衛兵叫做「毛澤東主義紅衛兵」，簡稱「主義兵」。當時，南京外國語
　　學校改名叫做「南京國際共產主義戰校」。兩派的紅衛兵均由出身紅五類的
　　學生組成。

[3]　王友琴。2004 年。《文革受難者：關於迫害、監禁和殺戮的尋訪實錄》（電子版），
　　第 596 頁。http://www.chinese-memorial.org/

很多南京人都知道「王金」，知道他是個工人，「家庭出
身不好」，被高幹子弟紅衛兵打死了。1966 年時這是很
轟動的事件。

南京外國語學校當時的一名學生說，1966 年夏天，他
們學校的紅衛兵打了不少老師。教初三的一個普通女老
師，因為信宗教，不但被剃了「陰陽頭」，還被打得很
厲害。8 月中旬，外語學校紅衛兵在公共汽車上抓了工
人王金，把他打死。紅衛兵說王金「家庭出身不好」，
當時他們打了很多「家庭出身不好」的人，稱之為「狗
崽子」。但是王金的同事們說他是「工人階級」。很多工
人為王金之死包圍了外國語學校。全南京的人都知道了
這件事情。中共南京市委和公安局為此逮捕了三個紅衛
兵頭頭，其中一個是南京軍區後勤部副部長的兒子，來
平息工人的憤怒。另一方面，中共南京市委和公安局把
外語學院[4]的學生護送出校，到農村住了幾天後，送他
們去「革命大串連」。

這名學生到北京後，8 月 31 日在天安門廣場見到了毛
澤東。那是毛澤東在 8 月 18 日以後第二次接見百萬紅
衛兵。這名學生說，在北京，他看到北京外國語學校的
紅衛兵比南京外國語學校更加暴力。

根據筆者向南京外國語學校多位知情者的瞭解，校友中流
傳著另一種說法。紅色恐怖激起了民眾私下的不滿和反抗。當

---

[4] 應為外語學校。

時傳說有兩個叫做「國際打狗隊」和「藍衫隊」的組織與紅衛兵作對。南京外國語學校的幾位女「思想兵」在地處鬧市區的新街口散發傳單，市民們哄搶傳單，有人趁機欺負這些女生。她們回校以後向男生們哭訴了受辱經過。「思想兵」的男生們被激怒了，決定再一次讓女生們出去散發傳單，由男生們在後面跟蹤保護。

9月27日，幾位女「思想兵」在新街口開完大會後又開始散發傳單。跟在後面的男生們發現了兩個行跡可疑的人，其中一人叫王金。散發傳單的「思想兵」發現王金撿了一張傳單還不滿足，跟著紅衛兵又撿了兩張。王金被懷疑的另一個原因是他梳著西式髮型並且穿了一雙擦得雪亮的皮鞋，被「思想兵」認為不是流氓就是阿飛，反正不是好人。「思想兵」們把他抓了起來押向學校。在回學校的路上，他們遇到了王金單位的指導員，在單位領導的擔保下，「思想兵」暫時放了王金。

「思想兵」在當天還抓了一個人，此人自稱姓葉。紅衛兵把他抓來後關在樓梯間裏。那天晚上，負責看守的「思想兵」大意睡著了。自稱姓葉的人翻牆逃跑了。估計他講的是假情況，第二天「思想兵」找不到那個人。「思想兵」懷疑王金與他是一夥的，就去玄武區建築聯社把王金抓來了。倒楣的王金成了他們的出氣筒。

王金解放前曾是國民黨軍的中尉司藥官。在淮海戰役中，王金被中共的軍隊俘虜，釋放後回到南京。此後王金曾在徐州市的一家醫院任藥劑師。因為一起醫療事故造成一名工人死亡，王金被判了刑。刑滿釋放後，王金回到南京，做過工人和小商販，最後進入玄武區建築聯社第三工程隊當灰沙工。

　　王金與妻子的關係不是太好，所以下了班以後常常在街上遛達。那一天，他看到有人撒傳單就跟在紅衛兵後面多撿了兩張。在審訊中，王金說不認識前一天晚上逃跑的那個人，「思想兵」們認為王金不老實。當「思想兵」問王金是否有歷史問題時，王金老老實實地交待了解放前參加過國民黨軍的經歷。

　　「思想兵」們的父母大多是出生入死打下江山的共產黨人。對於紅衛兵來說，國民黨是共產黨的不共戴天的敵人，眼前的王金曾經參經加過國民黨軍隊，這還了得。「思想兵」們出了一道算術題，問他在戰場上救治了多少國民黨兵，被他救治的國民黨兵又殺害了多少解放軍。王金回答不了，挨了打。一位有同情心的高中同學[5]試圖阻止毆打王金的暴行，但是沒有能夠成功。

　　很快，王金被打得皮開肉綻、頭破血流，殷紅的鮮血濺到了雪白的牆壁上。「哇」的一聲，傳來了一位女生的哭聲。一名女生被殘無人道的場面嚇哭了，掩面逃出了審訊室。事後，她還為此寫了檢討書，承認自己的無產階級立場不堅定，對階級敵人存有同情心。在那個是非顛倒的年代，人們已經不知道何是何非了[6]。

　　王金被放回樓梯間裏無人過問。王金醒來以後饑餓難忍，向紅衛兵要吃的。紅衛兵的管理混亂，沒有專門看管抓來的所謂「犯人」的人員和機構。紅衛兵的吃飯問題是自己負責的，

---

[5]　據筆者所知，他是高三德班楊姓男生，平民子弟。該同學正直敢言，後成為檢察官。

[6]　這是筆者當年聽同學說的，但是經過 50 年後，筆者無法找到其他人證實此事，大家都說不記得了。

他們自行到食堂買飯，誰也不會自掏飯票為王金買吃的。有一位「思想兵」給王金餵了一勺子貼大字報的漿糊。

第二天（即9月29日）上午7時許，一位小學五年級英語班的同學到學校去玩，看到王金躺在樓梯間的地上奄奄一息。王金當時還能說話，向這位同學要水喝。他對王金說，「地上不是有水嗎？」離王金不遠處的地上放著一隻碗，裏面盛著水。王金答道，「那是生水，不能喝。」曾經是藥劑師的王金此時腦子還是清醒的，還能知道沒有燒開的自來水不能喝，喝了會生病。由於這位同學不住校，沒有熱水瓶，沒法幫王金找到開水，所以就離開了。

大約10點多鐘，人們看到學校的護士急匆匆地向關押王金的大樓跑去。護士給王金打了強心針，但未能救活王金。王金的死不僅是被打受傷所致，而且是嚴重的饑餓和缺水引起的。「思想兵」關閉了學校的大門，不許任何人進出。人的生命是多麼脆弱，兩天前的王金還在生龍活虎地搶傳單，今天的王金卻在紅衛兵的拳打腳踢之下生命戛然而止。

下午2、3點鐘，XXX（第1號兇手）回到學校。當他聽完彙報以後，對大家說，「此事到此為止，不要說。」下午很晚時刻，校門才打開，人們可以離開學校。雖然死了人，紅衛兵們還沒有意識到事態的嚴重性，叫人把王金的屍體拉到火葬場去火化以為完事了。

1.2 王金事件的責任人

王金事件發生時，南京外國語學校「思想兵」的許多骨幹

成員都外出到北京等地串聯去了，留下初三法語班的 XXX（第
1 號兇手）和初三英語班的 XXX（第 2 號兇手）作為「思想
兵」的臨時負責人，領導低年級的紅衛兵成員。第 1 號兇手是
「思想兵」的第一臨時負責人。第 2 號兇手是第二臨時負責人，
兼任排長專管初一年級的「思想兵」成員。初一年級有三個班，
分別是初一英語班、初一德語班和初一法語班，三個班中的「思
想兵」成員被分別編為三個紅衛兵班，受第 2 號兇手的直接領
導。

　　關於打人的責任問題，南京外國語學校的校友中有兩種說
法。第一種說法是，第 1 號兇手打了第一下，第 2 號兇手打了
最後一下，第 3 號兇手和第 4 號兇手（女）打得最凶。第二種
說法是，第 1 號和第 2 號兇手根本沒有參與打人，是其他 20
多名「思想兵」和外地紅衛兵共同打的，其中第 3 號和第 4
號兇手（女）打得最凶。一位曾是「思想兵」的知情同學（當
時的小負責人，「思想兵」的班長）曾再三對筆者說，第 1 號
和第 2 號兇手絕對沒有參與打人。他還特地強調，王金死時第
1 號兇手根本不在學校裏，在校外執行任務。抓第 1 號和第 2
號兇手是因為他們倆講義氣，對王金事件大包大攬，主動承擔
了責任。

1.3 工人、學生聯合調查團的成立

　　王金的死訊迅速地傳開了。首先站起來的是王金生前的同
事們。雖然市民們對共產黨權貴早有怨氣，但是平時一直不敢
造次。王金被毆致死引發的怒火猶如火山一樣猛地迸發出來，

一發不可收拾。事情竟然這麼湊巧，王金作為建築工人曾經為建造南京外國語學校的教學大樓和宿舍大樓辛勤地勞動過。他被折磨致死的地方正是他曾經揮汗如雨辛勤勞動之處。人們被激怒了。

10 月 2 日，玄武區建築聯社第三工程隊的工人們首先貼出了「強烈抗議南京外國語學校的學生打死工人一事」的大字報。全城為之震動，要求嚴懲兇手的大字報立即鋪天蓋地佈滿了主要街頭和廣場。10 月 3 日，王金的 3 位同事與華東水利學院[7]的 7 位學生成立了調查小組到南京外國語學校進行調查。14 日，王金生前的同事、南京大學「紅色造反隊」和「全國革命造反串連總隊」發起，成立聯合調查組對打死王金事件進行深入調查。16 日，一個群眾性的草根組織「9·28 王金事件聯合調查團」（以下簡稱「9·28 調查團」）在南京大學正式成立。該調查團由南京市玄武區建築聯社，南京長江機器製造廠，南京電子管廠和南京大學等 40 多個單位的工人和學生組成，其主要成員有王金生前的同事查全華等人。查全華和南京市玄武區建築聯社的同事袁金龍、陳苗生、儲貴銀、戴敏、陳春景和楊正喜等是積極的發起者和參與者。

研究中國文革的大多數文獻把有名的「上海工人造反總司令部」（簡稱「工總司」）作為中國第一個工人造反組織。但是南京「9·28 調查團」在兩個意義上超過了上海「工總司」。首先在時間上，南京「9·28 調查團」於 10 月 16 日就已經成立，而上海「工總司」是在 1966 年 11 月 9 日才正式成立。南

---

[7] 現更名為「河海大學」。

京「9‧28 調查團」比上海「工總司」整整早了 24 天！其次在自發性上，上海「工總司」的成立是在北京紅衛兵[8]的幫助和參與下成立的。而南京「9‧28 調查團」完全是由工人首先發起，在學生的參與下成立的。南京「9‧28 調查團」成員中的工人們後來成為「江蘇省工人紅色造反總司令部」（簡稱「江蘇工總」）的成員，為文革中的江蘇工人運動立下了汗馬功勞。

　　「9‧28 調查團」派人四處請願告狀，有的到南京市委，有的到江蘇省委，有的到上海華東局，有的到北京直接找到國務院和中央文革，有的人則在本市和周圍城市大造輿論，連離南京約有 130 公里的安徽省蕪湖市內都貼滿了關於王金事件的大字報。更多的人則致力於在南京組織集會，抗議紅衛兵的暴行。工人和群眾集會，揚言要「踏平南京外國語學校」。工人們起初在外國語學校校門口抗議，以後衝破校門湧進學校並佔領了禮堂，自發地召開了聲勢浩大的集會，要求懲辦兇手。工人們站在外國語學校的教學大樓下，揚言要拆掉大樓為王金報仇。我的一位同學因不知情回答說是「思想兵」的，差點挨上憤怒工人的拳頭。

　　為了防止工人和群眾打傷學生，南京市市長岳維藩親自出馬，在學校的配電房裏指揮警察保護學校和學生。市政府很快決定把南京外國語學校的學生轉移到外地。10 月 8 日晚，副市長王昭銓親自坐鎮指揮，派出 10 多輛專門接待外賓的大轎車，開到了學校的後門，把南京外國語學校的部分學生秘密護送到與安徽交界的僻遠鄉間小丹陽公社。同時去的還有 10 多

---

[8] 首都「紅三司」。

名市委工作人員，負責照看學生。他們不僅更改校名對不知情的農民進行隱瞞，連學生家長也不讓知道學生的去向。

學生在那兒住了幾天。由於走漏了風聲，工人和群眾準備追到小丹陽。學生們不得不分散地回到南京，並約好某日在鼓樓公園悄悄取外出串聯的介紹信和火車票。據有的同學回憶，當時的聯絡方式有點像地下黨的接頭。學生們被告知，公園東面的一張石凳子那裏有人接應。此人會拿著《紅旗》雜誌，面朝東坐著。只要告訴他是南京外國語學校的，學生就能得到介紹信和火車票。就這樣，南京外國語學校的許多學生悄悄地離開了南京，逃到了北京和上海等地。

1.4 社會對王金事件的不同反應

對於打死王金，社會上出現了不同的反應。據一位親歷王金事件的「思想兵」回憶，在事件的前期曾出現過一個耐人回味的插曲。在學校舉辦的辯論會上，工人群眾高呼口號，要求懲辦殺人兇手。一位來自北京的紅衛兵反駁道，「難道要用我們紅衛兵的鮮血去抵償一個社會上小混混的血？」眾多的工人群眾們竟然被駁得啞口無言。他的話引來了台下紅衛兵的一陣掌聲。可想而知，當時的「老子英雄兒好漢，老子反動兒混蛋」的血統論還是很有市場的。

王金被打死的第二天，南京外國語學校的一位姓鄭的老師（第 1 號兇手的班主任）貼出了一張題為「XXX（第 1 號兇手）是個好孩子」的大字報。一些參加打人的學生家長也發表言論，對打死人不以為然，認為「打死個把人有什麼關係」，「反

正市委要替我們頂住」。有位學生家長堅決反對第 1 號兇手寫檢討書。南京市委書記處書記劉中不得不在與 8 位學生家長的會談中告誡這些家長「不要再火上加油」。南京第 9 中和第 10 中的紅衛兵開始串聯，說打死王金是革命行動，還說北京打死的人多著呢。

10 月 6 日，第 1 號兇手遞交了檢討書，承認自己犯有錯誤，是由於驕傲自滿，自恃出身紅五類。在檢討書中，第 1 號兇手認為打死王金事件是「好人打壞人」。根據「中國文革研究網」，江蘇造反派在 1967 年 3 月 14 日聯合編印的《打倒反革命修正主義分子許家屯》一書記述了省委書記許家屯是如何評論王金事件的。許家屯稱讚第 1 號兇手的檢討，說「我看了 XXX（第 1 號兇手）的檢查，16 歲的小鬼檢討寫得不錯。你不要看他犯了錯誤，打死了人，用主席語錄用得比較恰當，最後還引了主席的詩，我這麼大歲數的人也寫不出來。」許家屯還說：「在這麼大的運動裏，群眾發動起來以後，在沒有經驗的情況下，犯這樣那樣的錯誤是不可避免的，這同平常時候打死人的事情是不同的。」他還說，「這不是敵我矛盾，是像打仗一樣發生了誤傷。我們打仗也是這樣，掛花、犧牲的是不是都是敵人打的呢？不是的。也有自己人的槍走火，誤傷的。」「你怎麼能把走火誤傷的人當敵我矛盾對待呢？你能都抵命嗎？這是不可能的。」按照許家屯的說法，打死王金屬於誤傷，

紅衛兵不必為此受到法律的制裁[9]。這就是當時的當權者和紅衛兵的態度。

1.5 調查團初戰告捷

　　經過 5 個月激烈和反復的博弈，「9‧28 調查團」完成了對王金之死的調查向社會公佈了其調查結果。這是一份詳細的報告，共有 50 頁，包括王金被打死的經過，王金的個人簡歷，參與打死王金的學生名單，法醫鑒定和刑事攝影，市委書記處會議記錄摘要和省、市委主要領導人的報告，玄武區建築聯社第三工程隊造反派的批判文章，南京外國語學校部分學生的批判文章，南京市委和玄武區委工作人員于順良、張國義[10]、徐俊良和孫勳的揭發批判，國營 X 廠工人的批判省市委的大字報（1966 年 12 月 6 日），南京市委對處理王金事件的檢討，

9　江蘇省革命造反派炮轟省委聯合會、江蘇省省級機關革命造反總部、江蘇省省級機關革命造反總部省委辦公廳分部。1967 年。《打倒反革命修正主義分子許家屯》（1967 年 3 月 14 日聯合編印）。「中國文革研究網」http://www.wengewang.org/read.php?tid=5800。

10　南京市公安局第五處的一位科長。

以及調查團編寫的王金事件大事記[11]。

「9‧28 調查團」於 1967 年 2 月 6 日在南京人民大會堂召開了聲勢浩大的「關於王金事件省市委執行資產階級反動路線揭發批判大會」。市委、市人委負責人被揪鬥。南京檔案局的檔案是這樣記載王金事件的[12]：

> 9 月 28 日南京外國語學校紅衛兵打死玄武建築聯社工人王金，市委立即責成有關部門進行認真調查，嚴肅處理。「造反派」抓住這一事件煽風點火，發表《緊急呼籲》，組織調查團，硬說這是市委「執行資產階級反動路線的結果」。

1.6 王金事件調查報告：前言

無產階級革命派戰友們，我們「9‧28（王金）事件聯合

---

[11] 在此筆者向美國克瑞頓大學（Creighton University）哲學系袁勁梅教授（Dr. Jinmei Yuan）表示衷心的感謝，由於她的慷慨幫助，筆者能夠有幸得到她的母親吳玉璋老師珍藏了幾十年的「9‧28 調查團」的調查報告的影本。吳玉璋老師曾在南京外國語學校任教，因工作原因接觸到「9‧28 調查團」的調查報告，她私下收藏了一份。吳老師逝世後，袁教授在整理母親遺物中發現了這一珍貴的材料。王金被打死後，吳玉璋老師和凌介平老師被紅衛兵叫去抬屍體。一位女紅衛兵高舉著帶血的鞭子對吳玉璋老師說，「你不老實，王金就是你的下場！」吳玉璋老師是幸運的。如果王金沒有被打死導致社會巨大反彈，吳玉璋老師肯定會被這些紅衛兵打死。這一情況在袁勁梅教授的《忠臣逆子》一書中有詳細的敘述。吳玉璋老師深信王金是替她而死。也許出於這一原因，吳玉璋老師一直珍藏著王金事件的調查報告，希望有朝一日能將事件的真相留給後人作為鑒戒。

[12] 筆者於 2014 年 3 月從網上下載，現在該信息已無法獲得。

調查團」全體同志，懷著對黨和毛主席的無比感激向你們報告：王金事件經過 5 個多月的艱難曲折，在毛主席革命路線取得全面勝利，資產階級反動路線走向徹底垮臺的今天，終於得到了完全的澄清。

這是毛主席革命路線的勝利！

這是戰無不勝的毛澤東思想新的偉大勝利！

今天，透過工人王金的鮮血，我們看清了在殺死工人王金的兇手名單上，不但有 XXX（第 1 號兇手）、XXX（第 2 號兇手）、XXX（第 3 號兇手），還赤赤然寫下了舊省委、市委中一小撮反革命修正主義分子的臭名：江渭清、彭沖、許家屯、劉中、王楚濱、高黎光、王昭銓、雷紹典……是他們瘋狂地推行資產階級反動路線，借 XXX（第 1 號兇手）、XXX（第 2 號兇手）、XXX（第 3 號兇手）等人的手殺害了王金。

我們從工人王金的鮮血中得出了一個毋容置疑的結論：

王金是資產階級反動路線的無辜犧牲者！

王金的死是舊省、市委頑固執行資產階級反動路線的罪惡鐵證！

澄清王金事件的 5 個多月，實際上就是兩條路線激烈鬥爭的 5 個多月。

為了維護和繼續推行資產階級反動路線，保住他們已被革命洪流中沖得搖搖欲墜的寶座，舊省、市委無視廣大革命群眾要求懲辦兇手的嚴正呼籲，採取種種卑劣手段縱容兇手，壓制群眾，妄想把王金的鮮血悄悄地抹去。但是，革命群眾識破了他們的陰謀。

　　為了保衛毛主席的革命路線，維護我們強大社會主義國家的無產階級專政的尊嚴，為了捍衛十六條，捍衛黨紀國法，我們高舉起革命造反大旗在長江紅旗、南大紅色造反隊、南京電子管廠等 40 多個革命組織的熱情協助下，成立了「9‧28（王金）事件聯合調查團」。

　　調查團的成立是給舊省、市委的當頭一棒，他們怕我們怕得要死。但是他們「決不甘心於他們的失敗，他們還要作最後的掙扎。」

　　他們把我們的一些同志打成「反革命」；

　　他們封鎖，銷毀調查材料；

　　他們偷偷地轉移調查對象；

　　他們不給我們活動經費；他們無理扣壓我們工人同志的工資；

　　……

　　然而所有這一切，絲毫也動搖不了我們為保衛毛主席路線而戰的決心，我們牢記毛主席「下定決心，不怕犧牲，排除萬難，去爭取勝利」的教導，堅持了鬥爭。

　　歷史是無情的。5 個月以前，奮起為王金鳴冤叫屈的革命闖將們被舊省、市委中一小撮反革命修正主義老爺打成了反革命；今天，他們驕傲地站在無產階級革命派的行列中，淋浴著毛澤東思想的燦爛陽光，滿懷革命豪情地宣判了舊省、市委頑固推行的資產階級反動路線的破產。

　　宜將剩勇追窮寇，不可沽名學霸王。

　　無產階級革命造反派的戰友們，讓我們永遠記取工人王金的鮮血，把對資產階級反動路線的仇恨搞得深深的，批臭、批

垮、批倒資產階級反動路線，叫它永世不得翻身！

趁著調查報告出版的機會，我們向一切支援過調查工作的同志致以無產階級文化大革命的敬禮。

激流中的一股逆流

「四海翻騰雲水怒，五洲震盪風雷激。」

1966 年 6 月 1 日，毛主席親自批轉北大第一張馬列主義的大字報，一場史無前例觸及人們靈魂的無產階級文化大革命運動，以雷霆萬鈞之勢，首先在學校中，繼而在全國範圍內轟轟烈烈地開展起來。

「捨得一身剮，敢把皇帝拉下馬。」革命群眾紛紛起來把鬥爭的矛頭指向黨內一小撮走資本主義道路的當權派。可就在這時，以劉少奇、鄧小平為首的黨內資產階級代表人物，趁毛主席不在北京，迫不及待地派出了大量的工作隊，對那些革命造反的戰士實行資產階極專政，把如火如荼的群眾運動鎮壓了下去。

江蘇省委、南京市委忠實地執行了劉鄧路線。彭沖稟承了江渭清的旨意，在南大拋出了別開生面的「中層開刀」理論，而劉中更公開號召「兩類矛盾一齊放，三個橫掃一起掃」。他們的目的，無非是轉移鬥爭大方向，把水攪混，以期在革命群眾混戰中使自己安然逃脫。工作隊忠實執行了這些錯誤的指示，不把鬥爭的矛頭指向那些走資本主義道路的當權派；而是在教師、職員、工人中大抓「牛鬼蛇神」，把那些敢於向領導提意見的群眾打成「反革命」、「真右派」、「假左派」，並利用一般青年的單純幼稚，對黨對毛主席的無限熱愛，來充當他們的打

手，把運動搞得冷冷清清，白色恐怖籠罩著機關、學校、工廠。

八屆十一中全會象春雷一樣震驚大地，毛主席親手制定的十六條公佈了。長江機器廠紅旗戰鬥隊，首先高舉紅旗造了市委的反，與此同時南京大學紅色造反隊、南大八・二七革命串聯會成立了，矛頭直接指向江渭清、彭沖、指向舊省委。

8 月 18 日毛主席身穿軍裝，神采奕奕地登上了天安門，接見了來自全國各地的紅衛兵小將。這一振奮人心的消息使得南京地區沸騰起來，革命小將紛紛成立了紅衛兵組織，走上街頭，大破四舊。這下嚇壞了省市委、劉中轉彎抹角地拋出了十條，企圖把紅衛兵組織控制在他們手裏。於是在大學紅衛兵總部和中學紅衛兵總部的成立大會上，心懷鬼胎的江渭清、彭沖等親臨指導，並且慷慨地撥了汽車、摩托車、自行車和鈔票。使得這些朝氣蓬勃的革命組織一開始就沾染了修正主義的習氣，以至後來成了省市委執行資產階級反動路線和鎮壓革命群眾運動的新工具。

也就在這一時期，南京街頭貼滿了「譚立夫的講話就是好」的大字標語，「老子英雄兒好漢，老子反動兒混蛋，基本如此」的對聯也隨處可見；在新街口甚至還發現有「自來紅萬歲」的極其荒謬的大字報，「形而上學」和「反動血統論」竟然猖獗一時，在學生中大分什麼「紅五類」、「黑七類」，形成了同學之間的對立關係，並且發生了毆鬥，為後來大規模的武鬥流血事件開了頭。

就在這樣的政治氣氛中，1966 年 9 月 28 日，一個駭人聽聞的兇殺案件在南京外國語學校發生了，死者是要武區建築聯社三隊工人王金，兇手是外語學校毛澤東思想「紅衛兵」XXX

（第 1 號兇手）、XXX（第 2 號兇手）、XXX（第 3 號兇手）等一夥。

這是無產階級文化大革命洪流中的一股反動的逆流。

1.7 王金事件調查報告：王金是怎麼死的？

9 月 27 日晚飯後，王金在新街口廣場，遇到南京外國語學校「毛澤東思想紅衛兵」宣傳隊，搶了他們所散發的三張傳單。這個舉動立即引起了宣傳隊裏作跟蹤偵察工作的第 8 號兇手的注意。他覺得這個穿著普通工作服的人形跡可疑，於是跟蹤到估衣廊，喊了兩部三輪車，招呼後面幾個同學一起強行把王金架走。路經人民大會堂時，他們巧遇王金所在單位的指導員胡雲欽，胡證實了王金是工人，並且作了擔保，王金才被留下來。不過其中一個學生臨走留下一條命令說：「今夜不准他回家，明天來要人」，於是王金留在三隊[13]過了他一生最後的一夜。

第二天，9 月 28 日中午 11 時，南京外國語學校學生第 2 號、第 16 號、第 22 號兇手、XXX 四人，拿著介紹信把王金帶回學校，關進小教樓[14]樓梯間。從這以後，王金就失去了一切自由。

下午，在教學大樓俱樂部裏，由第 2 號兇手和 XXX 對王金進行了審訊。王金毫無隱瞞地把自己在歷史上曾參加過預備

---

[13]　即玄武區建築聯社第三工程隊。
[14]　即小學部教學樓。

國民黨員，是中尉藥劑師，二階佐理員，以及解放後配錯藥方，受到批評和後來到三隊工作等情況作了詳細的敘述。「審問」完畢以後，王金又被關進原處。

第二次「審問」是在 4 時左右，參加的人也較多，主要是重複第一次「審問」的內容，根本沒有提到「國際打狗隊」和「藍衫隊」等情況。這有當時的兩次「審問」記錄可以作證。但是，舊省、市委為了替兇手開脫罪責，不惜造謠說，兇手在「審問」中認為王金同「國際打狗隊」和「藍衫隊」有聯繫，出於對階級敵人的仇恨，才把王金打死的。在這一次審問中，第19號兇手用鞭子抽了王金的腳，但受到第15號兇手的勸阻，原因是「等問清楚再狠狠地打他一頓」。

5 時，市委駐南京外國語學校的聯絡員孫桂生和一些教師從大華電影院聽完報告回到學校，聽校長陳鳳肖[15]說學生抓來了一個人。6時左右，他就彙報了市委教育小組秘書組朱興祥。可是嚴重的事態沒有引起市委老爺們的重視，以後第 10 號兇手又抓來了紅五星木器廠的青工葉家複，關押在教學大樓的樓梯間裏。

晚上，第 1 號兇手從外面抄家回來。這個年青的「負責人」在聽了彙報以後，立即決定親自「審問」，他們把已一天沒吃東西的王金從樓梯間裏拖了出來。問了幾句以後，第 X 號兇手就不耐煩地奪了第 X 號兇手拿在手中的鐵條，猛抽了王金兩下，接著第 X 號、第 4 號、第 20 號、第 5 號兇手等便一擁而上，毒打了一頓，最後又關了起來，接著又把葉家複帶到接

---

[15] 原文為陳風肖。

待室裏，進行了威逼審訊和拳打足踢，打得死去活來。

晚 10 時左右，王金又被拉出來，拖到廁所裏。第 X 號兇手首先對王金的太陽穴猛擊兩拳。接著第 7 號兇手用木棍狠搗王金的腹部四、五下，打斷了三根體操棒，而第 6 號兇手的體操棒毒打王金時斷為三截。第 15 號兇手更狠毒地把皮帶蘸水狠抽王金，王金的哀號並沒有引起他們的任何同情，他們只是用力地打！打！王金有五、六次昏厥了過去，他們用冷水潑醒過來，還是打，直打得王金皮開肉綻，鮮紅的血流在地上，噴濺在天花板上，牆壁上。這次拷打直延續到午夜 12 時才結束。王金最後被關回樓梯間時，已是奄奄一息了。

29 日上午 8 時，第 X 號兇手、第 7 號兇手、第 10 號兇手、第 5 號兇手、第 6 號兇手等叫王金出來，王金已經癱在血泊中爬不起來了，這幾個小傢伙又打了一陣。10 時左右，第 16 號兇手才想到要給王金吃點東西，可是王金四肢僵硬，瞳孔無光，已經死了。

校醫趕來打針急救無效。於是第 1 號兇手、XXX、第 17 號兇手三人開了介紹信，把王金用救護車送到了火葬場。他們既不通知死者家屬，也不告訴死者單位，妄圖毀屍滅跡。由於火葬場堅持一定要明確死者的原因，第 1 號兇手才無奈通知了公安局，作了法醫鑒定，並作了刑事攝影。與此同時，公安局一個便衣警察也到達了南京外國語學校，他們和這些小兇手握手言歡。並且看了他（她）們打人行兇的器械，傳授他（她）們多長的鞭子打人最合手，還誇獎第 15 號兇手的鞭子鞭得好。這次所謂的「瞭解情況」實際上正是對罪犯的縱容和寬恕，叫我們想到北京西城公安局和西城糾察隊的關係。

一個工人的生命就這樣結束了。

我們要憤怒地斥問，王金的死是一個偶然的事件嗎？不，絕對不是！因為在這以前，外語學校早已連續發生過幾次抓人、打人事件，但是這並沒有引起舊省市委的重視和注意，以致最後釀成了王金的慘死。

王金事件絕不是不能避免的。就在王金和葉家複被殘酷拷打的當晚，511廠有一個工人已將情況告訴了近在外語學校咫尺的市委聯絡站，李秋陽轉告了市委書記高黎光。可是，高黎光好夢方酣，醒來後才不耐煩地吩咐紅衛兵總部去處理（即西城糾察隊式的南京紅衛兵警備糾察隊）。此外，駐外語學校的市委聯絡員、校長陳鳳肖、華業蔭[16]，明知有人被打卻一聲不吭，聽之任之。在這幫老爺的眼中，一個工人的生命究竟值幾個錢？

1.8 王金事件調查報告：省市委是如何保護兇手的？

王金的死並沒有清醒舊省、市委中一小撮反革命修正主義分子的頭腦。他們在處理王金事件的整個過程中，反而變本加利地推行資產階級反動路線，繼續與無產階級文化大革命為敵。

中共中央關於無產階級文化大革命的決定即十六條，明確指出，對證據確實的殺人、放火等犯罪行為必須依法處理。王

---

[16] 原文為華月蔭。

金是一個普通的工人，他既不是黨內走資本主義道路的當權派，也不是歷史反革命，更不是現行反革命，可是，外語學校以XXX（第 1 號兇手）、XXX（第 2 號兇手）、XXX（第 3 號兇手）為首的一夥僅僅因為他搶了三張傳單就「懷疑」他，並且逮捕了他，這是非法的而且在已經確切知道王金的身份是工人以後，還活活地把他打死，這就更不能容忍了。王金是被打死的，這有他血肉模糊的屍體和法醫鑒定為證，有大小兇器和血跡斑斑的現傷為證。主犯 XXX（第 1 號兇手）和從犯 XXX(第 2 號兇手）、XXX（第 3 號兇手）的殘酷行為已經構成犯罪，可是，江蘇省委、南京市委卻無視十六條，不顧法紀，公然冒天下之大不韙，採取種種卑劣手段妄圖把這個慘痛的流血事件和激奮的群眾壓下去。

　　為什麼省市委這樣害怕王金事件？為什麼他們不敢嚴肅懲辦兇手？因為他們怕革命群眾把王金事件和當時轟動滿城的人民大會堂窩藏反動畫像事件和雨花臺事件[17]以及揚州事件聯繫起來，作為向省市委開火的炮彈。他們更害怕革命群眾插手王金事件的處理，刨根挖底，揪出殺害王金的真正兇手——省市委，從而動搖他們早已處於風雨飄搖之中的統治寶座。另外，他們拿嚴肅的無產階級法紀作交易，買動這一小撮殺人兇手作他們的支柱，作為他們推行資產階級反動路線的工具。所以，劉中在幹部會上公開叫嚷說：「誰指責紅衛兵有問題，

---

[17] 「人民大會堂事件」是指在南京人民大會堂裏發現了蔣介石的畫像事件。「雨花臺事件」是指雨花臺烈士陵園管理不善，造成革命烈士遺骨暴露在野外。造反派以這兩個事件為理由，跑到省委去鬧事。（根據董國強《親歷文革——十四位南京大學師生的口述歷史》）

就是犯了方向路線性的錯誤。」於是幾方呼應，拼命地劃框框、定調子，把犯罪說成是「錯誤」，把「錯誤」說成是「缺點」。是缺點當然改了就行了。這樣一來大事就化小，小事就化了。

為了達到這些不可告人的目的，從省委到市委直至居民段，在南京城刮起了幾股壓制群眾起來的妖風。

9 月 29 日，就在王金事件後的這一天，在要武區委[18]匆忙召開了有區委書記高慶華、市文革張海萍、市工業政治部于峰、要建公司[19]書記周仁、三隊指導員胡雲欽、王金愛人[20]郭琴所在單位的領導、街道主任等出席的緊急會議，決定立即把屍體處理掉，免得工人抬了屍體上街，並且一定要穩住，高慶華並從胡雲欽那裏把外語學校帶王金的介紹信也收走交給市公安局長雷紹典，教他去欺騙工人。在這以後的幾天裏，高慶華組織了三隊的工人「赤衛隊」[21]，打擊革命工人，並且支持「赤衛隊」去北京和調查王金事件的工人唱對臺戲。這一股妖風就是王楚濱搖芭蕉扇括起來的。他在最後一次會議上兇相畢露地說：「誰要再把事態擴大，我們決不會放過他的。」欲蓋彌彰，省市委的醜惡嘴臉通過王楚濱的嘴暴露無遺了。

與此同時，在外語學校，市委也緊羅密鼓，推行了一系列工作。首先，王昭銓指示把現場沖洗得一乾二淨，把兇器也來了個徹底銷毀。接著在 10 月 11 日晚間用小汽車把 XXX（第 1 號兇手）送到飛機場，乘飛機到山東，同行的是學校人事秘

---

[18] 南京市「玄武區」在文革中曾一度更名為「要武區」。

[19] 即玄武區建築聯社。

[20] 直至文革，中國人將配偶稱為「愛人」。

[21] 文革初期的保守派組織。

書徐漪波。學校工作也作了重新分配。有負責接待的、有負責做學生工作的、有擔任「保衛」的等等。市教育小組為了加強領導，還特派了朱鳴、林育才、孫桂生等6、7人到學校去工作，並且派了一個社教工作團，在群眾中混淆是非，轉移目標，大抓「扒手」著實幹了不少罪惡的勾當。

　　10月2日，要建三隊[22]的工人不顧市區委的層層控制，首先貼出了「強烈抗議外語學校的學生打死工人一事的大字報」，全城為之震動，接著滿城風雨話王金，要求嚴懲兇手的大字報貼滿了主要街頭和廣場。這是群眾廣泛的對資產階級反動路線的大聲討。「山雨欲來風滿樓」，省市委老爺們像熱鍋上的螞蟻一樣。彭沖、許家屯、劉中、王楚濱、鄭康、陳慎言在會上聲嘶力竭地為罪犯開脫，混淆視聽，顛倒黑白，並且在各機關、企業、學校大放厥詞。於是成千上萬奉命而出的「正面」大字報出現了，有鉛印的、油印的，滿城貼、滿街散，其說不一，其意則一。是說打死人「大方向是正確的」，是「人民內部矛盾」，所以不必法辦，只要認識就行了。

　　1月7日晚，王昭銓親自坐鎮外語學校，藉口「形勢緊張」把全部學生連夜撤到蘇皖交界處的小丹陽去，同時去的還有十幾個市委的工作隊員，以便瞭解學生的思想動態。他們不僅更改校名欺騙貧下中農，就是連學生家長也不讓知道孩子究竟到哪里去了。後來陰謀敗露，才把學生調回來。但接著又讓他(她)們紛紛外出串聯去了。在這期間，市委王昭銓和外語學校霍繼光等人在學生中大刮陰風，把革命造反派說成是土匪和暴徒，

---

[22] 即玄武區建築聯社第三工程隊。

從中製造了學生對革命造反派極端錯誤的看法，阻礙了外語學校文化大革命運動的開展。

在王金事件處理過程中，舊市公安局是執行省、市委資產階級反動路線的忠實工具。局長雷紹典親自抓，副局長王忠則赤膊上陣，特別賣力。他們開始藉口「絕密」，不許工人看王金的法醫鑑定和刑事攝影，繼而乾脆把法醫鑑定中的詳細敘述全部刪掉，把刑事攝影中的幾張慘不忍睹的照片砍掉，以此來避免引起更大的公憤。他們分兵幾路，派出大批的便衣密探；在外語學校他們公開讚揚打死人的行為算不了什麼，在街上，他們把大字報一份份抄下來，把聽來的一言半語記下來，當作「社會動態」向王忠彙報。此外，他們還通過派出所、居民段把三隊 15 個工人整成了「反革命」，並準備立即逮捕其中的一個。他們把矛頭指向革命群眾，指向革命組織，唯獨不指向犯罪分子。五處的一個科長張國義在市局的授意下，連「打死人是犯法的」這句話都不敢講，可見當時的壓力是如何之大了。

「搬起石頭打自己的腳」，這是中國人形容某些蠢人的行為的一句俗語。各國反動派也就是這樣的一批蠢人。他們對於革命人民所作的種種迫害，歸根結底，只能促進人民的更廣泛更激烈的革命。革命群眾在毛主席革命路線的光輝照耀下，迎頭痛擊了資產階級反動路線的倡狂反撲，「9·28 調查團」在革命的暴風雨中殺出來了；社教工作隊的同志起來揭發了；公安局的同志，市委工作的同志起來揭發了；外語學校的同學起來揭發了……什麼陶鑄對省市委處理王金事件的「肯定」，隨著運動的發展遭到了徹底破產。

王金事件之所以複雜，不是事件的本身，而是江蘇省委、

南京市委由於「怕」字當頭，採取對兇手的縱容包庇，對革命群眾的鎮壓打擊，推行了一條徹頭徹尾的資產階級反動路線把事態搞複雜了，所以王金事件不是一個一般的刑事案件。

對王金事件的最後處理不僅追究刑事責任，懲辦幾個小傢伙的問題，更重要的是徹底肅清劉、鄧資產階級反動路線，徹底批判那種形「左」實右所謂「自來紅萬歲」以及「老子英雄兒好漢，老子反動兒混蛋」的反動謬論，使那些深受這條反動路線毒害的青年一代，擺脫這精神上的羈絆和枷鎖，真正地站到毛主席路線這一邊來。

1.9 王金事件調查報告：兩份不同的法醫鑒定書

（調查團按語：舊省市委把舊政法部門當作推行資產階級反動路線的御用工具，而舊政法部門又唯命是從，心甘情願。舊市公安局長，副市長雷紹典秉承主子江渭清、彭沖的旨意，指使奴才副局長王忠親自出馬，肆意篡改法醫鑒定記實，刪掉部分目不忍睹的刑事攝影，這兩份法醫鑒定書的對比就是舊省市委頑固執行資產階級反動路線的罪惡鐵證。）

經過刪改過的公安局法醫鑒定書如下：

南京市公安局第五處法醫鑒定書

（66）公刑驗字第 385 號

1966 年 9 月 29 日上午 11 時許，接外國語學校紅衛兵 XXX（第 1 號兇手）報稱：「發現一個行跡可疑的人，

被我們抓來打死了，屍體已送往火葬場。」接報後，張
國義科長率領法醫前往清涼山火葬場進行屍體檢驗。現
將有關檢驗情況，鑒定如下：

死者頭部有血腫，顏面部有十多處挫裂創。兩上肢、脛
部、背部、肩部、肩胛部以及小腿前面，均有廣泛性皮
下淤血及表皮剝落。這種全身性大面積損傷，完全可以
引起外傷性休克死亡。

死者身上的損傷有血腫，小挫裂創，廣泛性的皮下淤血
及表皮剝脫等，其性質均為鈍器打擊傷。從其損傷的特
點來看，符合棍棒、皮鞭、皮帶、鉛絲鞭、手足等物體
多次重複打擊所形成。

結論

死者王金系被棍棒、皮鞭、鉛絲鞭、皮帶、手足等物體
多次重複打擊，造成全身大面積的損傷，引起外傷性休
克死亡。

鑒定人：法醫王慕生　1966 年 9 月 29 日

原始的公安局法醫鑒定書如下：

南京市公安局第五處法醫鑒定書
（66）公刑驗字第 385 號
1966 年 9 月 29 日上午 11 時許，接外國語學校黨支部
徐漪波報稱：「發現一個行跡可疑的人，被我們抓來打
死了，屍體已送往火葬場。」接報後，張國義科長率領
法醫前往清涼山火葬場進行屍體檢驗。現將有關檢驗情
況，鑒定於下：

一、案情簡述：

據外國語學校紅衛兵負責人XXX（第1號兇手）介紹：死者王金，男，47歲，住本市雞鵝巷21號，系要武區第三修建工程隊二級壯工。9月27日晚，在新街口一帶閒逛，見紅衛兵散發傳單，上去要了兩張，外國語學校紅衛兵觀其同一老頭斗了一支香煙[23]，好像給老頭一張有打火機那樣大的紙條。於是便認為其行跡可疑。第16號兇手等5位紅衛兵跟蹤死者，至雞鵝巷口，上前盤問死者做何工作，並要隨他們去學校一趟，走至人民大會堂，死者遇到指導員，才被保了回去。28日上午又從單位逮回外國語學校，進行審問、關押、拷打，於9月29日上午7時左右，被打致死。

二、檢查

屍體躺臥在清涼山停屍房。上身穿白色套頭汗衫，下身穿藍背帶工人褲，褲子口袋中有硬幣二分，糧票1兩，內襯深藍底白細條襯褲頭，腳穿藍色深統球鞋（照片）。上身衣服上染有許多血跡（照片）。

死者身長163釐米，留西髮，發育正常，體格中等，頭髮之間及顏面部滿附血痂（照片）。兩眼睛睜開，眼瞼結合膜蒼白，角膜清明，兩側瞳孔散大，直徑為0.6釐米，全身有廣泛性外傷，現分別記述於下：

頭部：右頂結節部有血腫一處，大小為5x5釐米（照片），

質正中部有血腫一處，大小為 4x5 釐米，該兩血腫已融
洽相連一起，左頸部有一挫裂創，大小為 2x0.5 釐米，
深達頭皮下（照片）。

顏面部：兩眼眶周圍有紫藍色斑塊。右眉弓部外側端有
一挫裂創，大小為 2x0.3 釐米（照片），額部右側靠發
際處有一挫裂創，大小為 2x0.5 釐米，深達肌肉（照片），
左側眉弓部有一表淺挫裂創，大小為 1x0.1 釐米；左眼
外側角有三個挫裂創，分別大小為 1.5x0.8 釐米；1.5x0.2
釐米；1x0.2 釐米，深均達肌層（照片）。左顴部有一挫
裂創，大小為 2.3x0.5 釐米(照片)，左耳廓外緣及背面
有四個表淺的小裂創，左耳垂有一撕裂創，長 1.2 釐米
（照片），上唇左側有一挫裂創，大小為 1.5x0.2 釐米，
中間有皮瓣相連。

頸部：頸部左側有條形交錯的表皮剝脫，總面積為 6x7
釐米（照片），頸部左側有散在性的表皮剝脫三小塊（照
片）。

上肢：兩上肢整個呈暗紅色腫脹，其後，外側有許多密
集的條形，小塊片狀及「T」形的表皮剝脫，兩手背隆
起，摸之發軟（照片），左手腕背部有一挫裂創，大小
為 1.3x0.7 釐米，深達肌層。

背部：兩肩胛部，兩肩部有廣泛性的暗紅色皮下溢血（照
片）。

下肢：兩小腿前面有廣泛性塊皮狀淡紅色皮下溢血（照
片）。

三、說明

（一）根據檢驗，死者頭部有血腫，顏面部有十多處挫裂創，兩上肢、脛部、背部、肩部、肩胛部以及小腿前面，均有廣泛性皮下淤血及表皮剝落。這種全身性大面積損傷，完全可以引起外傷性休克死亡。

（二）死者身上的損傷有血腫，小挫裂創，廣泛性的皮下淤血及表皮剝脫等，其性質均為鈍器打擊傷。從其損傷的特點來看，符合棍棒、皮鞭、皮帶、鉛絲鞭、手足等物體多次重複打擊所形成。

四、結論

死者王金系被棍棒、皮鞭、鉛絲鞭、皮帶、手足等物體多次重複打擊，造成全身大面積的損傷，引起外傷性休克死亡。

鑒定人：法醫王慕生　1966 年 9 月 29 日

1.10 王金事件調查報告：王金的簡介

王金，又名王幼臣，男，出生於 1919 年月 5 月 14 日，（現年 47 歲）。生前在玄武區建築聯社第三隊當二級壯工，住雞鵝巷 21 號。

一、家庭政治情況：

王金出生于蘇州某鄉下一農民家庭，剛出生六個月死去父母，被人帶來撫養成人，後與養父母的女兒郭琴結婚，現在的岳父母也就是他的養父母。

　　岳父郭正明，1962 年病故。經查，自幼學織花緞，日本投降後做小生意，當過旅館茶房，解放後繼續做織花緞，歷史上參加過一貫道。

　　岳母劉貴寶，67 歲，替人梳頭，歷史上參加過一貫道，當過巫婆。

　　妻郭琴，34 歲，現在南京市人民印刷廠四級工，歷史上參加過一貫道。

　　妻妹郭玉，現在六合縣某小學任教。

　　二、王金本人的政治歷史情況：

　　本人系偽軍官。屬一般歷史問題，無政治問題，不是反革命。

　　1926－1932　江蘇吳縣中心小學學習。

　　1932－1933　在江蘇吳縣滄浪亭東美大學附中讀書。

　　1934　　　在福州市人民革命軍政府第三方面軍醫務所任司藥。

　　1935　　　南京醫學講習所七期學員。

　　1936　　　偽軍委會軍醫預備團學員，後在安徽宣城鐵道部鐵路醫院任司藥。

　　1936－1939　偽內政部衛生署戰時衛生人員訓練班任區隊副，分隊長。

　　1940－1944　湖南萊陽醫院任司藥。

　　1944－1945　南京湯山陸軍醫院藥局任司藥。

　　1946－1948　南京三十四標偽陸海空軍醫院任司藥，二階佐理員。

　　1948－1956　南京做小商小販維生。

1956－1957　徐州市中央煤炭基本建設局衛生科任藥劑師。

1958　　　玄武區鋼鐵廠行政科工人。

1959－1961　玄武區第二、四工程隊任壯工。

1961－1963　自動離職做小商小販，也有小商販賣油、鞋、布票等。

1963－死　　玄武區建築聯社第三隊二級壯工。

歷史上主要問題：1947 年在南京偽陸海空軍醫院時，由該醫院藥局金文鑫主任介紹，參加南京市黨部三十四標區分部臨時黨員，黨證號碼 0109 號。

三、死前主要表現：

1．1961 年在工程隊自動離職後，因為生活的關係，曾在自由市場進行小商販賣油、鞋、布等票證，被揭發後，經派出所教育，再未發現類似情況。

2．原材料說：「王金在 1962 年戰備時，曾說美國給蔣介石許多武器，要反攻大陸，有變天思想。」這個問題經我們再三核實，原反映人說：「王金在 1962 年 9、10 月份說老蔣要反攻大陸了，這一仗打起來就要發生第三次世界大戰了，誰勝誰敗也不清楚。」這是看了報紙後說的，我們認為這是公佈後的事情，不算反動話。

3．平時表現。通過第三隊工人及領導調查來看，該工人在工作上是踏實肯幹的，學習上能積極參加讀報、記筆記、積極發言，在小組記工等工作上都能認真負責，在工人與領導當中，沒有壞的反映，在日常生活上就是個性暴躁一些，愛和工人吵架打鬧，但吵過打過後能主動去和對方交談和好。

　　在文化大革命運動中，沒有壞的表現，在破四舊中，據其妻說積極地把家裏的祖宗牌位拉下來燒掉。身上裝著語錄本，有時在家裏看。

　　1967 年 1 月 7 日市公安五處整理。

1.11 調查報告與南京外國語學校校友傳聞之間的差異

　　在調查報告中，王金事件的起因與前面提到的第三種說法比較接近。但是存在著諸多的微妙差異。首先，調查報告中特別提到了「國際打狗隊」和「藍衫隊」的問題，明確指出這是省、市委為了替打人兇手開脫罪責造謠惑眾製造的謊言。社會上是否存在過這些組織現在已經無法考證。在大量的回憶文革的文章中，沒有人提到過該兩個組織，在當時的中國社會中還很少有人敢與紅衛兵公開作對。指控這是謊言的說法有一定的根據。

　　第二，王金被抓時的穿著也有不同的版本。調查報告中描述王金是「穿著普通工作服的人」。這一說法是有針對性的，據傳當時南京外國語學校的紅衛兵抓王金的另一個原因是他頭梳西裝頭，腳穿一雙皮鞋。調查報告中特意強調王金穿著普通的工作服，以示王金是一名穿衣普通的工人。

　　第三，王金事件中的另一位受害人葉家複的情況與第三種說法也有差異。調查報告中沒有提到葉家複的逃跑。根據調查報告，他的被抓與王金之死毫無關係，完全是另一椿獨立的抓人和打人事件。而對於南京外國語學校瞭解王金事件的校友來

說，葉的逃跑一事幾乎人人皆知。筆者在當年就聽說過。因為葉的逃跑，「思想兵」惱羞成怒，又把王金抓來審問，審出王金的歷史問題，結果導致王金被打。這一情況邏輯上說得通。當然，這種說法並不能減輕兇手的罪責。

第四，調查報告中王金的簡歷與南京外國語學校同學中所流傳的說法也有兩處明顯的差別：王金在淮海戰場上被中共軍隊俘虜一事和在徐州醫院裏因醫療事故坐牢一事沒有出現在調查報告中。但是，調查報告中特別澄清了王金的歷史問題。根據調查報告，王金的歷史是清白的，只有一般的歷史問題。關於王金歷史上有問題的說法在南京外國語學校的校友中流傳甚廣，筆者在當時也早有耳聞。按照當時中國社會的標準，玄武區建築聯社是個階級成份複雜的單位，裏面有大量刑滿釋放的人員和有所謂的歷史問題的人員。王金被中共軍隊俘虜和因醫療事故坐牢在該單位不算是稀罕事。

為什麼會出現上述諸多的差異？這個問題對於 50 年後的今天已經沒有任何實際意義了。無論另一個受害者葉家複是否前一天夜裏逃跑，無論王金當時留有何種髮型，穿著何種鞋子，無論王金是否被中共軍隊俘虜過，無論王金因醫療事故被判刑與否，都不能減輕打人兇手的罪責。但是，這些差別在當時的中國卻有著非同小可的意義。

如果王金確實被中共的軍隊俘虜過，如果他確實被判過刑，那麼他屬於「地富反壞右」一類，是無產階級專政的對象，紅衛兵毆打王金就有了「正當的」理由。北京被紅衛兵打死的人數有案可查的達 1700 多人。這些人或多或少都有所謂的歷史問題。那些紅衛兵並沒有受到任何的追究和法律制裁。套用同

樣的原則，南京外國語學校的紅衛兵如果是「好人打壞人」，那麼他們責任就要小得多。如果葉家複前一天夜裏逃跑了，紅衛兵第二天因為尋找出氣筒打死了王金，罪責也許可以小一些。而且如果王金在被抓時真的穿著皮鞋留著分頭，打扮時髦，那麼在破四舊的文革期間，這一行為本身就應該受到打擊，打王金自然成了正當的革命行為。

調查報告中也有自相矛盾的地方。例如，報告正文說：「駐外語學校的市委聯絡員、校長陳鳳肖、華業蔭，明知有人被打卻一聲不吭，聽之任之」。但是在另一處，國營 X 廠工人的大字報裏卻說，「市委的聯絡員與該校校長他們打王金等人，也勸阻過，但他們不聽，想打電話，電話被他們把住，想出校門去報告，校門口也把住不許出，這些都是不懂事的孩子能幹的出來的嗎？」從後者的說法可以看出，市委聯絡員和校長曾勸阻過並試圖向上級報告未果。

調查報告公佈時，省、市委已經癱瘓，大多數的領導人已經被打成走資派失權了。在對立面已經沒有話語權的情況下，調查團的報告稍稍地偏向受害者是可以做到的。筆者並非試圖否定調查報告中紅衛兵打死王金的基本事實，而是對其中的某些細節加以考證，力圖使讀者能夠更接近事實真相，從而更深刻地瞭解當時的中國社會。

兩份法醫鑒定書除了細節方面的差別外，有一處重要的差別值得一提。原始法醫鑒定書中報案人是南京外國語學校的人事秘書徐漪波女士。而更改過的法醫鑒定書中則稱第 1 號兇手為報案人。這一改動明顯地有袒護紅衛兵的目的。紅衛兵打死了人，主動報案，罪責可以減輕一些，至少從態度上說是自首。

而如果紅衛兵打死了人，是由其他人報的案，那麼至少說明紅衛兵當時並沒有意識到問題的嚴重性。

關於打人責任的問題，南京外國語學校中流傳的兩種說法與調查報告完全不同。根據調查報告，第 1 號和第 2 號兇手不僅要擔負組織責任，他們倆同時也是打人兇手。坦率地說，如果筆者沒有獲得調查團的調查報告，一定會相信第 1 號和第 2 號兇手沒有動手打人只是負有組織責任的說法。

儘管南京外國語學校校友中流傳的說法與「9‧28 調查團」的調查報告之間有諸多的差異，但是對於紅衛兵打死工人王金這一基本事實，無論是官方還是民間的調查都是沒有疑問的。當時官方也有一個「王金事件調查團」，由玄武區建築聯社的領導胡雲欽和馬貴臣組成。官方與民間的主要分歧點在於如何處理兇手。官方堅稱紅衛兵打死王金屬於「好人打壞人」，「大方向正確」，所以兇手不必受到法律制裁。但是廣大民眾卻堅持殺人償命，兇手必須嚴懲。

1.12 揖拿兇手

1966 年 12 月 30 日，市政府在民眾的巨大壓力下決定揖拿兇手。參與毆打的南京外國語學校的「思想兵」共有 31 人，只有 1 名是高一的學生，其他人都是初中的學生，其中初三的有 9 人，初二的有 13 人，初一的有 8 人。他們中年齡最小的只有 13 歲，最大的有 18 歲，大多是 15、16 歲的孩子。兇手中有 6 名女生。這些學生中只有 2 人是工人子弟，4 位學生未

注明家庭出身[24]，其餘的 25 人都是幹部子弟或軍隊幹部子弟。

南京外國語學校的紅衛兵打死王金與北師大女附中的紅衛兵打死她們的副校長卞仲耘的情況非常相似。紅衛兵是你一拳我一腳打的，至今說不清楚到底誰是主要兇手。當時在場的人應該個個有責任，他們都是兇手。

與北京紅衛兵打死人不同的是，王金事件剛剛發生，王金生前的同事們就站出來為王金鳴不平。他們的抗議引發了南京民眾的強烈反彈，聯合調查團窮追不捨，迫使當局協助調查，在數月內把真相公佈於眾，使得打人細節沒有被遺忘。「9‧28 調查團」對歷史做出的貢獻不僅僅是弄清了打死王金的真相，更重要的是對南京市乃至江蘇省紅衛兵的暴力行為起到了阻遏作用。王金事件以後，南京紅衛兵無故打死人的現象得到了扼制，許多無故的百姓逃脫了厄運，保留「9‧28 調查團」的報告的南京外國語學校的吳玉璋老師就是其中的一位受益者。她當時被批鬥得很厲害。她赴北京告狀，被南外在京的紅衛兵發現抓了回來，打得更慘。吳老師生前總是說，「王金是我的替死鬼」。

市委決定逮捕三個人：XXX（第 1 號兇手）、XXX（第 2 號兇手）和 XXX（第 3 號兇手）。第 4 號兇手雖然是打得最厲害的兇手之一，但是可能因為她是女生而且年齡尚小，得以逃脫懲罰。第 1 號兇手的父親是南京軍區後勤部的少將副部長，是位 1929 年參加革命的老紅軍。在逮捕兇手的大會上，第 1 號兇手的父親公開表了態。他表示兒子犯了法，應該受到懲罰，

---

[24] 據筆者所知，他們也是幹部子弟或軍隊幹部子弟。

作為父親支持有關部門的決定，決不包庇縱容自己的孩子。他的誠懇態度對於平息民眾的憤怒起到了一定的作用。第1號兇手的父親在其單位口碑相當不錯，是位受人尊敬的將軍和長者。

平心而論，第1號和第2號兇手為人挺好，在南京外國語學校的師生中口碑甚佳。尤其是第1號兇手，雖然其父位居高官，他從不盛氣凌人，平時尊重老師，與同學相處和睦，學習也很好，在同學中頗有威信。第1號兇手被捕後，他的老師不顧自己還在受審查的處境，不止一次地呼籲要求釋放第1號兇手。

1.13 王金事件調查報告：參與王金事件的學生名單

編號	年齡	家庭出身	年級	性別
1	17	軍幹	初三[25]	男
2	18	革幹	初三	男
3	17	革幹	初二	男
4	15	革幹	初一	女
5	16	革幹	初三	女
6	15	革幹	初二	男
7	15	革幹	初二	男

---

[25] 調查報告中的學生姓名在此處隱去。家庭出身一欄隱去紅衛兵的父親具體工作單位，以保護個人隱私。學生當時的年級是筆者根據學校的校友錄查出。

8	16	革幹	初三	男
9	13	軍幹	初一	女
10	17	工人	初三	男
11	16	革幹	初二	女
12	16	革幹	初一	男
13	16	革幹	初三	男
14	17	軍幹	高一	男
15	16	軍幹	初二	男
16	16	工人	初二	男
17	16	軍幹	初二	男
18	16	軍幹	初三	男
19	17	烈屬	初三	女
20	15	革幹	初一	女
21	15	革幹	初一	男
22	15	革幹	初一	男
23	16	革軍	初三	男
24	17	革軍	初一	男
25	不詳	不詳	初一	男
26	16	革幹	初二	女
27	15	革幹	初二	男
28	15	革幹	初二	男
29	不詳	不詳	初二	男
30	不詳	不詳	初二	男
31	不詳	不詳	初二	男

尚有上海串聯學生 1、2 個人

1.14 兇手們後來的命運

　　第 1 號、第 2 號和第 3 號兇手被拘留了近 2 年，於 1968
年 10 月工宣隊進校後，由工宣隊把他們從監獄裏領回學校。
他們三人下了鄉，成為下鄉知識青年。後來第 1 號兇手通過父
親的關係參了軍，在南京軍區的裝甲兵部隊服役。由於監獄裏
的惡劣生活和嚴重的精神打擊，第 1 號兇手得了憂鬱症。他變
得沉默寡言行動遲緩無法適應部隊的緊張生活。他後來進入大
學學醫，畢業後在南京軍區總醫院檢驗科任技師直至退休。第
2 號兇手後來去了江蘇的鎮江，退休以後在南京開了一家餐館，
成為一位商人。

　　與第 1 號和第 2 號兇手不同，第 3 號兇手在「思想兵」中
並非重要骨幹。他的個子不高，戴一副眼睛文質彬彬，從外表
上看，絕對尋覓不到一絲的殺氣。他參與了最後一次打王金，
打得比較厲害，因此也被列為懲辦對象。第 3 號兇手被釋放後
也參了軍，成了一名工兵。他酷愛唱歌，在服役期間參加了當
時流行的樣板戲的演出。為了增強舞臺效果，他參與了舞臺爆
炸火藥的製作。不幸的是，火藥發生意外爆炸。他的雙眼被炸
瞎，雙手只剩下三根指頭，成了特等殘廢軍人，住進了榮譽軍
人院[26]。第 3 號兇手的養父母相繼去逝，親生父母下落不明，

---

[26] 有同學說，第 3 號兇手在千鈞一髮的緊要關頭用自己的身體擋住了即將爆炸
　　的火藥，把生的希望留給了他的戰友。

他沒有其他兄弟姐妹。

　　參與打死王金的其他人多數參了軍，退出現役後均獲得穩定的工作，有不少人仕途發展順利，他們中有的成了大學裏的教授（包括歐美大學）或專業人士，有的成了國家機關、企業或事業單位的幹部，也有的下海經商，成為闊綽的商人。

1.15 調查團工人成員後來的命運

　　相對於打人兇手，「9・28 調查團」的成員卻遠沒有那麼幸運。最悲慘的是查全華。查全華曾是南京 24 中的學生。其才藝、特有的氣質與親和力使他在同學中成為佼佼者，初二時被推選為校學生會主席。查全華敏而好學，課餘時間埋頭讀書。查全華喜歡寫作，曾以「悲秋」筆名寫些文章。當年正值中蘇論戰，報刊連續登載「九評」蘇共中央公開信，引起查全華的興趣。在他的帶動下，同學們積極投入學習討論，各抒己見。他們的討論超出了中蘇論戰範圍，涉及國情、國策等諸多問題，其中不乏非主流的見解。63 年初，查全華和他的同學成立了一個學生社團──「癸卯寧條約」，並決定出一份不定期的刊物。

　　不料一位同學不慎將第一期「期刊」遺失。因上面寫有涉及時政且不合時宜的內容，使得各位成員深懼影響自己的前途，一致決定停止活動。所幸的是，學校並沒有任何動靜。估計遺失的「期刊」可能被當成廢紙掃入了垃圾箱。

　　畢業時查全華報考「第四軍醫大學」護士班，因家庭成份有問題，查全華政審不合格未能遂願。他棄考高中轉由學校報

名參軍入伍。新兵集訓結束時，查全華的出眾表現與才華被連隊領導相中，成為連隊文書。

誰知禍從天降，當時在南京鐵路運輸學校就讀的一位同學去信給查全華，告知他正在爭取入團，想把初中時「癸卯寧條約」一事向組織做思想彙報，為此徵詢查全華的意見。此信被部隊截獲，直接導致查全華提前退伍，而且退役證上注明「不服預備役」。實際上，這是宣告了查全華政治生命的結束，他已經淪為一名「內控人員」。

退役後查全華被安置于南京玄武區建築聯社修建三隊。此時的查全華在政治上已無所求。好學的他喜好上哲學，開始研讀黑格爾、費爾巴哈、馬克思、列寧等人的著作。閒時偶與志趣相投的中學同窗相聚討論。

1966 年，文革開始。查全華的同事王金被南京外國語學校的紅衛兵打死。查全華義憤填膺，為死者伸冤，發起成立了「9‧28 調查團」，兩次赴南京娃娃橋看守所提審已被收押的第 1 號兇手。後來，文革的發展使查全華冷靜了許多。他辭去了工人組織中的職務，不參加當時的派系爭鬥，游離於文革之外。他潛心鑽研馬、恩、列、毛的著作，試圖從理論上剖析這場運動。

1968 年 12 月 8 日查全華的朋友柯德遠即將插隊盱眙農村，另一位同學也將從南京林業學校分配至東北。為替他們送行，查全華及另外兩位同學與柯德遠到林業學校的同學處聚會。這天他們成立了「馬列主義小組」。按照查全華的想法，當時並沒有成立一個政黨的必要，建黨時機尚未成熟。「馬列主義小組」是為迎接可能發生的革命做些思想準備，稱為小組更適宜

些。今後，根據形勢的發展再決定後面的行動。

　　查全華是當然的組長。查全華喜歡寫作，以母姓起筆名「羅左」，顯示了他做一個左派的志向。被當局定為反革命政治綱領的「論二次革命」是這段時間寫的一篇文章。當時只有兩人看過。其中一人是柯德遠，他擔心留下此文會遭禍，閱後即燒毀。該文並不是什麼「政治綱領」，僅是查全華嘗試運用馬列的理論，剖析這場史無前例的文化大革命及其給國家與人民帶來的災難，將平時大家討論的東西作一個總結。該文對當時的那場文化大革命持徹底否定的立場。

　　「二次革命」的提法是查全華預測將會發生的事情。他的依據是，造神運動出現的「早請示晚彙報」、搭「忠字台」、全民大跳「忠字舞」、「萬壽無疆」、「永遠健康」等愚民政策物極必反。最終民眾是不會被愚弄的。眾多的革命功臣被打倒，知識份子被冠以「資產階級」，停課停產的革命，學生插隊農村，民眾稍不小心即因言獲罪。凡此種種，導致的結果必然是走投無路的民眾起來反抗。毛林自毀國家基石，隨時可能引發革命，並很有可能爆發於黨內當政者內部。

　　1969 年初，「馬列主義小組」中的王某再三向查全華提出，本廠青工朱某主動向其靠近，迫切希望加入「組織」，王某又拉上另一工人張某，認為成立南京玻璃廠馬列主義小組條件已經成熟。王某力主成立南玻小組，要求查全華出席他們的成立現場，被查全華拒絕。後來應王某的請求，查全華寫了一篇祝賀南玻小組成立的短文。查全華和柯德遠當時的擔心得到了證實，朱某實際上是官方的臥底。

　　查全華寫的「論二次革命」的文章被當局定為反革命政治

綱領。1969 年 12 月 15 日，查全華被當時掌權的南京市軍管會以反革命罪判處死刑。軍管會的第一把手是吳大勝，是第 1號兇手的父親的部下，來自南京軍區後勤部。其中的奧秘和聯繫留給讀者自己去體會。柯德遠作為同案犯也被判刑。與查全華素不相識卻為之鳴不平的下鄉知識青年陳卓然不久後也被處決，陳的同案犯蘇小彬被判處 15 年徒刑[27]。

　　1979 年 8 月柯德遠出獄後去探望查全華家人，才得知查母羅夫人不堪失子之痛含怨九泉多年。查父貴良老先生抓住柯德遠的手，流淚不已，探問他們究竟做了些什麼，不明白他們引以為豪的優秀兒子為什麼被殺。

　　查全華的二哥告訴柯德遠，當年去要查全華骨灰時，還被迫接受支付子彈費等諸多刺心的羞辱後才獲准 3 天後領取查全華的骨灰。查全華的二哥念念不忘火葬場極具正義感和同情心的那位師傅。在師傅的幫助下，查全華的二哥躲開監管的公安人員，潛入停屍房見到親人的遺體。子彈從後腦貫穿頭部，慘不忍睹。查二哥說當年一位刑警曾對他吼道：「你弟太頑固，什麼都是『沒做過』、『沒寫過』，什麼都不承認，太反動太囂張了。我們有證據，照樣判他死刑！」查全華的父親直到 1979年底才收到對查全華「予以昭雪」的判決書[28]。雖然查全華和陳卓然的案件最終得到平反，但是人已經被冤殺不能死而復生。但願查全華和陳卓然在天有靈能夠知道，在近 50 年之後的今

[27]　任毅。1998 年。《生死悲歌：〈知青之歌〉冤獄始末》。北京：中國社會科學出版社，第 58 頁。

[28]　柯德遠。2011 年。「憶查全華君」。《地方文革史交流網》。http://www.difangwenge.org/read.php?tid=6321

天仍有人記得他們，頌揚他們在文革中所做出的英勇壯舉。

　　其他的「9‧28調查團」主要成員在後來的清查 5‧16 運動中均遭受厄運，成為反革命分子倍受迫害。有的人從此心灰意冷再也不介入群眾運動。有的人仍不甘心，在後來的幾次大規模的民主運動中有所表現，但是終不能成氣候。由於企業改制，他們的生活受到影響，很多人在貧困中度日。目前，他們的大多數人已經謝世。少數幾位在世的成員也不願提起令人傷心的往事謝絕採訪。但願後世的人們能夠記住他們當年對歷史做出的貢獻。

　　文革中「9‧28調查團」與當局的抗爭是一次不對稱的博弈，是一次先勝後敗的博弈，是一次雖敗猶榮的博弈，它將名垂史冊。

第 1 章　附錄

附錄 1.1 南京市玄武區建築公司第三工程隊的揭發材料

省市委罪責難逃

革命造反派戰友們，同志們：你們好！

毛主席教導我們說：「人民靠我們去組織。中國的反動分子，靠我們組織起人民去把他打倒。凡是反動的東西，你不打，他就不倒。這也和掃地一樣，掃帚不到，灰塵照例不會自己跑掉。」

我們現在向大家憤怒揭發控訴舊省市委頑固地執行資產階級反動路線的滔天罪行，他們一手泡制了王金事件，罪責難逃。

王金是我隊普通的灰砂工，他為什麼慘死一小撮紅衛兵敗

類的手下呢？為什麼會慘死在皮鞭、木棍、鉛絲鞭之下呢？又為什麼會遍體鱗傷使人目不忍睹的慘死呢？這是舊江蘇省委、南京市委、江渭清之流所頑固執行和最忠實地推行資產階級反動路線的結果。是為了達到不可告人的目的所一手泡製成的，舊江蘇省委、南京市委江渭清之流，你們的罪責難逃。兇手也難逃法網！

當王金事件一發生以後，他們就立即派兵遣將，採取高壓手段，從政治上和經濟上來迫害伸張正義的革命群眾，來迫害真正的捍衛毛澤東思想，捍衛十六條的革命造反派的同志。

從9月份30日開始，你們通宵達旦地圍攻我隊工人同志，調動大批的公安人員日夜徘徊在我隊門口，日夜盯梢我隊的革命同志，你們大搞黑材料，大開黑名單，你們記下了到市委造你們反的全部人員的名單，從中特別整理了幾個人的黑材料，你們妄想立即整革命造反派同志，如我隊許來寶同志。你們想用許來寶一些說不出明堂的所謂「罪名」來立即處理他，但是你們自己也不好意思拿出來，因為你們這些所謂寶貴的材料拿不到桌面上來，你們是枉費心機。你們還動用市公安局來調查參加「9‧28調查團」成員的黑材料！在這段時間裏不管我隊開什麼會，你們都派我公司的人保幹事來，如去年 10 月 11 日我們開會時，我公司的人保幹事劉某也光臨，當我隊工人談到有關王金問題時，意見與你們口味不合，這位劉幹事就當場記下我隊工人趙榮先及朱某等人的名字！不僅如此，你們還召開什麼座談會，從去年 10 月 4 日至 6 日短短三天內就連續召開了四次會，而每次的會議時間都相當長，你們企圖用開會來拖垮和分散我們的力量，在會上，你們軟硬兼施，耍各種手法，

在 10 月 6 日下午的會議上王楚濱這個混蛋東西用要脅的口氣說：「今後如果誰要想把事情擴大，我們不會饒過他的。」好硬的口氣，可是你嚇不倒用毛澤東思想武裝起來的工人階級，老實告訴你們，我們堅決造你們的反，把你們徹底地鬥垮鬥臭鬥倒。你們還叫我隊前任指導員胡雲欽扯謊，說帶走王金的介紹信，什麼遺失了，找不到啦等等謊言，來欺騙我隊的革命同志，你們以為屍體已經火化了，介紹信也沒有了，這樣就找不到根據了，咳咳！你們這些貴族老爺如意算盤打得倒不錯，其實呢？搬起石頭打自己的腳。

不僅如此，你們還開動一切你們可以開動的宣傳機器歪曲事實，造謠言來圍攻我們。而且平時難得見到的許家屯、劉中、鄭康等幾位上大人先生這次都到處遊說，說什麼這是人民內部矛盾啦，什麼大方向始終是正確的啦……真是奇文少見。

你們煽動全市各單位的同志，來寫大字報圍攻我們及其他革命造反派同志，你們所定調子的大字報滿天飛，連廁所裏都有，難道你們忘了嗎？難道這樣就能達到你們的目的嗎？一千個不能，一萬個不能！

你們不僅從政治上迫害，而且從經濟上扼殺。

我們工人堅決要寫大字報，印傳單，而你們指示我隊領導不給經費。而合你們口味的傳單卻大給特給經費，例如我隊的極少數人所寫的傳單，第一份傳單是經過市委秘書長洪百川及張海萍精心修改後，由你們送去印刷。而我們要印傳單都不給經費，同志們，請你們想一想，這說明什麼呢？僅從這裏，我們就可以看出舊省市委的一小撮混蛋的醜惡面目。

除了不給經費，而且還扣發我隊參加調查王金事件同志的

工資。還兩次以工資問題為藉口來挑動群眾鬥群眾，企圖扼殺我隊的群眾革命運動，可是不管你們耍什麼樣的花招，打什麼如意算盤，你們的陰謀是不會得逞的，你們總會原形畢露。

對於王金家屬問題，你們是金錢收買，你們連夜把王金家屬搬家，搬得不知所向，高慶華，這難道不是你們所幹的嗎？你們還想抵賴嗎？

貴族老爺們，你們聽著，不管你們耍什麼樣的花招，凡壓制群眾運動的都沒有好下場！王金事件必須徹底澄清！不獲全勝，決不收兵！

我們不是孤立的，我們有偉大的毛主席領導，我們有廣大革命造反派支持，「9．28 調查團」的成立，完全可以說明。在這裏請允許我代表要建大隊革命同志向支援我們，以及參加調查團服務的同志表示最衷心的敬意。

「9．28 調查團」成立到現在取得了一定的成績，進入了一個新的階段，我們堅信勝利一定屬於他們。目前，有一小撮人，別有用心地惡意攻擊調查團。這是形形色色的資產階級反動路線新反撲的一種表現，是一股逆流。在這裏我們有義務提醒一下，調查團是按毛澤東思想辦事的，你們的造謠中傷無損於損調查團一根毫毛。

戰友們，同志們，讓我們在毛澤東思想光輝旗幟下聯合起來，徹底粉碎資產階級反動路線的新反撲，徹底打倒黨內走資本主義道路的當權派！徹底澄清王金事件，掃除一切害人蟲！

王金事件必須徹底澄清！

省市委罪責難逃！

革命無罪！造反有理！

> 打倒江渭清！
>
> 無產階級專政萬歲！
>
> 偉大的中國共產黨萬歲！
>
> 偉大的領袖毛主席萬歲！萬歲！萬萬歲！

南京市玄武區建築公司第三工程隊

毛澤東主義紅色造反隊

附錄 1.2 南京外國語學校部分師生揭發材料

省市委到底幹了什麼勾當

現在，我要在這裏向你們揭發控訴省市委在王金事件上推行的資產階級反動路線的滔天罪行。

我們認為，省市委在王金事件的發生和處理上都負有重大罪責，我校黨支部也同樣是王金事件的罪魁禍首。

去年 9 月，南京城刮起了一股武鬥風，一小部分「紅衛兵」亂抓人打人。省市委對此情況無動於衷，甚至採取縱容的態度，這就是王金事件發生的背景。打死王金是省市委資產階級反動路線的必然惡果，王金事件就是省市委和我校當權派一手造成的，他們是這次事件罪魁禍首！

9 月 28 日夜，我校以 XXX（第 1 號兇手）為首的部分「紅衛兵」把工人王金抓來嚴刑拷打，當時的情況是十分嚴重的。當王金被打得很厲害的時候，我校有些教工和家屬都上去勸阻，

並到市委報告。市委接待站的老爺們慢吞吞地問了問情況，就把反映情況的同志像踢皮球一樣推出去不管。後來又有人打電話到教育小組，派來了兩個人。他們來後看了看，嘻嘻哈哈地談了幾句，什麼有效措施也沒有採取，就溜走了。市委聯絡員這天夜裏一直在我校，對這件事也根本不重視。我校校長陳鳳肖[1]，對這件事同樣也不放在心上。這天晚上該她值班，她明知「紅衛兵」抓了並審訊了王金，但她卻怕負責任溜回家去了。最令人氣憤的是，第二天早上很多人分頭找校長兼書記陳鳳肖和霍繼光彙報情況，說王金已被打得很危險了，要他們趕快到現場去看，而他們卻只是不急不忙地找了幾個「紅衛兵」開會。一直到 10 點鐘，陳鳳肖還安閒地啃著燒餅。實際上，如果當時採取緊急措施，勇敢地站出來捍衛十六條，王金是不會死的，因為早上 7 時有人向他們彙報時，王金還能說話，並要求喝水吃飯，但在這以後王金又挨打了一頓。等到王金死了，他們才跑去看了看。從以上情況可以看出，南京市委的老爺和我校的當權派，根本不把工人階級的生命放在眼裏，他們對黨和人民犯下了不可饒恕的罪惡，他們的罪責難逃！我們認為王金之死，省市委和我校的當權派應負主要責任，他們是這次事件的真正兇手，我們強烈要求嚴懲這幫混蛋！

王金死後，市委在著手處理這一事件中，採取了極端對人民不負責的態度。他們不但不作認真的調查和嚴肅的處理，反而採取了欺騙廣大工人群眾，壓制我校革命師生澄清王金事件的陰謀手段。他們不讓我們向全市人民說明事件的真相，煽動

[1] 原文為陳風肖。

紅衛兵對工人的不滿情緒，挑動群眾鬥群眾。

那時候，全市工人對我校少數「紅衛兵」打死王金表示極大的憤慨，他們對這件事的處理非常關心。然而，市委對這些革命工人卻採取了特務活動，他們動用公安機關，派了約200名公安人員和市委的工作人員在我校轉來轉去，進行跟蹤和盯梢。對於來我校的工人，他們一律要看工作證，要登記，以便他們開黑名單。最可恥的是他們有計劃，有組織地破壞工人同志的大會。據說有一天晚上開會時，工人在氣憤之下，準備去市委，這時市委派來的人煽動一些群眾說帶隊的是政治扒手，並且在去市委的路上故意把毛主席像撕毀，結果亂了起來，大家回來抓了一個晚上「政治扒手」，市委沒有去成。除此之外，市委還大量地整理了工人的黑材料，準備秋後算帳。市委每天都要派人來我校取回材料。這些情況充分說明了市委不僅不嚴肅認真處理王金事件，反而把鬥爭的矛頭指向了廣大革命群眾，黑市委罪惡滔天，他們必須交出在王金事件上整工人的一切黑材料！

王金事件發生後，許多工人提出要求認真調查這一事件的發生和經過，懲辦兇手，這完全是正當合理的要求，但市委不這樣做。那時市委一方面不讓我們在工人會上發言，吐露真情實況，美其名曰「不要和工人發生衝突」。不僅如此，王昭銓還親自跑到我校講:「你們兩派紅衛兵要團結，不要感情用事，要一致對外，不能內訌，給別人打開缺口」。另一方面，他們又千方百計地毀滅罪證。他們派人偷走兇器，洗掉血跡，又把門關起來，用仿照工人口氣寫的假大字報把門封上，並且害怕天亮後不幹，叫護士拿來熱水袋烤乾。市委為了逃脫罪責，把

我校的一部分學生用汽車運到江寧縣農村勞動，在農村向我們宣佈了幾條紀律：不准暴露學校的名稱和地址，只准說是下關一個民辦中學。另外，寫信不准寫地址，由專人帶回南京寄出等等。他們叫我們明目張膽地欺騙貧下中農，結果還是讓農民知道了。我校的當權派在臨撤走時囑咐我們：「不管別人怎麼說，你們一口咬定是民辦中學的，剩下的事我們會做工作」。我們認為，市委把我們都秘密地送到農村，儘管表面上是說不讓我們和工人發生衝突，實際上完全是為了阻撓工人調查，這是一個空城計！「9‧28 王金事件調查團」成立後，市委的一個同志對我們說：「事情（指王金事件）看來不會很快結束，估計會有反復，工人還會鬧」。最後市委決定讓我們全部出去串聯。看！市委的用心是何等惡毒！

　　另外王金事件發生後，市委和我校黨支部不僅不對犯錯誤的紅衛兵進行教育，反而挑動工人鬥學生。我校當權派竟揚言說：「到我們學校來的傢伙沒有好的，全是流氓、壞分子，真正的工人是不會來的。」公安局派來的人不對打死王金的「紅衛兵」教育，而跟他們談了些什麼樣的鞭子好打人等等。起了縱容的作用，使這些「紅衛兵」洋洋得意。

　　總之，省市委在王金事件的發生和處理上是徹頭徹尾地推行了一條又粗又黑又臭的資產階級反動路線，對黨和人民犯下了滔天罪行。王金事件是我省我市一系列武鬥流血事件的典型，我們必須徹底批判省市委的資產階級反動路線，把無產階級文化大革命進行到底！

南京外國語學校

附錄 1.3 部分市委區委工作人員的揭發材料

徹底批判省市委在處理王金事件上所推行的資產階級反動路線

革命造反派同志們：

我們堅決支持「9・28調查團」對「王金事件」的調查。

我們是舊市委、區委做「王金事件」工作的部分人員，過去在對待「王金事件」的處理上，忠實地執行了舊省、市委所規定的資產階級反動路線，成了舊市委的工具和幫兇，犯了方向性、路線性錯誤。在這裏，我們向毛主席、向全市人民請罪。在毛主席的諄諄教導和挽救下，在造反派同志的幫助下我們先後起來造反了，堅決與舊市委劃清了界限，堅決揭發，徹底批判舊市委在「王金事件」上所犯的罪行。

毀屍滅跡，為罪犯開脫

舊省、市委內一小撮走資本主義道路的當權派，和堅持資產階級反動路線的頑固分子，他們官官相護，互相包庇。這種罪惡活動，從王金剛被打死時就開始了。外國語學校一小撮打死王金的人，都是高幹子女，也是道道地地的殺人兇犯，他們幾乎每人都備有打人兇器，他們打死王金的兇器就有：寬皮帶、鞭子、塑膠鞭子、鉛絲鞭子、木棍、鐵棍等等。打的手段也是非常毒辣的，用鞭子沾水後狠抽，用皮帶銅頭狠打。現場上鮮血有的地方噴濺兩公尺多高，關押王金的樓梯肚內血流滿地。

當時，張國義同志曾三次向舊市公安局黨組請示，要求拍照作為罪證，雷紹典[2]這個混蛋就一直不同意。過了幾天，地上的血被沖洗了，牆上的血用石灰水刷了，兇器也不知下落了。當三社工人要看法醫檢驗書時，原公安局副局長王忠這個壞蛋，親自動手修改了法醫鑒定書，刪掉了大部分檢驗事實記錄，去掉了好幾張反映遍體鱗傷的現場照片。在屍體處理上，舊市委派了兇犯之一的父親楊 X，到要武區去坐鎮指揮，並多次電話催促[3]：趕快處理。這樣，反革命修正主義分子高慶華，就指使人匆匆將屍體整容，偷偷通知了家屬，粗粗給家屬看了一眼，形式上徵得了家屬的同意，就馬上火化了。舊省、市、區委這種焚屍滅跡，毀滅罪證，包庇兇手，為罪犯開脫罪責的罪行，不是十分清楚了嗎？

大造輿論，鎮壓工人起來革命

揭發「王金事件」的大字報上街以後，全市群眾義憤填膺，大字報貼滿了街頭，不少單位還派代表到三社來聲援、支持，社會上憤怒譴責的聲音響徹了南京城的每個角落。舊省、市委內一小撮混蛋慌了手腳，制定了一條「不能只有一種輿論，一種大字報，而要有兩種輿論、兩種大字報」的方針。為了製造輿論，搞了個假調查組。這個調查組從成立到結束只有 10 分鐘，從未做過調查工作，就寫出了個「調查報告」。這個「調查報告」，就是舊市公安局的一份材料，給反革命修正主義分

---

[2] 原文為雷典紹。

[3] 原文為摧促。

子彭沖看過後，彭沖這個混蛋認為：「都寫的是情況，沒有政治內容。」事後，由狗頭軍師、狗特務洪百川等人坐在辦公室內，去掉了主要情節，加上了「政治內容」，署上了調查組名義，3日調查組成立，4日鉛印的「調查報告」就印發出來了。大家看一看，這種瞞天過海的手法，愚蠢到何種地步！

在三社，舊市、區委還以召開工人代表座談會的方法進行壓制，不僅堅持不同意工人代表提出的最起碼的合理要求，反而利用這個會議，大肆宣傳舊省、市委的觀點，甚至陰謀借工人代表之口，將三社門口的大字報專欄、接待站撤走，將外語學校現場銷掉，等等。在這些陰謀被揭穿以後，反革命修正主義分王楚濱就赤膊上陣，到工人代表會上，說什麼：「現在要提高警惕，誰要在這件事上撈一把，他也是跑不掉的！」明目張膽地鎮壓三社工人起來革命。

與此同時，舊省、市委內一小撮混蛋許家屯、劉中、王楚濱、鄭康等人，紛紛出馬，召開各基層頭子會議，大肆宣傳什麼「打死王金的都是十三、四歲小孩」，什麼打死王金的所謂「小將們」的「大方向始終是正確的」，什麼是「在鬥爭中學會鬥爭，在游泳中學會游泳」，什麼「王金是個反動軍官」，什麼「歸根到底，這是人民內部矛盾問題」，等等。這統統是胡說八道。打死好人的大方向也是正確的嗎？兇手不是十三、四歲，而是十六、七歲，主犯XXX（第1號兇手）就十八歲；王金歷史上最高當過偽陸軍醫院二階佐理員，稍有常識的人就知道這是文職，不是反動軍官。根據這些混蛋所劃的框框，定的調子，舊市委又搞了個「講話材料」，發至各基層單位，動員起各級黨組織和幹部，開動起他們所有的宣傳機器，從工廠

到財貿，從文體到教育，從機關到居民群眾，一無漏處地大肆宣傳這些混淆是非，顛倒黑白的鬼話。這樣圍攻革命群眾他們還感到不滿足，10 月初，舊市委內一小撮混蛋，又動員各區、各單位（包括三社）：利用有保守思想、同意舊省、市委觀點的人，大搞所謂「正面」大字報，一時，「正面」大字報紛紛出籠，貼滿街頭巷尾，「正面」傳單也滿天飛舞，大有「黑雲壓城城欲摧」之勢。舊省、市委內一小撮混蛋鎮壓群眾運動，達到了十分倡狂、登峰造極的地步，白色恐怖籠罩著南京城。毛主席教導我們，哪裡有壓迫，哪裡就有反抗。在這股惡勢力的瘋狂圍攻和鎮壓下，「9・28 調查團」同志和全市革命造反派同志，堅決執行了毛主席無產階級革命路線，頑強地進行戰鬥，曾兩次上北京，一次到華東，去控訴上告，得到中央首長的關懷和支持，克服了重重困難，取得了今天的勝利，終於將事實真相大白於全市、全省、全國革命群眾面前，這是毛澤東思想的偉大勝利，是毛主席無產階級革命路線的偉大勝利！

對家屬實行封鎖、收買

　　舊省、市委內一小撮混蛋，一貫認為：「家屬不起來鬧，事情就好辦了。」因此，採取了「加速處理，穩住一頭」的方針。他們親自佈置人民印刷廠領導，專門派出女工，24 小時地看守著家屬，以安慰、照顧為名，行看守、隔離之實；並指使辦事處幹部和居民幹部，注意家屬周圍情況，使家屬不與任何人接觸。在這種層層封鎖、隔絕的情況下，舊市委、區委內一小撮混蛋還感到不保險，反革命修正主義分子高慶華，親自

通過區房管所，用兩處房子換了靠人民印刷廠附近的一所房子，在只有少數當事人知道的情況下，連夜偷偷摸摸地將家屬搬了家。在撫恤上，對家屬大搞經濟主義，實行經濟收買。經舊市委、區委決定，除 3 個月的安葬費外，還每月發給王金養母和養子生活費 30 元，養母到去世，養子到 16 周歲；由於舊市、區委將家屬搬了家，房租比原來每月高 3 塊錢，也由公家補貼，補助到何時沒有規定，家屬還享受國營工廠的勞保待遇。所有這些，都大大超過了集體所有制單位的撫恤標準，甚至超過了國營企業和機關幹部的撫恤待遇。這樣加速處理的結果，也確實達到了「穩住家屬一頭」的卑鄙目的。此外，反革命修正主義分子許家屯，還批准將王金妻子郭琴的妹妹、妹夫調來南京工作。為了蒙蔽群眾，許家屯這個混蛋還耍了個花招，說要到運動結束以後才能調來。舊省、市委內一小撮混蛋，你們這種收買家屬的罪行能抵賴得了嗎？

以矛盾上交的手法，對抗中央

「9·28 調查團」成立以後，舊省、市委內一小撮混蛋更是恨之入骨，百般刁難，頑固地不承認調查團，妄圖扼殺調查工作的進行。10 月下旬，調查團赴京控告，使中央瞭解了這一事件真相。舊省、市委內一小撮混蛋，竟膽敢對抗中央。國務院負責接待調查團的是副秘書長楊放之同志，他要舊省委派人到北京去談判、處理，舊省委不派人去；要舊市委派人去，舊市委僅派我們兩個區級機關幹部去。我們一到北京，楊副秘書長就問：哪位是市文革小組的副組長？我們非常驚訝！說明

我們是在要建三社[4]做「王金事件」工作的人員。舊省、市委內這批混蛋，就是用一般工作人員去敷衍搪塞，對抗中央。在北京期間，我們電話彙報，中央態度非常明朗，這一事件應該相信群眾，一定要調查清楚。反革命修正義分子王楚濱在答復時，除了堅持不承認調查團的頑固態度外，還語氣非常強硬地說：「要調查，就叫國務院派人來參加，看看我們在這個問題處理上到底有什麼鬼！？」以此要脅中央，以達到他們扼殺調查團的罪惡目的。在我們從北京回來的時候，國務院指示，要我們轉告舊市委，在「調查團向打死人的學生調查時，市委要做好組織工作」，回來以後我們要向王楚濱這個混蛋彙報，他避而不見，最後我們通過幾道手續，才轉達了這個指示，但3個多月來舊省市委一點組織工作也沒有做。這不是明目張膽地對抗中央是什麼？我們要質問舊省市委內一小撮走資本主義道路的當權派，江蘇省和南京市的問題上交給中央的還少嗎？我們在北京期間，就瞭解到經常在北京控告的就有幾百起、幾千人之多。你們處處妄圖將矛盾上交給中央，以此來壓中央，這是你們這些堅持資產階級反動路線的頑固分子向中央的反撲，你們這種明目張膽地對抗中央的罪行一定要清算！

大搞黑材料，準備「秋後算帳」

舊市委為了鎮壓群眾起來革命，派出大批人馬，通過各種管道去掌握情況，搜集反映。在要建三社就派去瞭解三隊工人同志的反映、意見、情緒；瞭解有多少人參加「紅色造反隊」、

---

[4] 即玄武區建築聯社第三工程隊。

主要是些什麼人、這些人表現如何；瞭解造反隊在南大搞了些什麼活動，什麼時候、哪些人到北京去了、北京有何消息；等等。幾乎每天都要向反革命修正主義分子高慶華彙報，再由他們向舊省、市委彙報。同時，舊區委還佈置我們：注意那些帶頭「鬧事」的人。並要我們抽出專人，審閱了檔案，用表格形式搞了約 10 個人的黑材料，主要就是這些人的姓名、出身、政治歷史問題、平時表現、「王金事件」中的表現等等。還專門謄清了一份給高慶華到舊市委去向他的主子報功。舊市委內一小撮混蛋看我們沒有搞出什麼材料來，並不甘心，動用了專政工具——舊公安局，搜集整理了三社工人 15 人的黑材料，由雷紹典這個大壞蛋親手交給了反革命修正主義分劉中。舊省、市、區委內一小撮混蛋們，你們這種準備「秋後算帳」妄圖將革命群眾打成反革命的罪行一定要老實交代！

最後讓我們高呼

徹底砸爛舊省委！

徹底砸爛舊市委！

徹底粉碎資產階級反動路線！

無產階級專政萬歲！

戰無不勝的毛澤東思想萬歲！

我們心中最紅最紅的紅太陽毛主席萬歲萬歲萬萬歲！

舊市、區委做「王金事件」工作人員于順良、張國義、徐俊良、孫勳

附錄 1.4 國營 X 廠 1130 名革命職工的來信

就王金事件質問市委王副市長

調查團全體同志，你們好：

你們辛苦了，我們工人和你們心情一樣，關於省市委對王金事件不嚴肅的處理，我們是堅決反對的，因為這樣做的後果是非常壞的。自王金事件後，由於省市委處理不當，使南京打群架，流血事件不斷發生，這些都是由走資本主義道路當權派促成的。我們為了維護黨的榮譽，也加入了批判省市委的戰鬥。

國營 X 廠　1130 名革命職工

（一）是怎樣執行最高指示的，是怎樣貫徹十六條的？

我們最最敬愛的領袖毛主席說：共產黨員必須傾聽黨外人士的意見，給別人以說話的機會。別人說得對的，我們應該歡迎，並要跟別人的長處學習；別人說得不對，也應該讓別人說完，然後慢慢地加以解釋。

第四條的精神，是要發動群眾，大鳴，大放，大字報，大辯論。

可是，市委你們又是怎樣做的呢？恰恰相反，而是千方百計地壓制群眾，不讓群眾談王金之事，作了很多工作，召各單位領導（包括居民幹部）開秘密會議，示意要往下壓，於是各單位回去即召開黨、團員、五好職工、小組長，層層佈置往下

壓。說什麼，關於外語學校紅衛兵，他們大方向是正確的，在破四舊，立四新中，立下了史無前例的功勳，打死王金的紅衛兵一般只有十一二歲，大的不過十六歲。年齡小，不懂事，是由於誤會，是對敵人的仇恨，一擁而上才打死的，動機是好的，是革命的，是人民內部矛盾，批判批判，就行了，如把他們關起來，就等於不讓他們革命。我們應該，抓革命，促生產，不要到外語學校現場去看，對內中情況不瞭解，不要議論。我們要顧大局，以黨的利益為重，我們應當相信政府會做出「正確」處理的，不要受人利用，……（這些話與王副市長等所說的很是巧合，如同一轍）。並且每個發言者說完了以上的話，都要強調地聲明這是「我個人的意見」。真是此地無銀三百兩，為什麼要這樣呢？就因為內中有鬼嘛！在表面上看是「壓下去了」，實際上廣大的革命職工，革命群眾，心中是氣憤的，對你們這些老爺們所採取的壓制手段，是敢怒而不敢言，維護真理，而被說成是不相信政府，不相信黨，甚至於被加上「煽動」帽子，沉痛的是你們這些老爺們，為什麼不按照我們心中的紅太陽最最敬愛的領袖毛主席的指示辦事呢？不認真地貫徹十六條呢？

（二）為什麼，硬要把打死王金的一小撮敗類與紅衛兵拉在一起？

說紅衛兵大方向是正確的，在破四舊，立四新中立下了，史無前例的功勳，是的，這是事實。不但我們全國人民公認，同時也震動了全世界，的確好得很，但是這是紅衛兵在毛澤東思想哺育下，活學活用毛主席著作，認真地貫徹十六條的結果，應歸功於整體，歸功於毛主席。決不許把偉大的功勳，加在這

幾個敗類身上去，因他們沒有聽毛主席的話，違背了十六條犯下了打死人的罪行，責由己負。

硬要把這幾個敗類和紅衛兵拉在一起，其目的是不難看出的，不是想損壞紅衛兵的威信，便是想利用紅衛兵的整體，來為這幾個敗類擺脫罪責。

告訴你們這些老爺們，這是妄想，永遠辦不到的。

（三）打死王金能說是誤會嗎？

9 月 27 日外語學校一小撮「紅衛兵」因王金多搶了二張傳單，要把人帶回學校去，走到人民大會堂遇到要武三隊的指導員，說是該隊的工人是好人，保回三隊的。

第二天，這一小撮「紅衛兵」又到三隊要人，指導員說，關於王金的問題請相信我們本單位自己能處理好。可是他們不聽，硬是要把人帶走，回校後一下子，一下子，把王金活活地打死。同一天不但把王金打死了，而且還把紅五星木器廠的青工葉家複打得死去活來。一個是誤會，兩個都是誤會嗎？不能，能說是對敵人的仇恨嗎？不能，只能說明這一小撮敗類，目中根本沒有什麼是組織，和群眾，沒有黨紀國法，怎麼說是誤會呢？

（四）說什麼，他們只有十一二歲，大的不過十六歲，年齡小不懂事，這是欺人之談！

把王金抽得死過去用冷水噴過來再打，廣東和長沙來甬串聯的同學住該校，半夜聞喊叫聲，起來親眼看見把王金打死過去，用冷水噴過來再打便有三次之多，向他們勸阻過，要文鬥，不要武鬥，而被一小撮敗類哄走，第二天見王金被打死，痛心地哭了。不懂事的孩子，能想得到，幹得出嗎？不能。

市委的聯絡員與該校校長他們打王金等人，也勸阻過，但他們不聽，想打電話，電話被他們把住，想出校門去報告，校門口也把住不許出，這些都是不懂事的孩子能幹得出來的嗎？不能。

王金死後，喊救護車拖到清涼山火葬場，想把死屍燒掉，毀屍滅跡，這是不懂事的孩子能想得這樣周到嗎？不能。

火葬場的工作同志，警惕性高，和高度地為人民負責的精神，見死者，體無完膚，血肉模糊，便說要戶口本子，他們又到王金家把戶口本子騙來。火葬場的同志通知了公安局，法院來人驗屍，法醫鑒定是鈍器所傷，大量皮膚淤血致死。這樣他們毀屍滅跡的陰謀才未得逞。

以上所做所為，能說是年齡小不懂事嗎？不是不懂事而是很懂事，市委老爺們，請你們想一想，說他們年齡小不懂事，這不是自欺欺人是什麼。

（五）能說打死王金這一小撮人的動機是好的嗎？

單談動機，不談效果是不對的，先談效果不談動機也是不對的。這一小撮把王金打死了，效果是很壞的，對無產階級文化大革命來說，是有一定影響的。動機如何，不能單憑我們想像來決定，可用 XXX（第 1 號兇手）在 10 月 6 日的檢討書上幾句話來對照下，便不難看出動機好壞了。

XXX（第 1 號兇手）說：一、驕傲自滿。二、紅五類子弟。三、「好人打壞人」。四、鬧到黨中央也沒有什麼關係。他的動機早便準備鬧到黨中央，連省、市委，和司法機關都不在他的眼中，工人和群眾那就更不用說了。

能說他們的動機是好的嗎？你們這些老爺們說他們動機

就是好的，這是什麼邏輯，根據是什麼？

　　（六）打死工人王金，打傷青工葉家複後，為什麼還說這一小撮人是革命的？

　　我們用最高指示來對照一下，毛主席說：願意並且實行和工農相結合的，是革命的，否則就是不革命的，或者是反革命的。他今天把自己結合於工農群眾，他今天是革命的；但是如果他明天不去結合了，或者反過來壓迫老百姓，那就是不革命的，或者是反革命的了。

　　這一小撮，不但未和工農群眾結合，而相反的，還打死了我們工人王金，和打傷青工葉家複，你們市委還說他們是革命的，不知他們革的什麼命，只能說他們是革了工人的命。市委你們立場站到什麼地方去了。請你們深思，有這樣的想法，說這樣的話，是不是太危險了。

　　（七）為什麼說，這一小撮人，打死王金，是人民內部矛盾，連關也不能關？

　　十六條中第七條注明，確有證據的殺人、放火、放毒……應當依法處理。

　　11 月 17 日中央首長王力等同志接見廠礦企業代表時，見一女工上身被打傷，王力同志很氣憤大聲地說：違法的就抓起來。

　　可是，王副市長等，你們又是怎樣的呢？說什麼，打死王金是誤會，是人民內部矛盾，批判批判就行了，關也不能關，關就等於不讓他們革命。

　　從他們所做所為，不難看出是什麼矛盾，就按你們所說，

他們打死王金是人民內部矛盾，就不能關嗎？恐怕也說不通吧？

例如一個駕駛車子的人，撞死了人，還要送到公安部門拘留起來，甚至於還要坐牢，撞死人我們可以肯定地說，不是有意的，是人民內部矛盾，還要拘留和坐牢。何況工人王金，青工葉家複，是活活地，被他們一鞭子一鞭子打死，打傷的呢？關都不能關，不禁要問市委老爺們，你們是怎樣貫徹，我們最最敬愛領袖毛主席的指示的，黨紀國法又是怎樣執行的。

（八）你們這樣處理是真的維護黨的利益嗎？

10 月 10 日前後在人民大會堂，中山東路球場等地，召開幹部，五好職工，先進生產者及少數班組長的會議上，要大家以黨的利益為重，顧大局，要把王金事件壓下去。

你們這樣做是真的維護黨的利益嗎？不是的，因我們偉大的中國共產黨一貫都是大公無私地，開誠佈公地談問題，實事求事地處理一切。

而你們這些老爺們對於外語學校，一小撮敗類打傷青工葉家複，與打死王金之事，是百般地躲避事實，歪曲事實。

群眾要想對被一小撮人打得死去活來的受害者葉家複同志，及死難者王金家屬進行慰問是比登天還難。

王金家屬的家是一搬再搬，無法可找。葉家複同志住在反帝（鼓樓）醫院，照理是很好找了吧？可是你要想見到葉家複同志，那是難上加難，因葉家複所住的病房，只要外面一有人知道，便即搬遷，不讓外人接近，問護士，護士回答說：這是領導的指示，究竟是誰的指示？不是你們市委又能是誰。我們偉大的共產黨一貫的是光明磊落的，維護真理的，而你們這樣

躲躲藏藏的做法，是有損我們黨的榮譽的，是有損黨的利益的，我們是堅決不答應。

（九）你們這樣處理王金事件，會給群眾造成什麼樣的影響？

首先使人產生了一種錯覺，認為打死人都沒有什麼關係，打人，罰跪，及其他又有什麼了不起。然而彭沖向毛主席下跪請罪，這又有什麼值得大驚小怪呢？

XX 事件，當事人被拘留起來，眾人知道了，不答應，去有關部門交涉，便提出，王金是被人一鞭子，一鞭子打死的，殺人犯直到現在還逍遙法外，你們怎麼不按法律處理的，而別人是真的誤傷了人便要關起來，你們的真理何在，結果有關部門無話可說，只好把當事人放出來，（關於這方面的法律也應修改）。

還有一種錯覺，認為這是官官相護，當然這樣的想法是不應該的，可是又有什麼辦法呢？因客觀已形成。

我們偉大的中國共產黨是最講真理的，過去是這樣，現在是這樣，今後還是這樣，現在中央首長對 9·28 調查團堅決的支持，便證實這點。

在目前我們只能是相信黨中央，相信我們最最敬愛的領袖毛主席，因省市委，有些問題上是執行資產階級反動路線的。如對王金事件的處理。用黑字紅衛兵圍攻黃字紅衛兵，利用社教工作隊圍攻學生，等一系列的惡劣作風，直到現在還沒有很好地檢查，批判，改正錯誤。

我們廣大革命群眾一定要群起而攻之，非把你們這些資產階級反動路線的壞作風，鬥倒、鬥深、鬥臭，不獲全勝，決不

收兵。

　　無產階級文化大革命萬歲！

　　戰無不勝的毛澤東思想萬歲！

　　偉大的中國共產黨萬歲！

　　我們最最敬愛的領袖毛主席萬歲！萬歲！萬萬歲！

　　國營 X 廠　1130 名革命職工　1966.12.6

附錄 1.5 南京市委的檢討

關於處理「王金事件」的檢查

　　（調查團按語：此檢查根本沒有觸及靈魂，只是隔靴搔癢，抽象地肯定，具體地否定，更沒有挖出處理王金事件的主導思想的孽根。）

　　同志們：

　　我代表市委向大家作關於「王金事件」處理的檢查，我們在處理「王金事件」上是犯了嚴重錯誤的，現在向大家認錯，向大家請罪。

　　市委在文化大革命運動中，執行了一條資產階級反動路線，犯了方向性路線性的錯誤。錯誤延續的時間長，直到現在，前後已有幾個月了，錯誤的影響很廣泛，在很多問題的處理上都體現了反動路線。關於王金事件的處理，也表現了我們是不相信群眾，不依靠群眾，不放手發動群眾的，是「怕」字當頭，

而不是「敢」字當頭的。

　　毛主席歷來就教導我們：「各級領導人員有責任聽別人的話。」他又說：「先做學生，然後再做先生，先向下面幹部請教，然後再下命令。」

　　林彪同志說：「在毛主席正確路線指導下，我國廣大革命群眾創造了無產階級專政下發展大民主的經驗。這種大民主就是無所畏懼的讓廣大群眾運用大鳴、大放、大字報、大辯論、大串連的形式，批評和監督黨和國家的各級領導機關和各級領導人。」

　　檢查起來，我們處理「王金事件」問題上是違反了毛主席的革命路線的。我們的第一個錯誤，就是害怕群眾，害怕民主，特別是害怕用大民主的形式去解決問題。具體的表現在以下幾個問題上：

　　（1）關於成立調查組織的問題。

　　外語學校少數紅衛兵打死工人王金的不幸事件發生後，在全市群眾中引起了很大的反映，群眾自覺地關心文化大革命運動中發生的這一嚴重違法亂紀的事件，並主動地上街到現場去調查研究，這是革命的行動，是正常的、合理的。而我們當時卻表現得「怕」字當頭，怕群眾干預此事，眾說紛紜，搞得滿城風雨，會使問題更加複雜化，甚至有可能發生新的意外事件。因此我們就倉促地成立了一個名義上的調查組，併發了一個代表市委觀點的口頭宣傳材料。這個調查組是沒有經過和群眾商量就成立的，是有名無實的。它發表的調查材料由於缺乏充分的群眾路線，因此，其中雖然也反映了一些群眾的意見，但這僅是一部分同意我們觀點的群眾意見，而沒有反映另一部分不

同觀點的群眾的意見，這是不民主的，是沒有如實反映當時的全面情況的。這個組織的成立，實際上是搪塞輿論和抵制群眾要求成立調查組織的一個擋箭牌。後來要武聯社三隊的幾位同志和華東水利學院的幾位同學要求成立一個群眾性的調查組織，並要求和打人的幾個紅衛兵見面，我們沒有同意，怕把問題擴大，把問題搞複雜，更怕為壞人利用，這也是錯誤的。現在看起來，我們在較長的一個時期裏，還是消極對待的，沒有積極地給予支持，我們主觀上已為「王金事件」的處理定下了調子，認為事實真相大家是清楚的，把它作為人民內部矛盾處理，是恰當的，是正確的，是會得到廣大人民支持的，因此認為無需再作調查，這些都說明我們是多麼地迷信自己，而又是多麼地不相信群眾，我們的群眾觀點是多麼地薄弱啊，由於我們錯誤的思想的指導，使「王金事件」調查團在開始一個時期裏遭受到一定的困難，這是我們壓制群眾的一個過錯。

（2）關於「王金事件」發生後，群眾反映強烈，我們不是主動去徵求群眾的意見，讓群眾自己教育自己，而是採取包辦代替壓制的方法，企圖壓服群眾，掩息這個問題。10月初，市委負責人曾就「王金事件」分頭向幹部群眾作了報告，我們當時的動機，是為了作政治思想工作，設想用各級各單位領導說服群眾識大體顧大局，諒解年輕的紅衛兵誤將好人當壞人打死，企圖把這件事掩息下去，但是，由於我們沒有認真地貫徹從群眾中來到群眾中去的原則，沒有認真地聽取大家不同的意見，去有的放矢地解決問題。因此這些報告，並沒有解決大家的認識問題，相反地在客觀上造成了一種框框，正如有些人揭發是「對有些不同意見的人施加壓力。」把觀點強加於人，起

了阻礙鳴放，堵塞言路的不良作用。當時，不少群眾，對市委關於「王金事件」的調查解釋不滿，都紛紛到外語學校的現場去參觀調查，我們不相信群眾的覺悟水準，卻以為人去多了，難免不發生問題，更怕壞人鑽了空子，因此，採取了一些錯誤的措施，開始，動員各單位領導群眾作勸阻工作，勸阻大家不要到外語學校去，後來看看勸阻不住，我們就從農村社教工作團，抽調了一批隊員，派到外語學校現場去掌握情況，幫助維持秩序，由於我們領導上給了這些同志一些框框，即自認為市委對「王金事件」的處理是正確的，關於「王金事件」的大辯論是不必要的，因此在現場工作的一些同志就做了一些不適當的工作，如參與辯論，阻撓辯論和向市委提意見等等，這些做法實際上是起了壓制群眾意見的作用，阻礙了群眾之間正常的自由切實的辯論，違反了群眾自己教育自己的原則，這個責任，主要是由市委承擔，不在於具體工作的同志。

（3）關於清理現場和轉移學生的問題，「王金事件」發生後，群眾紛紛到現場參觀調查，我們怕打人現場的不好景象，給予群眾以現實的刺激，更增加不滿和使事態擴大，曾要學校迅速將現場清理，企圖以此來沖淡參觀調查的群眾的印象。對於外語學校的學生我們不是相信他們會總結經驗教訓，可以自己教育自己，而是怕他們和職工群眾正面接觸以後，由於感情衝動，可能引起新的衝突，因而決定讓在校的所有學生立即轉移鄉下參加勞動，我們並派人雇車陪他們一道前往。我們這種不相信群眾的做法，曾經遭到一些學生、家長，及職工的反對，但我們當時卻聽不進反面的意見，還以為我們自己採取的是正確的措施，這就影響了青年學生們，紅衛兵小將們，經風雨，

見世面接受群眾教育的鍛煉。

（4）關於處理王金家屬的問題：在這個問題上，我們也是有錯誤的，我們未與要武聯社三隊的職工同志一起商量，就自行處理了。這是違反了我們與要武聯社三隊同志的協議，是不民主的，是沒有走群眾路線的，這也反映了我們要急急地把家屬問題處理好了以後就算把這個問題解決的錯誤想法，我們曾以為家屬問題處理了，其他的問題就好辦了，存在著一種舊社會處理事件的舊思想，認為死者家屬不鬧什麼問題，別的人也就不會再起什麼風波了，還錯誤地設想，死者家屬處理好了，還可以通過他們對一些有意見的人做工作。

以上這些錯誤，表現在我們只是習慣於老一套的工作方法，即：「我說你服」「我打你受」置群眾於一種被支配的地位，即使有時也發揚一點民主，那也僅是小民主的範疇，至於對大民主，卻始終感到即不理解又不習慣，我們有許多的做法不是放手發動群眾，而是束縛群眾的手腳，甚至不自覺悟地壓制群眾，這怎麼可能把工作做好，怎麼可能不犯錯誤呢？

我們的第二個錯誤：就是對於打死人的違法的少數紅衛兵沒有嚴肅法紀，及時處理，相反的，將他們轉移外地逃避鬥爭，（特別是對打死人的主要負責人還用車子送他上飛機轉移到外地去），這是一個極其嚴重的錯誤，實際上是起了包庇掩護的作用，我們當時的指導思想，認為肇事的這一些學生都是未成年的青少年，他們聽信謠言，誤以為王金是壞人，因而造成打死王金的事件，根據這個事件的性質，作為人民內部矛盾處理是恰當的、正確的，毛主席說：「人民中間犯法分子也要受法律制裁。」我們沒有按照主席的這個指示辦事，而且當時也

有不少幹部、群眾從這一事件處理的問題，提出過合情合理的意見，但我們也沒有聽得進去，為什麼我們表現得這樣不果斷呢？根本的原因：是我們把「怕」字放在第一，把「我」字放在第一，生怕這個問題的處理會影響全局會引起紅衛兵的反對，更怕因此而犯方向錯誤路線錯誤。因而遲遲不敢做出處理，直到最近，我們才將打死王金的主要負責人 XXX（第 1 號兇手）拘留審訊，前後拖了 3 個月時間，影響很壞。

由於我們對「王金事件」的處理不當，沒有嚴肅法紀，可以肯定它是已經起了極其不好的作用，有人反映南京市文化大革命運動中展出武鬥的現象，與此有關係，這是有它一定的道理的，它既危害了我們國家的法律的尊嚴，挫傷了人民群眾正義的伸張和民主的發揚，又影響了對犯法人的懲前毖後的教育作用，我們深感錯誤嚴重，內心疚仄萬分，我們懇切地希望大家起來徹底揭發批判市委的錯誤，摧毀市委的資產階級反動路線。毛主席教導我們：「錯誤和挫折教訓了我們，使我們比較地聰明起來了，我們事情就辦得好一些。」我們有信心和決心，依靠廣大革命群眾，把「王金事件」按毛主席的路線和原則求得正確的解決，以彌補我們過去在工作中造成的錯誤和損失。

南京市委

附錄 1.6 王金事件記事

9 月 28 日：1.中午 11 時外語學校 4 名學生持介紹信將王金帶回學校。2.下午進行審訊。3.傍晚駐外語學校聯絡員孫桂生彙報了市委教育小組秘書組朱興祥。4.夜晚又抓來青工葉家複，拷打工人王金和葉家複。5.其間外語學校校長陳風肖值班擅自離職。6.10時左右511廠工人杜書寶去市委報告。7.市委書記高黎光，置若罔聞，酣然大睡。8.市委吳文熙報告市委書記劉中，劉中僅派兩個人去外語學校看了看。

29 日：1.上午 10 時王金被打死。2.XXX（第 1 號兇手）等三人將屍體私自拖往火葬場火化，卻遭到火葬場拒絕。3.市公安五處進行驗屍。4.下午市公安局五處到外語學校瞭解打人和現場情況（讚揚什麼樣的鞭子打人最合手，連現場都沒有攝影就匆匆走了）。5.下午，晚上市委召開了兩次書記碰頭會，公安局彙報外語學校打人情況。6.晚上市文革張海萍，區委高慶華等有關單位領導召開緊急會議，迅速處理屍體，每隔半小時向市委書記彙報一次聽其指示。7.市委派了區委、區人委辦公室主任于順良、孫勳、姚某坐鎮區聯社抓王金事件。

30 日：1.上午區聯社書記周仁和武裝高幹事下工地召集「骨幹」開會，傳達市委的意圖告知王金打死之訊。2.下午 4 時市委、市局決定將 王金屍體火葬。3.晚上三隊工人聞訊到市委要求市長接見，市委派張海萍應付工人。4.深夜三隊工人寫強烈抗議大字報。5.下午三隊少數工人向省委彙報了王

金事件，並向南大、北京人民大學紅衛兵反映王金事件的情況。
6.晚上、中午市委書記處召開了碰頭會，市文革張海萍反映
三隊情況。7.夜晚區委召開了聯社幹部的緊急會議，要頂住，
多做工作。8.深夜區委、聯社派人來三隊監視，察看動態。
9.坐鎮聯社抓王金事件的老爺們連夜查看三隊工人的檔案進
行政治排隊。10.劉中召開了打人學生家長會。11.市委派
出社教工作團 150 名去加強外語學校工作。

　　10月1日：上午：1.三隊革命工人繼續抄寫強烈抗議的
大字報。2.市委、聯社幹部盯梢監視三隊動態。3.副市長、
市公安局長雷紹典秉承市委書記處的旨意指使市局二處和玄
武區分局[5]整理黑材料，並重點整理了 15 個工人的材料。4.
下午三隊近 20 工人去市委並看了法醫鑒定和刑事攝影（已篡
改過）。5.晚上區委、聯社召開三隊「骨幹」會議（關於王金
事件）。

　　10月2日：上午：1.少數三隊工人去南京大專院校紅衛
兵總司令部研究大字報上街問題。2.中午少數三隊工人貼出
了「強烈抗議」的大字報。下午：3.三隊門口聚集不少群眾
要瞭解王金事件。4.傍晚又貼出了 9・28 王金事件的初步大
字報。5.在南無東風[6]的協助卜連夜趕印了 9・28 事件　部分
傳單。6.市局、分局、派出所派出了便衣巡迴在外語（筆者
注：外語學校）、三隊搜集「動態反映」，整了大量革命群眾的
黑名單、黑材料。

5　原文為分區。
6　南京無線電技術學校「東風戰鬥隊」。

　　10月3日：上午：1.三隊3個工人和華水[7]7個學生組成調查小組到外語學校調查。2.革命工人群眾自發送聲援、強烈抗議的大字報來三隊門口。3.三隊也招待一些革命群眾（對王金事件問題瞭解）。4.外語學校也有革命工人群眾自發地看現場送大字報。5.下午王昭銓奉劉中之命召開一個打人學生頭頭的座談會。6.晚上部分三隊工人去聯社人保股瞭解王金的政治面目，卻遭到拒絕。7.下午2時劉中召開常委、部委、區委分團會議研究王金事件。8.中午三隊革命工人把王金事件電報陶鑄。

　　10月4日：上午：1.王昭銓和外語學校書記談話，要加強學生工作，佈置破壞現場，毀滅兇器。晚上：2.王昭銓在外語學校黨委會[8]作了具體的佈置，並找了打人學生談了話。3.劉中找了幾個打人學生的家長談了話。4.市、區、聯社黨委召開了首次三隊工人代表會議，研究所謂如何處理王金事件。5.來外語學校、三隊的革命群眾川流不息，日漸增多。6.市、區公安局派出所、市委工作人員派出的也日漸增多。7.已開始在外語學校自發組織群眾性的辯論會。

　　10月5日：1.上午9時，王楚濱召開城區區委書記會議，佈置了關於王金事件的「宣傳解釋」工作。2.下午、夜晚，市、區委又召開三隊工人代表會議，在與會代表強烈要求下不得不公佈王金的政治面目；會議一直進行到深夜2點多。3.三隊連夜刻印王金政治背景傳單和寫大字報。

---

[7]　華東水利學院，現更名為河海大學。

[8]　此處應為黨支部會議。外語學校黨的最高機構是黨支部。

　　10 月 6 日：上午：1.王金政治背景大字報、傳單上街了。2.大批的革命群眾自發前來三隊聲援。3.476 廠受領導壓力徒步 60 華里前來三隊聲援，後到市委，要市委表態。4.大批革命群眾湧向外語學校看現場，瞭解情況，貼大字報，提抗議，晚上自發組織辯論會。5.市、區公安局大肆盯梢、監視、記黑名單、整黑材料。6.在群眾中大抓「政治扒手」。

　　10 月 7[9]日：1.上午和下午在區委會議室由市委書記王楚濱召開三隊工人代表會議，根本無視工人的正義要求，歇斯底里地大發作：「誰要把事態擴大，我們絕不會饒過他」。2.上午 7 時半劉中召開各方面基層領導作《王金事件》的報告。3.下午劉中同于紹先談外語學校武器問題。4.晚上劉中召開了書記辦公會《王金事件》專題會。5.晚上在外語學校的自發去市委請願，結果被市委、市局破壞，將主席像撕破。大抓「政治扒手」。6.三隊赤衛隊在市、區委一手策劃下成立了，和紅色造反隊鬧對立。

　　10 月 8[10]日：早上：1.外語學校黨支部受市委指示貼出了暫停接待的大字報。2.市委下達給各基層單位領導關於《王金事件》的《絕密》文件作統一口徑的報告。3.晚上王昭銓坐鎮外語學校，將外語學校學生全部偷偷地轉移到江寧縣小丹陽，連家長都不給知道。4.晚上 8 點許家屯在公安局大禮堂召開市級黨員幹部關於王金事件的大會。5.街上見到同於市委觀點所謂正面大字報和傳單。

---

[9]　原文為 6 日。

[10]　原文為 7 日。

　　10月9日：1.上午8時王楚濱在人民大會堂召開科級以上黨員幹部關於王金事件的報告。2.下午2時王楚濱召開了市常委、部委、區委分團負責人研究王金事件的會議。3.所謂正面大字報滿街貼，傳單到處散，舉目皆是。

　　10月10日：1.上午8時半，鄭康在人民大會堂召開第一公交政治部的毛著積極分子、先進生產者關於王金事件的大會。2.上午8時半陳慎言在中山東路球場召開第二公交政治部的毛著積極分子、先進生產者關於王金事件的大會。3.下午3時高黎光在人民大會堂召開紅衛兵關於王金事件的大會。4.下午3時鄭康在中山東路球場召開紅衛兵關於王金事件的大會。5.市委在夜裏將王金家屬搬得不知去向。

　　就在江蘇省委、南京市委這種高壓下，將轟轟轟烈烈的群眾運動鎮壓下去了。

　　10月11日：1.上午王楚濱召開了書記碰頭會議，談了王金事件。2.下午3時，王楚濱召開關於王金事件的書記辦公會議。3.王昭銓用小轎車將XXX（第1號兇手）送往機場乘飛機去山東，消遙法外。

　　10月12日：堅決堅持不同意市委處理意見的13個三隊工人找到了剛從北京返甯的南大紅色造反隊，向他們介紹王金事件的全部情況。

　　10月14日：在要建三社部分革命工人、南大紅色造反隊、全國革命造反串連總隊發起之下，成立一個南京九·二八事件聯合調查團。

　　10月15日：籌備開成立大會，晚上，市委召開書記辦公會研究王金事件。

10 月 16 日：調查團在南大文革樓正式成立，由 40 多個單位的工人和學生組成。

10 月 17 日：調查團代表去市委，要市委表態，市委回答，你們要調查就調查去嘛，我們認為沒有必要成立調查團，因為市委已經作了調查。

10 月 18 日：調查團代表去省委，要省委表態，省委同市委一樣，老調重彈，一脈相傳。

10 月 19 日：1.在省、市委的重重阻礙，百般刁難，調查根本無法進行，在南大紅色造反隊支持下，調查團一行 5 人赴京告省、市委的狀，在火車站遭到省委的御用軍黑字兵的無理阻攔，結果誤車一小時之久。2.晚上 7 時半，王楚濱召開研究王金事件的書記辦公會議。

10 月下旬──11 月上旬

南京：少數調查團員繼續和省市委進行鬥爭。大字報、傳單不間斷上街。

北京：赴京代表得到當地革命造反派和各地赴京革命造反派的支持。

11 月 10 日、11 日、12 日、14 日，國務院楊副秘書長四次接見我赴京代表，堅決支持我們的革命行動。表示一定要把王金事件調查清楚，並指出以後阻力還會更大。

南京：14 日北京建築工程學院 23 個學生去市委由岳維藩、張海萍接談王金事件。

15 日，北京：中央國務院再三催促省市委派人去中央研究如何處理王金事件，省市委蔑視中央，僅委派區委幹部去國務院，上瞞下欺。王楚濱還電話指示要脅國務院也要派人調查，

企圖把矛盾上交，給中央施加壓力。

南京：在市委宣傳部張海萍接待北京建築工程學院 20 左右學生，找了三隊的紅色造反隊、赤衛隊兩部分工人瞭解關於王金事件的問題。

16 日：南京：晚上在商業局會議室岳維藩市長和調查團，北京建院學生三方達成五項協定。

北京：國務院楊秘書長、調查團赴京代表、市委赴京代表三方舉行會議。

17 日：南京：晚上，張海萍代表市委書處只答復了五項協議的三項。

北京：國務院楊秘書長[11]、調查團、市委代表，三方達成三項協定。

11 月下旬，三隊赤衛隊在省、市委、區委的支持下赴京販賣省市委的觀點，和調查團唱對臺戲，要求中央文革接談，結果一無所獲，狼堪而回。

11 月 24 日，部分赴京代表返甯後，在南大召開了首次向全市革命造反派赴京彙報會，和省、市委進行了堅持不懈的鬥爭，要了些必要的宣傳用品和房屋，這時調查團才算有了合法的地位。

12 月 2 日赴京代表全部返甯，只留了一個駐京代表。在南大又開了第二次赴京彙報會。

12 月 3 日去市委索取有關王金事件的材料，經過兩天一夜的鬥爭，造舊市公安局的反，才把有關王金事件的法醫鑒定

---

[11] 原文為楊書長。

和刑事攝影奪回調查團。

12 月 5 日，調查團一行 5 人為革命再次千里赴北京，將材料帶到國務院請示中央，國務院秘書廳主任田耕接見我團赴京代表，表示返寧可以將其印成副本給群眾看，南京：市委只是口頭答應調查，但調查對象不知所在，市里負責人也不見面，多次夜裏去市委尋找負責而市委負責人避而不見。

12 月上旬，我們發現坐鎮外語學校處理王金事件的幕後策劃者幕前指揮者王昭銓在南無電校[12]，由於南無東風的大力支持下找到王昭銓，可是王很不老實，拒不交待問題。

12 月 15 日：把王昭銓揪到華東局造了反，並得到華東地區革命造反派的堅決支持，我團代表在華東地區革命造反派的大會上發了言。

12 月 26 日：華東局、調查團和市委代表王昭銓達成五項協定，華東局並簽署了處理意見。

12 月 30 日：赴滬團員凱旋返寧，在文化大革命大好形勢下，在革命造反派強大的壓力之下，舊市公安局不得不將主犯 XXX（第 1 號兇手）依法拘留，這是調查團開始的初步勝利。

12 月 31 日：正當我團要把這個好消息和五項協議向全市 130 萬人民彙報時，市委的御林軍南無八‧一二[13]衝擊我團部，劫走我團借來的汽車和喇叭及其他宣傳器材。

1967 年 1 月 3 日晚：我團接紅總通知，前往江蘇飯店察看現場。

---

[12] 全稱：南京無線電工業學校，現為南京信息職業技術學院。

[13] 全稱：南京無線電工業學校「八‧一二造反隊」。

1月10日：我團派調查小組進駐外語學校進行調查。

1月20日：南無八·一二在南京動力學校夥同「鬥批改」[14]打傷我團員4名，嚴重影響我團調查工作的進行。

1月24日：外語學校「毛澤東思想紅衛兵」在南無八·一二唆使下勒令我駐外語學校調查小組撤出，遭到該校革命師生的嚴厲譴責和我團嚴正拒絕，未能得逞。

1月下旬，在全市展出第一批有關王金事件的部份刑事攝影。

2月4日召開全市革命造反派關於王金事件揭發批判省、市委所執行資產階級反動路線大會的籌備會。

2月6日：調查簡報創刊號出版；在人民大會堂召開了全市革命造反派關於王金事件省、市委所執行的資產階級反動路線揭發批判大會；當日下午，南無八·一二保走了省、市委內走資本主義道路的當權派許家屯和王昭銓。

2月12日晚：南無八·一二劫走我團的宣傳器材，借來的錄音機壹部、發電機、手搖印刷機壹部及其他物品。

2月18日：調查簡報第二號出版了。

2月下旬擬定調查報告初稿；3月上旬修改調查報告。

2月下旬至3月上旬，多次去舊市委、市局、分局等有關單位索取有關材料。同王金事件有關的單位：火葬場、王金家屬、要建三隊、市委、外語學校、市公安局、救護總站等屢經調查，反復核實。

---

[14]　全稱：南京動力學校「鬥批改戰鬥隊」。

附錄 1.7 市委常委、書記碰頭、辦公、處理會議記錄[15]

1.出席：劉中、王楚濱、高黎光、雷紹典、江青萍、彭沖

時間：1966 年 9 月 29 日晚上。

內容：公安局彙報去外語學校，調查紅衛兵打死人的情況。

彭沖：第一步先同紅衛兵糾察隊講清楚，請他們同我們一道去調查……。

2.出席：彭沖、劉中、高黎光、雷紹典、孫同潔。

時間：1966 年 9 月 29 日下午。

內容：公安局彙報外語學校紅衛兵打死人問題。

彭沖：第一，我來調查，查清事實，毫無根據把人打死，肯定是錯，要給他們批評……你們說是打狗隊，要有證據，同糾察隊總部一起去，要他們一道參加……。

3.出席：劉中、王楚濱、高黎光、洪百川。

時間：1966 年 9 月 30 日上午。

---

[15] 因原文是會議記錄，此處不做任何糾正，保持原樣。

劉中：……對外語學校，江渭清同志意見，要整黨內走資本主義道路當權派，要捨得一身剮，保衛黨的政策，也要捨得一身剮。省委要省公安廳從外語學校這件事，到全市，全省的打人，政策以外的搜家，要寫個報告，要提意見，國慶後給中央寫報告，我們要提供人家材料。

（劉中又說）今天要抓的幾件事：1.國慶動員，彭沖動員。2.死者的善後工作。3.家長工作。4.聯絡總站工作。

4.出席：劉中、王楚濱、高黎光、陳慎言、孫同浩。

時間：1966 年 9 月 30 晚。

張海萍：……工人要求把法醫檢查的情況作一個介紹，要求看現場照片，開始要求拘留兇手。

劉中：告訴他們公安局在調查，等國慶後，今晚不看法醫檢查。

5.會議通知單

會議名稱：常委、部委、區委、分團。

地點：計委三樓。

內容：主持人：劉中、記錄：李德雍。

張海萍、彭沖、（王）軍分區黨委、趙、于（于）玄武區委高慶華、劉中、（李）城市工作團、沈、白下區、李光霞、岳維藩（因病請假）、組織部、徐、（趙），秦淮區狄石、王楚濱（呂），建業區委方明、鄭康（黃、倪）、鼓樓區委劉耀華、高黎光（王）、下關區委施明、江靖甯、宣傳部羅（王）、浦口

區委顧興華、周愛民、第一工交政治部柯、雨花區委李風華、陳慎言（接待站陳、陳），第二工交委政治部王新吾、楊志、棲霞區委委周強（李）、雷紹典（朱），農村工作團劉濟川（等），衛生分團（董），沙軼因，（李）房震（丁、姚、鐘）財貿政治部、統戰部（孫）、文體分團（王）梁為人、教育小組石堅、陳文村、監委徐想起（張）聯絡站孫同浩、工會王敏（張）聯絡站孫同浩。

團市委李定瀾（方）街道分團（向）肖敏婦聯周姚瑜（王）人委辦公廳洪百川、儀錶分團（複）李雲姐、計委陳雲龍、張啟龍經委、科委王彬城建局黨委（杜）機關黨委鞠洪俊、王昭銓、（狄）政治處程簑敏、李劍、王樹東。

劉中：……把工人貼的大字報拿來對照，處理這事用市人委名義政府名義，出面與各方面介紹打交道由書記兼副市長的出面，王昭銓已出面，王楚濱還要出面。

問兇手是誰？我們介紹情況，如何介紹的問題，打的學生 20 多個，無錫、上海的 10 幾個，打後跑掉了，紅衛兵負責人知道，帶人的 4 個可知道，住在校的外地學生也不知道，因為不讓進去，勸他們不要追究，也交待不出。

有人要參加組織聯合調查團問題，打死人問題我們已調查了提不出來、有無國際打狗隊，只能說根據現在調查沒有，也不能保險沒有國民黨特務，這個人可保險，本人歷史也可落實。

此事抓緊，工作要做細緻充分，否則當心為壞人利用。

沈振榮：省委口徑要一致。

6.劉中同志與外語學校8個學生家長的談話記　66.10.4.晚

劉中：……請你們來，就是要做點工作，不要火上加油。不要再有人說打死個把人有什麼關係。再打死人怎麼辦……他們說反正市委要替我們頂住的。今天九中十中就有人在串聯，說這是革命行動，支持他們的革命行動。說北京打死人多呢……他們抓起兩個工人，說實在話，都是好的，一個受傷的18歲很棒，被打後沒有講一句壞話，死的一個，死前根本沒有還手，如果是反革命，不和你拼兩個……。

7.家長會：66.9.30.晚

劉中：……有些壞人就想製造慘案，要打倒省市委，他們就要製造事件。

8.王昭銓和霍繼光談加強學生工作 66.10.4.晚

王昭銓：……今天上午，黨內要把這件事勾通一下，要使他們懂得，不擴大，是從大局出發的，是有嚴重錯誤，但不能讓大家再來打紅衛兵，只要從黨的事業出發，先把現場封鎖起來。

9.書記碰頭：66.10.4. 下午5時半

出席：彭沖、劉中、王楚濱、高黎光、王昭銓、洪百川、張海萍、高慶華。

王昭銓：聯社工人工作加強以後，達成了協定……喬泰陽

他們動員 XXX（第 1 號兇手）不要檢討，動員他們到北京去，現有兩個同志正在落實這件事……現場明天不能再開放了，今天晚上要連夜搞掉。

彭沖：是否學校領導要出面，小鬼不要出面，你掌握不住，帶幾個認識好的小孩子，打人，抓人不對，以後不要搞了，主要由學校領導挑起責任，失職，請示上級處分……晚上人少時打掃清潔衛生，把它搞掉。（現場）

10.關於外國語學校發生少數學生打死工人王金事件的調查

（供口頭宣傳解用）中共南京市委文革小組調查組66.10.4.

11.城區區委書記會議記錄

時間：1966 年 10 月 5 日上午 9 時。

地點：計委三樓會議室。

內容：關於外語學校少數學生打死王金事件的宣傳解釋工作問題。

主持：王楚濱，記錄：劉樹棟

出席：孔學仕、李光霞、秋、石、魏、劉、張及財貿機關。

王楚濱：外語學校的事，大家都知道了，這件事，弄不好有蔓延擴大的可能。……打死人又不是哪一個人打的。他們主流的方面還是革命的，要革命過程中，他們沒經驗，會犯那樣，這樣的錯誤，所以我們要對他們支持、幫助……打死人的少數

學生，大都是 14、15 歲的，還不大懂事。要追究哪個人是主犯搞不大清楚，也沒有必要。何況這些學生還是要革命的，文化大革命又是新鮮事物，發生一些問題是難免的。

12.劉中同志關於外語學校少數學生打死工人王金事件的報告　66.10.6.上午 7：30

劉中：今天請各方面的機關，基層單位的負責同志來，直接的是為了談外語學校少數學生打死人的事情……各種意見都在發表……但總要有統一的思想原則來指導……。

13.書記處理問題記錄　66.10.6.下午

劉中同志，于紹生同志談外語學校武器問題。

劉中：對外語學校要作思想準備，準備它作為個爆發點，對保管的是什麼人要瞭解一下。

于紹生同志：對社教工作隊的隊員的思想狀態，市委要瞭解一下，怕字當頭，簡直不敢管事，有的習慣于行政命令，行不通，就不管了，不把基層的積極性調動起來，市委的壓力沒法消除。

14.書記辦公

出席：劉中、王楚濱、岳維藩、高黎光、陳慎言。

時間：1966 年 10 月 6 日晚上 8 時。

張海萍：

1。工人最大的問題是能不能拘留 XXX（第 1 號兇手），

是否交給紅衛兵總部處理（劉：不行）

2。發通報問題紅衛兵總部發通報堅決貫徹十六條，今後不再發生類似問題。

3。學校有關領導要處分問題，要趕快辦。

4。略……

15.書記辦公

時間：1966 年 10 月時日下午 1 時－2 時半。

出席人：岳維藩、鄭康、高黎光、陳慎言、程箴敏、洪百川。

王楚濱上午把王金事件向省委書記處彙報。

陳光同志意見這事要大張旗鼓地宣傳，這現在是多數人的問題了，當然有少數別有用心的人，但大多數是不滿，我們講話，宣傳更有重點，落腳在這個上面。紅衛兵與工農關係緊張，大多數中間群眾對紅衛兵少數違法不服。這事搞不好，不是勞動人民對我們不滿，就是對紅衛兵也得不到教育，現在是大好時機對紅衛兵進行教育，也是大好時機爭取紅衛兵對我們的信任。

不要抽象地講，要使人聽了入情入理。這是青少年犯的錯誤。要把產生的原因，主觀上是他們要整壞人。下面在談對這事的態度，要教育，不能引導到如何處理。

市委不要怕，應說的就說，應堅持的就要堅持。現在不要強調別有用心的人，因為現在群眾搞在一起，要通過這事把群眾的……。

在必要的時候可以出去宣傳車，但宣傳稿子要寫好。

目前要把外語學校事件作為中心來稿[16]……我們書記處要以這事為中心，迅速把宣傳稿子寫好，今天二點鐘先開個部委、區委會議。

高黎光：展開大規模的宣傳教育，領導同志普遍出動作報告，紅衛兵按總部作報告，工人開全市性勞模、五好職工、毛著學習積極分子會議、工人請許家屯作報告。

程箴敏：從國營分團調約 150 作為機動兵團。

王高：這部分先要訓練。

16.書記碰頭

時間：1966 年 10 月 11 日上午。

出席人：王楚濱、鄭康、王昭銓、王新晉、石堅。

王：文鳳來[17]今天回來，口號是「衝垮市委、大幹一場。」在我們這裏做文章的，一是水電隊，一是雨花臺，三輪車問題他抓不住我們。

趕快把外語學校的問題弄好，不然別想介[18]圍。從領導到機關幹部都要有思想準備，組織準備。學校問題劉中意見，工作組先集中一點。通通思想，如怎麼叫方向性、路線錯誤？群眾弄群眾、工作組有傾向性，算不算方向性、路線錯誤。據說中央可能明確一些問題，王金問題，現在不是一面例子，內部

---

[16]　應為「搞」。

[17]　文鳳來是南京造反派領袖，文革前是南京大學講師、退伍轉業軍人。

[18]　應為「解」。

都分成了兩派，集點是處理問題。

王：現在的大事（三件）

（1）王金事件，情況在發生變化，處理問題怎麼弄，不然不能平氣憤，以什麼形式出現？也要趕快研究，通過什麼管道，使大家都知道。

（2）準備文鳳來回來後，在幾個主要問題上怎麼搞好，王金事件他恐怕不會插手，他無非搞雨花臺、水電隊、十條，這也要準備他沖，組織工作怎麼搞好呢？

17.書記辦公會議記錄

時間：1966 年 10 月 11 日下午 3 時

出席人：岳維藩、王楚濱、鄭康。

王楚濱：王金問題，要省委繼續講，工廠、企業沒有講的繼續講，做多數人的工作，特別是玄武區，鼓樓區要多做工作，要武三社的工作更要做好。

學校紅衛兵中對 XXX（第 1 號兇手）要處理，如撤銷隊委，留隊察看等，最後與家屬、三隊達成協定後。像開記者招待會一樣，開一次會，現在先看一二天，學校要王昭銓，孫同浩同志做工作，二個區做二個單位的工作。

鄭康：紅衛兵處理問題，我們不要提出，最好讓他們自己提出來。

王楚濱：南大文鳳來要搞我們，雨花臺、人民大會堂已聯繫上了，還有十條，他們又可能搞辯論會，我們機關要作準備。大院裏各局都組織兩套班子，如果被佔領後，一套班子下去繼

續工作。文鳳來搞辯論會，要你去，誰去，要有準備，要定下來，雨花臺、大會堂、水電隊，十條。

轉出去是頭頭、帶兩個人，二個工業部、宣傳部，組織部的頭頭，教育小組的頭頭，有少數人轉到二線。

鄭康：現在不動，但要指定轉移到哪里，如果佔領了一部分就繼續留下來，一部分轉移。外食堂要趕快搞好。橋這裏搞一個門，這邊作為宿舍區。

黨校作為一個點，以後部委，辦公廳搞材料的人去。

王楚濱：開小組領導會議，內容：文鳳來問題還涉幾件事；雨花臺問題，要單位與王鑫同志出面；人民大會堂問題張海萍，洪百川或我可以去；有問題是水電隊問題。

18.書記辦公會議記錄

時間：1966 年 10 月 11 日晚 7 時半。

出席人：岳維藩、王楚濱、鄭康、高黎光、王昭銓、陳慎言、房震、洪百川、孫同浩。

王楚濱：彭沖同志來電話說工作組要好好學習十六條，動力學校要工作組回去的問題，請王昭銓接待，答復工作組可以回去，但人員還要集中，時間不要定。紅衛軍問題，要說服按總政指出，不要成立。

鄭康：市指揮二線要建立起來，文件要趕快清理，該搬的搬，該燒的燒。

王楚濱：一、重大案件的分工。1.雨花臺問題，由黎蓮嬌、張寶和和王鑫雨花區委負責。2.人民大會堂由洪百川、張海萍、

夏夢林同志負責。3.三輪車、水電隊由王新吾、宋文、林振方、沈振宗等同志負責。4.七二〇廠問題，由黎達、茅祖才同志負責。6.十點意見由周兆瑜、康明亭同志負責。5.外語學校由王昭銓、朱明、揚玉、高慶華、孫同浩同志負責。7.房屋問題由王彬、許引之同志負責。以上問題要多查材料準備和接待。以後組織有關單位職工參加辯論會等事項。二、大院內單位分兩套班子辦公。組織部、宣傳部、政治處放在黨校，經常工作人員都可以去。一、二工交放在白下區委，教育小組到玄武區委，主要是去幾個頭頭，帶幾個秘書。副食品局、物資局、城建局到基層單位去，財貿到人民銀行，農村局到雨花區。

19.書記辦公：

時間：1966 年 10 月 19 日晚上 7 時。

出席：王楚濱、鄭康、高黎光。

列席：王昭銓、孫同浩。

內容：研究王金事件。

20.書記辦公：

時間：1966 年 10 月 20 日上午 9 時。

出席：王楚濱、鄭康、陳慎言、王新吾、徐傑、柯德金、王鳳、宋文、劉明佑。

王金問題有些職工在思想認識上還沒有完全解決，正在等待市委處理情況，隨時有可能鬧事碰頭。

附錄 1.8 審問王金記錄[19]

　　14 歲小學畢業，以後在蘇州中學上了兩年級，以後學剃頭，參加 19 路軍 78 師第 3 團醫務所衛生員（民國 21 至民國 24 年）民國 25 年回南京，考藥學講學所，第 6 期沒有畢業，武漢又轉到 X X X X X……抗戰爆發，到戰時衛生訓練班助教（45 年）湖南長沙，以後住在江西太和第 16 軍醫院（因害腿），憑一張醫療證，訓練班開的，抗戰勝利後到湯山陸軍醫院當師司藥，軍醫二階，後來考成南京總醫院，也是司藥。又改陸海空軍醫院仍舊是司藥（34 標），醫院走了到臺灣，我沒有跟去。1948 年年底疏散，1951 年做小生意（資本 2、3 塊，機油和雪花膏，三等 1.28，升州路新民）1956 年 11 月國務院招聘報名，徐州煤礦基本建設局衛生科當藥劑司，1956 年調到徐州東關澱正機械修理總廠治療所藥劑員（王義軒）幫助理，X 立合劑，後來 X 水 X 很，後來開火例在裏面拼命死拉，幹藥在正面，領導批評，作 X 對提出要求加工資，幹部處組長李芳華提出要求國務院命令沒有加，於是我就再三要求回來，1957 年 8 月回來後，作原來的小生意，1 塊 3、4 角錢，以後在 X O 講義分到中央門修鐵路，四牌樓辦事處，四牌樓派出所各個委員會由唐所長等，我也帶頭勞動，一個星期以後，一個組織是後來到我區勞動科到土方隊抬土方（地點：南京汽車製造廠）1958 年大煉鋼鐵（後宰門）行政科作 2 天，1958 年 10 月份到玄武大隊，玄武區城建局 20 天，下來拖車子，拖出小腸氣關節炎，

---

[19]　因原文是審訊記錄，此處不做任何糾正，保持原樣。

自己回家治療，後來又作小生意，賣蝦子，1963 年陶經理叫回去，到現在灰沙工。

在 1948 年 7 月份藥劑主任金文鑫、張夕鈞介紹到南京市黨部另時黨員，他們填的蓋章。組織沒有參加，軍醫二階司藥（中尉）120 多元（1945－1946）。

軍醫預備團司藥班民國 25 年在沙口（49）學習了 4 個多月當助教（中尉，35 塊錢）。

10 年沒有開

王金　66.9.29.　　（簽名）

以上是摘自 XXX（第 2 號兇手）在審問王金時在日記本的記錄。

出身販馬，哥哥是貧農，48 歲。

上過小學，初中，是繼父代大的。又當過學徒，又逃出來參加部隊學員——助——調藥劑——泥瓦匠助工。

爹水警巡官

附錄 1.9 王金事件揭發批判大會

上圖是關於王金事件揭發批判大會現場

　　左上圖為王金事件另一位受害者葉家複的控訴，右上圖為南京外國語學校學生代表在控訴大會上發言。

　　左上圖為省委書記彭沖被揪鬥實況，右上圖為市委書記王楚濱被揪鬥實況，左下圖是南京市公安局副局長王忠被揪鬥實況，右下圖為南京市副市長王昭銓代表市委做檢查。

附錄 1.10 刑事攝影（南京市公安局五處）

左上圖為南京外國語學校小學宿舍樓（王金事件發生在此樓），右上圖是宿舍樓的樓梯間，用於關押王金，樓梯間內血跡斑斑（雖經多次洗刷黑色的血斑仍殘留）。

左上圖葉家複被打，王金最後被打死於此室，右上圖打人兇器——皮鞭、皮帶、體操棒、鐵條、鉛絲鞭等。

左上圖為王金右頸之傷創，右上圖為王金的血衣。

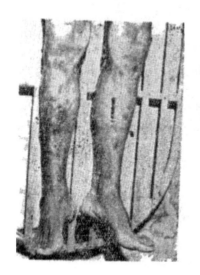

左上圖為王金腿部之創裂傷，右上圖為王金頭部之創傷。

上圖為血肉模糊的王金上體。

第 2 章　既非一個文革，也非兩個文革

　　1966 年 8 月，北京的紅衛兵「破四舊」進入了瘋狂階段，死人事件不斷發生，紅色恐怖籠罩全城。這就是人們常說的「紅八月」。僅北京一地在「紅八月」中被無辜打死的人數有案可查的達到 1772 人，上海有 534 人被打死，武漢被打死的有 32 人[1]。南京比北京稍稍慢了一個節拍。

　　令人不解的是，北京的貴族紅衛兵打死近 2000 人，北京的輿論反映平平，紅衛兵的暴力行為沒有受到遣責，更沒有引起巨大的社會反彈。「打死了，就打死了」。在聽取宋彬彬等人彙報北師大女附中打死副校長卞仲耘之後，時任北京市副市長

---

[1] 羅德里克·麥克法誇爾、沈邁克。2008 年。《毛澤東的最後革命》網路下載版，第 106 頁。

的吳德是這樣想的、也是這樣說的[2]。當然，有人對吳德是否這樣說過提出了質疑[3]。或許有不少人也是這樣想、這樣說的，而更多的人則敢怒不敢言。目前，卞仲耘案件在華人學界幾乎無人不知，不過在當時卻並非京城的轟動事件[4]。但是，為什麼王金事件在南京卻成為轟動事件？為什麼南京的市民們對紅衛兵的暴行敢說「不」字？

　　同樣令人費解的是，文革開始後，在王金被打死以前南京也發生過死人事件。1966 年 8 月 3 日晚，南京師範學院[5]的部分學生把吳天石（原江蘇省教育廳長）、李敬儀（南師黨委副書記，吳天石的妻子）、張煥庭（南師副院長）三人從宿舍拉到學校鬥爭。三人戴高帽子遊街並且被打，李當即死去，吳昏厥後經搶救無效於 5 日晚死亡。李敬儀成為文革暴力「鬥爭會」的第一個受害者[6]，也是文革中的第一個受害者[7]。李敬儀和吳天石的死並未引起該市市民們的強烈反對和抗議。可是為什麼南京外國語學校的紅衛兵打死工人王金卻在南京市甚至江蘇省引發軒然大波？

---

[2]　啟之。2013 年。《故事不是歷史：文革的紀實與書寫》。要有光出版社，第 41 頁。

[3]　郎鈞。2012 年。「佇視王晶垚－宋彬彬對簿歷史的公堂－《宋彬彬談話紀要》的解讀及其它」。《北京之春》（2012 年 8 月號）。

[4]　華新民。2014 年。「卞仲耘命案爭論拾遺」。《華夏文摘增刊》（2014 年 8 月）。

[5]　現更名為南京師範大學。

[6]　王友琴。「暴力性「鬥爭會」的最早的受難者：李敬儀和吳天石之死」。http://hum.uchicago.edu/faculty/ywang/history/LiJingYi.htm

[7]　卜偉華。2014 年。「把史實搞清楚是最重要的」。《記憶》第 106 期（2014 年 1 月 15 日）。

　　回答這一問題，我們還需從南京的社會狀況說起。南京曾是中華民國的首府、國民黨的老巢。國民黨敗退臺灣時，其政府機關和部隊的部分人員撤離了，但是它的百姓並沒有跟著去了臺灣。這一強大的社會基礎留了下來，進入了共產黨的新社會。南京地處長江三角洲，是富饒的江浙地帶，解放前人民的生活並不像北方地區那樣貧困。他們對於共產黨的解放比起北方的人民來說，沒有那麼感恩戴德。

　　南京以其反叛精神聞名於世。1976 年發生的「南京事件」（或稱「南京反文革勢力運動」）就是一例。1976 年 2 月 6 日，姚文元控制的《內部參考》轉載了香港的一篇攻擊周恩來的文章。3 月 5 日，上海文匯報出現了「黨內那個最大的走資派要把被打倒的至今不肯悔改的走資派扶上臺」的句子影射周恩來，引起了廣泛的憤怒。1976 年 3 月 28 日，南京大學 400 多名師生率先公開組織開展周恩來逝世的悼念活動，以周恩來的遺像為前導，捧著用玉蘭花製作的花圈，沿著南京主要幹道前往梅園新村。南京其他大專院校的數萬名師生也抬著花圈和挽幛紛紛湧向梅園和雨花臺。

　　3 月 29 日晚和 30 日，南大 300 多名師生分成 20 多個小組，分赴南京火車站、汽車站、輪船碼頭及主要街道，到處刷寫「誰反對周總理就打倒誰！」、「鄧小平和人民心連心！」等大標語。3 月 31 日夜，南京市 17 所大專院校的學生代表在南京大學秘密舉行聯席會議，醞釀成立「中國民主大同盟」等組織，最後決定以悼念周恩來為旗幟，成立「南京市各界群眾悼念周總理聯絡站」，推選李西寧為「總指揮」，組織悼念周恩來、支援鄧小平、反對繼續推行「文化大革命」的活動。南京悼念

周總理、反對四人幫的鬥爭逐步擴展到全國，北京爆發了天安門事件[8]。必須指出的是：舉世聞名的 4‧5 民主運動終於北京卻源於南京。

　　王金所在的單位最初叫做南京市玄武區建築工程公司，是一個地方國營公司。上世紀 60 年代下馬，變成大集體性質，改稱為南京市玄武區修建合作聯社（人們常稱之為「建築聯社」），隸屬玄武區政府。建築聯社屬於生產自救性質的單位，把一些社會閒散人員（包括從西部國有企業跑回來的人）組織起來，挖土方、搞修舊或一些小工程，當時建造的最大工程有南京外國語學校的教學樓和宿舍樓，新街口的太平村等。1970年該單位又改稱南京市玄武區建築工程公司，現在成為南京市玄武建築工程公司，不再是區屬企業了。

　　王金被打死時，玄武區建築聯社有 4 個工程隊，稱為基幹隊，另有 6 個土方隊，2 個油漆隊，1 個水電隊。文革前（約1965 年）南京市成立市建築聯社，把第 1 工程隊劃走，於是以第 2 土方隊為基礎重新成立了 1 隊。玄武區建築聯社的每個工程隊約有 200 到 300 多工人。工程隊下轄專業組，如瓦工組、木工組、鋼筋組、架子工組、機修組、運輸組和後勤組。工人的工種主要有瓦工（又分為混凝土工、抹灰工、壯工）、木工、鋼筋工、架子工、機修工、水電工、油漆工、駕駛員和裝卸工、板車運輸工、後勤工（如倉庫保管工、化灰工）等。

　　文革前玄武區建築聯社裏的黨員非常少，各工程隊無法成立黨支部，只好派一名黨員任指導員。即使到了 1969 年九大

---

[8]　維基百科。「南京事件」。http://zh.wikipedia.org/。

後發展了一些黨員，各工程隊成立了黨支部，每個工程隊也只有 3 到 5 名黨員。文革前的團員也不多，但還能勉強湊成團支部。總體來說，黨員比例只有約 2% 到 3%，團員比例在 8% 到 10% 之間。有各種問題的人占到 95% 以上（不包括原是家庭婦女來做小工的）。工人即使沒有政治問題，也會有其他問題。如南京外國語學校的一位畢業生因為分配到煤礦後胃出血，被煤礦退回玄武區勞動科，重新分配到玄武建築聯社。1968 年許世友在南京大搞「城市居民上山下鄉運動」，玄武建築聯社的許多有問題的工人被趕出了南京城。

　　玄武建築聯社裏的工人儘管也被稱為「工人」，但是他們與國營大型企業裏的工人有著天壤之別。他們屬於邊緣化的群體，經濟地位低下，政治地位更加低微，為社會所歧視。他們的市民背景與成都和廣西的造反派的背景極為相似[9]。玄武建築聯社裏有許多像王金那樣有著這樣或那樣歷史問題的工人。如一名畢業於同濟大學的學生，因為是右派被發配到玄武建築聯社。「9·28 調查團」的骨幹查全華曾因辦過地下刊物提前從部隊復員，並被定為內控人員，而分到了玄武建築聯社。1970 年末，南京外國語學校 1963 屆小學英班學生（文革開始時小五英班）李家駿的父親在文革中被打成反革命分子。此時，班上出現了所謂的「流氓信」事件。一位男生把一封求愛信放在了同班的一位女生的課桌裏。這在當時是件大逆不道的事件。全班立即對此事進行排查。該班的班主任潘秀瑤老師向同學們

---

[9] 杜鈞福。2013 年。「文革造反派的市民背景和知識背景」。《共識網》（2013 年 3 月 19 日）。

故意透露了李家駿父親的政治問題。在她的暗示下，全班同學投票「選舉嫌疑犯」。結果李家駿同學高票「當選」。李家駿被開除出紅衛兵和紅衛兵值勤排（相當於紅衛兵糾察隊）。當時的紅衛兵組織是在工宣隊領導下成立的，取代了文革前的共青團組織。數月後，李的同學都分配進了工廠、學校或參軍，可是他卻分配無門。經過半年的奔波和交涉，他背著處分被分配到誰也不願意去的南京市玄武區建築聯社，也就是王金生前所在的單位。

　　對於南京外國語學校的紅衛兵來說，他們的「不幸」是打錯了人。如果他們打死的是本校的老師，打人事件最多像南京師範學院打死吳天石和李敬儀那樣不了了之，紅衛兵不會受到任何懲罰。可是他們打的是王金。他所在單位是一個充滿社會底層人物、邊緣人物的玄武區建築聯社。這是一隻「馬蜂窩」。王金的死成為他的同事們的藉口，蟄伏的「馬蜂」終於傾巢出動開始「蟄人」了。我們可以從分析打死王金事件引發的南京市民強烈的抗議活動，討論目前文革研究領域中懸而未決的「一個文革」和「兩個文革」之爭。

2.1 文革研究界的確定

　　當人們談論文革研究領域時，常有西方學術界、中國大陸

學術界、海外學術界和民間研究界等提法[10]。但是至今為止還沒有人給出明確的定義。本章試圖對這些提法進行界定。研究文革的人員學術背景涉及許多不同的領域，如歷史學、經濟學、政治學、社會學等。還有大量的民間有識之士。學術界因研究人員大多受過正規的專業訓練，研究水準是民間研究不可企及的。但是民間的文革研究在提供史實方面卻獨領風騷。民間的文革研究可以為學術界提供不可多得的研究素材。

對於西方、中國大陸和海外學術界的區分，我們可參考關於文革回憶錄分類的辦法[11]。該方法透過參照「文革角色」、「作家國籍」、「寫作身份」、「出版地區」四個維度，對文革回憶進行分類。本章提出以語言、國界、出版機構三個維度對文革研究界進行分類。

首先，我們以論著的出版單位進行分類。如果是由正式的出版社或在學術研究機構（如大學或研究所）的網站上發表的著作，我們界定為學術界。在此以外的網站或非正式出版的著作統稱為民間研究。其次，我們對發表的原著的語言進行分類。學術界著作中凡是原著採用非中文（主要指北美和歐洲國家的語言，如英語、法語、德語等）的統稱為西方學術界。原著為中文的統稱為華人學界。而在華人學界中，作者主要居住地在

---

[10]　例如，徐友漁。2011 年。「西方跟中國的學術界對於中國文化大革命的研究」。《大學論壇》第 48 期。

　　　董國強。2006 年。「大陸學界紅衛兵運動研究述評」。《二十一世紀》網路版，總第 50 期（2006 年 5 月號）。

[11]　蔡明芩。2009 年。《回憶文革：在超越與再現間的選擇視野》。臺北：國立臺灣大學政治學系中國大陸暨兩岸關係教學與研究中心。

國內的，稱為中國大陸學術界，作者主要居住地在國外的（包括香港、澳門和臺灣等地）稱為海外學術界。下表是文革研究界的分類：

表 2.1　文革研究論著的分類

語言	學術界		民間
非中文	西方學界		不討論
中文	華人學界		華人民間
	（居住大陸） 大陸學界	（居住海外） 海外學界	

表 2.1 分類也會有一些模糊的地方。例如，近年來有不少中國學者出國留學，在國外的學術刊物上用外文發表了論著。這些人中有的仍持有中國籍，有的學者甚至已經回到國內。他們的論著和觀點算成西方學術界似乎有些不太合理。必須承認，任何一種分類總會有特殊情況和不盡合理的地方。但是如果中國學者用非中文發表論著，在大多數情況下，該學者是在國外受的教育，受國外學術界的影響較大。儘管他們回到國內，他們的觀點和研究方式會深受國外導師的左右，把他們用外文發表的論著算為西方學術界的觀點不為過。

當然，這些學者回到國內用中文發表論著，他們的觀點可能會與中國大陸學者的觀點有差異。同樣，中國大陸的學者在國外的研究刊物上用外語發表論著也會帶有中國學術界的觀點。因此，你中有我、我中有你的現象會越來越多，界線也會越來越模糊。不過，這種情況並不發生在大多數的研究者身上。

2.2 群體行為的分類和理論

　　文革的研究分為西方學術界、中國大陸學術界、海外學術界和民間研究。在以上四個研究界中，眾多的研究人員和學者有著不同的專業背景，不同的視角，不同的研究方法，很多討論不在同一個層面上。本章試圖以社會學中社會運動領域裏的理論並採用定量分析法對文革進行探討。

　　文革中億萬群眾投入文革，有的是積極的參與者，有的是消極的參與者，有的參與了一段時間以後成為旁觀者。無論具體的個人在文革中的表現如何，文革中億萬百姓的行為是一種群體行為而不是個體行為[12]。對於這一論點，應該不會有爭議。

　　有人將群體行為稱為集體行為[13]。本書堅持用「群體行為」一詞的理由是：集體是許多人合起來的有組織的整體，而群體泛指有共同點的個體組成的整體[14]。一個班級或一個公司組織郊遊，我們可以說是集體活動。而馬路上發生車禍圍觀的民眾就不能叫做集體。我們把圍觀的民眾稱為群體更合適一些。他們的共同點是：圍觀民眾都是過路人。

---

[12] 群體行為（Collective Behavior，簡稱 CB），又譯作「集群行為」，「集體行為」，「積聚行為」和「聚合行為」。Collective 在英文中是一個非常普通而又常用的辭彙，原意為「集合」，「集體」。在西方，「群體行為」的叫法經歷了演變。由於語言的差異，中文要表達其中的區別，有不少困難，所以叫法五花八門，如「集體」，「團體」，「集群」，「聚合」和「聚集」等。

[13] 何明修。2004 年。「文化、構框與社會運動」。《臺灣社會學刊》，第 33 期（2004 年 12 月），第 157-199 頁。

[14] 《現代漢語詞典》。2002 年。中國社會科學院語言研究所詞典編輯室。

　　個體行為是個人的事，沒有與其他人預謀或聯合。群體行為與個體行為不同，是多人的行為。群體雖然是由個人組成的，但是群體行為與個體行為不是簡單的數字相加。在這裏，一加一不一定等於二。因為數千人分散在各處，並不會造成多大的影響，可是當數千名憤怒的群眾聚集在一起時，其能量不容小視。

　　群體與團體[15]也有差別。我們把有目標的群體叫做團體。它們之間的差別在於：第一，團體是指在共同目標的基礎上，由多人形成的組織；第二，團體存在的時間相對要長一些；第三，團體行為是成員在組織基礎上進行的活動，因此團體行為具有共同的需要和目標，有共同的規範和行為準則，這些規範準則與當時的社會規範準則相吻合。群體在很多情況下是由無目標的人群組成，其成員是一些相對自發的、沒有組織的、甚至沒有共同目標的個人。群體中的每一個成員相對自由，有較大自由空間。群體存在的時間相對短一些，因為群體中的人們沒有嚴密的組織結構，互相之間又不認識，所以不受現有的規範和準則的限制[16]。這種不安定的狀況，為群體行為的失控埋下了伏筆。當參與的成員有情緒，或者人群中流行著反社會、反制度的思想，群體行為會演變成暴力行為。一旦人群受到刺激而形成某種群體行為時，我們無法預測這種行為會造成什麼結果。

---

[15] 團體（Group）也譯為「集團」、「群」和「聚集」。

[16] Cragun, Ryan, Cragun, Deborah, and Konieczny, Piotr. 2010. *Introduction to Sociology*, p. 265. http://en.wikibooks.org/wiki/Introduction_to_Sociology

　　群體行為的主要形式是聚眾[17]。聚眾的原意是「聚集在一起的一群人」。特納和基利安把聚眾分為四種[18]：偶聚性聚眾，常規性聚眾，表達性聚眾和行動聚眾[19]。偶聚性聚眾指的是一群人偶然聚集在一起，彼此之間並不進行互動。例如春運期間在火車站等候上車的人群屬於偶聚性聚眾。常規性聚眾指的是定期聚集在一起的人們，如定期到教堂禮拜的教徒們。有時人們為了表達某種情感聚集在一起，如參加婚禮、葬禮或慶祝生日。這種聚會的人們被稱為表達性聚眾。行動聚眾指的是一些為了某種特定的目標聚集在一起的人群，如抗議聚眾。

　　布魯默是社會學領域中對群體行為進行研究的先驅之一[20]。他認為除了聚眾外還有兩種群體形式：群眾和公眾[21]。公眾指的是一群沒有組織的、鬆散的群體，但是他們在某個問題上享有共有的觀點。公眾並不意味全社會的全體成員。由於有許多問題的存在，所以可以有許多不同的「公眾」。群眾的原意為「物體的品質，大批的人」，這裏指一群人享有共同信條或社會媒體。如美國橄欖球的觀眾，世界盃足球賽的觀眾等[22]。公眾與群眾的區別在於，前者享有共同的觀點，後者享有共同

---

[17]　聚眾（Crowd），也譯為「群眾」，該詞還被譯為「烏合之眾」。

[18]　Turner, Ralph and Lewis M. Killian. 1993. *Collective Behavior*，4th edition. Englewood Cliffs, NJ: Prentice Hall, p 479.

[19]　偶聚性聚眾（Casual crowd），常規性聚眾（Conventional crowd），表達性聚眾（Expressive crowd）和行動聚眾（Acting crowd）。

[20]　Blumer, Herbert. 1946/1969. "Collective Behavior." *Principles of Sociology*, ed., by Lee, Alfred McClung. New York: Barnes and Noble Books, pp. 165-221.

[21]　群眾（Mass，也有人譯為「大眾」），公眾（Public）。

[22]　Hammond, Ron. 2010. *Introduction to Sociology*. Smashwords, p205.

的利益。由於語言的差別，群體行為的三種類型的翻譯有不少混亂，概念容易混淆。

　　社會學家首先研究的是聚眾行為。「傳染理論[23]」認為，群體的相同態度和行為有一個逐漸的發展過程。該過程明顯地帶有傳染性。群體會對參與的成員產生激勵作用，使參與的成員拋棄原有的責任心、道德觀念和行為準則，開始接受並做出出格的行為，導致這類行為迅速擴散，像傳染病一樣很快流行開來。該理論基於勒龐[24]的理論。他的那本影響力巨大的《烏合之眾》[25]曾倍受重視。他的理論在早期研究中佔據了統治地位。早期的理論家（如勒龐和布魯默）認為聚眾行為是由不理性的人們組成的不可控制的行為，是「瘋狂的人幹瘋狂的事[26]」。

　　「聚合理論[27]」與傳染理論都強調群體導致個人表現出某種行為。不同的是，聚合理論認為，參加行為的成員不是互不相識或沒有任何關係的人們。他們帶有共同的觀點和共同的信念，企圖實現某個行動，或者為實現某個理想走到了一起。換

---

[23]　傳染理論（Contagion theory）。

[24]　古斯塔夫·勒龐（Gustave Le Bon，1841 年 5 月 7 日－1931 年 12 月 13 日），法國社會心理學家、社會學家，以其對於群體心理的研究而聞名。

[25]　Le Bon, Gustave. 2001/1895. *The Crowd: A Study of the Popular Mind.* Kitchener, Ontario: Batoche Books.
　　古斯塔夫·勒龐。1999/1895 年。《烏合之眾：大眾心理研究》。中央編譯出版社。

[26]　Edwards, Gemma. 2014. *Social Movements and Protest.* New York: Cambridge University Press, p. 40.

[27]　聚合理論（Convergence theory）。

言之，如果群體發生暴亂，不是群體影響個人而是有暴力傾向的人走到了一塊兒[28]。物以類聚、人以群分。在這樣的群體中，人們自願拋棄個人的利益，甚至自己的生命。按照該理論的觀點，群體的行為應該是理智的，因為參與者有共同的信念和觀點。當然在有些情況下，儘管群體有共同信念，理應保持理智，但是巨大的群體所激起的情緒會失控，最後會演變成為破壞性極大的事件。

群體行為中個人之間相互影響的特徵與無線電裏的自激有點相似。開大會的時候，如果揚聲器與話筒放置不當，會發出刺耳的嘯叫聲。話筒就像是個人，揚聲器相當於群體。當話筒發出聲音後，經過放大器從揚聲器發出來。經過放大的聲音返回到話筒裏，再一次放大，又從揚聲器裏發出來。這樣無限地循環下去，本來清脆悅耳的聲音就會變成令人難以接受的尖叫聲。群體行為的發展與無線電裏的自激很相似。個人做出行為以後，經過人群的放大，反過來影響個人，個人又反過來影響群體，整個群體就這樣自激起來，無法停下來。知名的社會學家和作家王小波在他的一篇雜文中，用無線電自激的現象解釋中國人在文革中的表現，講的就是這個道理[29]。布魯默把這種現象叫做「循環反應[30]」。

---

[28] Cragun, Ryan, Cragun, Deborah, and Konieczny, Piotr. 2010. *Introduction to Sociology*. http://en.wikibooks.org/wiki/Introduction_to_Sociology

[29] 喬晞華、張程。2013 年。《西方社會學面面觀》。北京：人民日報出版社，第131-136 頁。

[30] Blumer, Herbert. 1946/1969. "Collective Behavior." *Principles of Sociology*, ed., by Lee, Alfred McClung. New York: Barnes and Noble Books, pp. 165-221.

　　如果說前面兩種理論強調個人因素的話，「突生規範理論[31]」則更加強調社會的作用。該理論是由兩位美國學者提出的[32]。有的人加入群體，開始的時候並不帶有惡意。但是他們很快被群體的情緒感化，跟隨著群體做出出格的事情。人在正常情況下有辨別是非的能力，知道哪些事可以做，哪些事不能做。但是在群體聚集的情況下，人的價值取向變得很容易受周圍人的影響。人們似乎有了一致性，如果有人採取一種行動，很容易被大家視為是正常的而被人們接受。這種行為模式出現後，會成為支配全體參與者的突生規範，對不遵守突生規範的人造成一種壓力[33]。

　　群體也可能是由遭遇共同問題的人所組成，他們對解決問題的看法各不相同，參與者在現場達成突生規範，要求每個人遵守並抑制反對者。在西方國家發生的騷亂中，許多年青人跑到商店裏公開地搶劫商品。這些年青人大多沒有犯罪記錄，沒有參與過打砸搶，他們參與幹壞事，只是因為其他人這麼幹。這麼多人參與打砸搶，他們以為可以逃脫法網不受懲罰[34]。突生規範理論既不認同傳染理論，認為群體行為缺乏理智；也不

---

[31]　突生規範理論（Emergent Norm Theory）。也有人把這一理論譯為「緊急規範理論」。「緊急規範」的譯法值得商榷。Emergent 在這裏更多的是指「新出現」的意思。

[32]　Turner, Ralph and Killian, Lewis. 1993. *Collective Behavior*，4th edition. Englewood Cliffs, NJ: Prentice Hall.

[33]　OpenStax College. 2012. *Introduction to Sociology*, p.480. http://cnx.org/content/col11407/latest/

[34]　Oberschall, Anthony. 1995. *Social Movements: Ideologies, Interests, and Identities*. New Brunswick, NJ: Transaction, p. 16.

認同聚合理論，認為群體行為是理智的。突生規範理論在兩者間取了中庸之道，認為群體行為是在現場由參與者造就臨時出現的規範，控制整個群體的行為。文革中的造反行為似乎可以用上述的幾種理論解釋，但是造反群體並不屬於聚眾。造反行為屬於下面介紹的社會運動行為。

2.3 社會運動的分類和理論

　　群體行為中最重要的一種形式是社會運動。直到上世紀的60年代，對於社會運動的研究還很少[35]。在中國文革的影響下，從 1968 年 5 月開始，西歐和北美國家出現了類似中國紅衛兵的青年造反浪潮。這一突如其來的風暴席捲了整個西歐和北美大陸。該現象引起了社會學家的興趣，對社會運動的研究開始增多。上世紀的 70 年代中期，社會運動的研究成為社會學研究的一個重要領域。到了 80 年代末，對社會運動的研究出現了「爆炸式」的激增[36]。

　　對於社會運動的定義，曾經有過激烈的爭論。過去（甚至到今天）仍有許多不同的版本。威爾遜[37]把社會運動定義為「一

[35] Killian, Lewis. 1964. "Social Movements". Handbook of Modern Sociology, ed., by Farris, Robert E. Chicago: Rand McNally, pp. 426-445.

[36] Morris, Aldon and Herring, Cedric. 1987. "Theory and Research in Social Movements: A Critical Review". *Annual Review of Political Science*, 2, pp. 137-198.

[37] Wilson, John. 1973. *Introduction to Social Movements*. New York: Basic Books Inc., p. 8.

個有意識的、群體的、有組織的努力，試圖以體制外的手段推動或阻礙社會秩序中大規模的變化。」也有人[38]認為社會運動是「一群有意識地試圖建立一個嶄新社會秩序的人們，這些人們具有廣泛的社會背景，採用政治對抗和社會干擾的策略。」有的學者[39]乾脆把社會運動簡化為「關係網絡」。這些關係網非正式地把具有共同身份認同的、並在抗爭事件中互動的個人和組織聯合起來。有的學者[40]認為社會運動就是「抵抗」。這一抵抗可以是對現行制度的抵抗，也可以是對未來損害他們利益的抵抗。還有的學者認為，社會運動可以看作非正式的但組織起來的社會機體，從事於體制以外的衝突，旨在實現一個目標。這一目標既可以是特定的、定義狹窄的政策，也可以是較廣義的文化改革[41]。愛德華茲[42]對社會運動的特點進行總結，認為社會運動有以下四個特點：群體性，時間性，認同性和目標性。群體性的意思是說，社會運動是為實現社會變革的群體和組織的努力，不是個人的無組織的努力。時間性指的是社會運動在有爭議的問題上與強有力的對手進行一定時間的鬥爭，

[38] Zirakzaeh, Cyrus Ernesto. 1997. *Social Movements in Politics: A Comparative Study*. New York: Longma, pp. 4-5.

[39] Diani, Mario. 2000. "Social Movement Networks Virtual and Real". *Information, Communication, and Society*, 3, pp. 386-401.

[40] Earle, Lucy. 2004. "Social movements and NGOs: A Preliminary Investigation". *INTRAC working paper*. www.intrac.org

[41] Christiansen, Jonathan. 2009. "Four Stages of Social Movements". *EBSCO Research Starters*. EBSCO Publishing Inc.

[42] Edwards, Gemma. 2014. *Social Movements and Protest*. New York: Cambridge University Press, pp. 4-6.

而不是一次性的抗議活動或較量。認同性指的是社會運動的成員不僅僅是在一起工作，他們還享有共同的身份認同。目標性指的是社會運動通過抗議等活動試圖改變社會。

最完整、最新近的定義是由一位著名的女權主義學者[43]給出的。她認為社會運動是：

● 追求共同的政治議程或共同事業
● 有可見的穩定性或成員群
● 使參與者加入正式的或非正式的組織
● 致力於群體行動以實現運動的政治目標
● 採取一系列行動和策略
● 在社會改革過程中努力實現內在的和外在的目標
● 在時間上有連續性

社會運動的特徵是：運動涉及衝突中的關係，有明確的衝突著的群體，並由非正式的關係網絡聯接著，享有特有的群體身份認同[44]。需要指出的是，社會運動既不同於政黨或利益集團（後者擁有正常的管道接近政權和政治精英）也不同於民眾的「流行[45]」或「潮流[46]」。流行或潮流沒有組織、不斷變化、

---

[43] Batliwala, Srilatha. 2012. *Changing their World: Concepts and Practices of Women's Movements*, 2nd Edition. Toronto: AWID, p. 3.

[44] Porta, Donatella D. And Diani, Mario. 2006. *Social Movements: An Introduction*, 2nd Edition. Malden, MA: Blackwell Publishing, p. 20.

[45] 流行（Fad）。時尚（Fashion）與流行不完全相同。在許多情況下，流行持續較短的時間。

[46] 潮流（Trend），也有人譯為「趨勢」。

且沒有固定目標。社會運動屬於政黨/利益集團和流行/潮流之間的中間物[47]。

如果從社會變化的對象和變化的範圍兩個角度來分析，社會運動可以分成以下四種運動[48]：

表 2.3　社會運動的分類

	變化有限	變化巨大
變化只涉及一部分人	替代運動	救贖運動
變化涉及整個社會	改革運動	革命運動

第一種社會運動是「替代運動」。此種社會運動對現有社會的威脅最小，因為該種運動僅僅針對社會的一部分人。運動的目的是改變這些人的某種行為。美國的「反酒後駕車母親協會」就是一例。該運動專門針對酒後駕車行為。過去美國的法律對於醉酒駕車比較寬容，以交通事故處理。由於該協會的努力，美國通過了法律，把醉酒駕車作為犯罪處理，對醉駕者嚴懲不貸，從而使得此類事件有所減少。

第二種運動是「救贖運動」。該類社會運動雖然只是針對一部分人，但是涉及的深度比較深，目的是徹底改變這部分人。宗教的「原教旨主義」運動是此類運動的典範。原教旨主義源於美國，是一個宗教運動，強調聖經內文的正確無誤、不容置疑、聖經擁有最高權威。原教旨主義一詞也用來指天主教和伊斯蘭教的宗教運動。救贖運動旨在徹底地改變個人使之重生。

第三種社會運動是「改革運動」。改革運動的參與者並不

[47] Freeman, J. and Johnson, V. 1999. *Waves of Protest: Social Movements since the Sixties*. Lanham, Maryland: Rowman and Littlefield.

[48] Aberle, David. 1966. *The Peyote Religion Among the Navaho.*Chicago: Aldine.

將矛頭指向現行的制度，他們只是認為必須對現有體制進行局部的改革。大多數的抗議事件和社會運動均屬於此類運動，目標是改革社會的某一部分，並非企圖推翻整個現有體制。此類社會運動正是華人學界和民間研究界常常斥責為「只反貪官、不反皇帝」的運動。

第四種社會運動是「革命運動」。革命運動涉及整個社會的成員，變化的範圍是深刻的。社會革命運動旨在推翻現有的社會制度並創立新制度。革命運動對現有的社會秩序極度不滿，試圖根據自己的意識形態藍圖，重新建設新社會。美國的獨立運動、法國的大革命、南非的黑人自治運動、中國的辛亥革命運動、共產黨領導的推翻國民黨統治的革命均屬於此類革命運動。這才是華人學界和民間研究界常說的「反皇帝」的革命。從社會學關於社會運動的定義和分類來看，中國的文化大革命（無論是所謂的「官方文革」或「毛文革」還是「人民文革」）並不屬於革命運動，充其量只能叫作改革運動。

社會運動既可以推動社會向前，也可以阻礙社會前進。也有人把阻礙變革的運動專門分為一類叫做「阻礙運動」[49]。社會運動與任何有生命的生物一樣會有興衰生死[50]。社會運動一般經歷 5 個階段[51]。首先是社會運動的出現。社會運動出現的

---

[49]　OpenStax College. 2012. *Introduction to Sociology*, p478. http://cnx.org/content/col11407/latest/.

[50]　Tilly, Charles. 1978. *From Mobilization to Revolution*. New York: Mcgraw-Hill College.

[51]　Blumer, Herbert. 1946/1969. "Collective Behavior." *Principles of Sociology*, ed., by Lee, Alfred McClung. New York: Barnes and Noble Books, pp. 165-221.

原因，不外乎貧富差別太大，習俗、價值觀和理念的差異。社會運動的興起需要一個誘發事件，從而引起一系列的鏈鎖反應。2010 年 12 月的突尼斯革命結束了阿裏 23 年的統治，起因是一名 26 歲的街頭小販遭到執法人員的粗暴對待後，自焚抗議不治身亡。這名青年的死不僅引發了突尼斯全國範圍內的抗議，而且還導致了數個阿拉伯國家政權的更迭。第二階段是聯合階段。這是運動的初級階段，為了能夠吸引更多的人參加，運動必須大造聲勢，群眾集會和遊行示威是最常見的方式。媒體的推波助瀾引起了更多人的注意和參與。運動在此階段主要是招兵買馬。第三階段是組織階段。經過第二階段的擴充，運動的隊伍壯大了，組織形式的正規化問題擺到議事日程上來了。運動要想進一步深入，不能只停留在集會和遊行層面上，必須建立健全的組織機構來領導運動。第四階段是開花結果階段。經過努力，運動終於到了最後階段，有的運動成功了、有的失敗了、有的被當權者鎮壓下去了、有的與其他運動合作成立統一戰線、有的成為社會主流。第五階段是衰落階段。當運動達到目的或者因各種原因失敗以後，運動會走向衰弱，有的甚至不復存在。運動失敗走向衰弱比較容易理解，運動成功了最後走向衰弱似乎不太容易理解。其實道理很簡單，因為如果運動成功了，沒有必要再折騰下去，擺在運動面前的當務之急是將勝利成果正常化，不至於得而復失[52]。也有人把運動分為四個階

---

[52] 喬晞華、張程。2013 年。《西方社會學面面觀》。《人民日報出版社》，第 125-126 頁。

段[53]：出現階段、聚合階段、組織形式的正規化階段和衰落階段。此種分類省去了開花結果階段，與前一種分類大同小異。

　　研究社會運動的理論主要有以下幾個理論：社會衝突論，剝奪理論，大眾社會理論，結構緊張理論，資源動員理論，政治過程理論和新社會理論等。馬克思主義的「社會衝突論」的基本觀點是：無產階級和資產階級之間有著不可調和的矛盾。社會運動的起源來自於社會的和經濟的關係，這是社會權力的基礎[54]。以階級鬥爭為基調的社會運動在世界各地不斷出現，包括西歐和北美。人類的歷史是一部階級鬥爭史。該理論的核心是社會的不平等將導致革命運動的爆發。馬克思特別指出階級利益在社會運動中的核心地位。有一點需要特別強調指出：對於馬克思來說，參加運動的行為是理性的、是有目的的[55]。

　　「剝奪理論[56]」認為，社會運動在弱勢群體中有著廣泛的社會基礎。貧窮的人們缺吃少穿，傾向於通過社會運動來改善

---

[53] Christiansen, Jonathan. 2009. "Four Stages of Social Movements." *EBSCO Research Starters*. EBSCO Publishing Inc.；Macionis, John. 2012. *Sociology*. 14th Edition. NJ: Pearson Education, pp. 555-556.

[54] Marx, Karl and Engels, Friedrich. 1978. "Manifests of the Communist Party", *The Marx-Engels Reader*, 2nd Edition, ed., by Robert C. Tucker. New York: W. W. Norton and Company Inc., pp. 469-500.

[55] Morris, Aldon D. and Herring, Cedric. 1987. "Theory and Research in Social Movements: A Critical Review". *Annual Review of Political Science,* 2, pp. 137-198.

[56] 剝奪理論（Deprivation theory）。Gurr, Ted. 1970. *Why Men Rebel*. Princeton, NJ: Princeton University Press, pp. 3-4.

他們的工作和生活狀況[57]。剝奪有兩種形式，一種是「絕對剝奪」，指的是由於不公正的待遇一部分人的最基本生活需求得不到滿足的狀況。另一種是「相對剝奪」，指的是在與其他地位較高、生活條件較好的群體相比較時，個人或群體所產生的一種需求得不到滿足的心理狀態。中國人有「不患貧，患不均」的說法，指的是相對剝奪。當人們的收入和待遇不能滿足期望，而同時卻看到經濟繁榮對自己毫無益處時，相對剝奪感會變得尖銳起來。當相對剝奪感高漲時，一些人會參加社會運動，以此來表達他們的不滿或以此來改變現狀。馬克思對相對剝奪感有生動而又形象的描述。一座小房子不管怎樣小，如果周圍的房屋都這樣小的時候，它能夠滿足社會對住房的要求。但是如果在這座小房子近旁建起一座宮殿，情況就不同了，這座小房子變成了可憐的茅舍。這時候，不管小房子如何改善，只要近旁的宮殿以同樣的速度改變，小房子的居住者會越發覺得不舒適，越發不滿意[58]。

「大眾社會理論[59]」認為，社會運動的參與者是社會地位低下的人群。他們平時沒有權力、沒有話語權，與社會的其他人沒有多少聯繫，生活在孤獨之中被社會所忽視。運動使這些

[57] Morrison, Denton. 1978. "Some Notes Toward Theory on Relative Deprivation, Social Movements, and Social Change." *Collective Behavior and Social Movements*, ed., by Genevie, Louis E. Itasca, IL: F. E. Peacock, pp. 202-209.

[58] Marx, Karl. 1847. *Wage Labor and Capital*. https://www.marxists.org/archive/marx/works/1847/wage-labour/ch06.htm

[59] 大眾社會理論（Mass society theory，也譯為社會群體理論）。

人有了權力感和歸屬感[60]。如果沒有運動，這些人不可能有這樣的感覺。所以人與人之間聯繫比較弱的地區容易發生社會運動，而人與人之間關係比較緊密的地方不容易發生社會運動。文革中因牽涉一樁命案被判處死刑緩期執行的徐正全回憶文革時說，文革那段經歷是他人生中唯一的亮點，雖敗猶榮，至今不悔。這是因為徐正全出身貧寒，一直生活在社會底層。是文革給了他一次機會，真正地讓他做了一回人，當了一次家。雖然時間非常短暫，他為此也付出了沉重的代價[61]，但是文革使他有了權力感和歸屬感。

「結構緊張理論[62]」（也叫做「價值累加理論」）提出，導致社會運動的發生是 6 個因素相互作用產生的。這些因素如果孤立出現，並不會引起社會運動的發生。但是當這些因素按照一定的順序出現時，發生社會運動的可能性大大增強了。第 1 個因素是「結構性誘因」。特定的社會結構是產生社會運動的溫床。社會運動必定有其結構性的特點。如 1886 年美國工人罷工事件的結構性原因是工人的惡劣勞動條件。第 2 個因素是「結構性緊張」，表現在人們普遍感覺到社會在某些方面出了問題，如社會缺乏平等和公正、存在剝削和壓迫。第 3 個因素是「一般信念」。社會運動的參與者需要對運動的目標有一個共識。如果運動有一個明確清晰的方向和目的，參加運動的成員能夠很好地組織起來。否則連運動的目標都不清楚，運動是

---

[60] Kornhauser, William. 1959. *The Politics of Mass Society*. New York: Free Press。

[61] 徐正全。2012 年。《雪地足跡：一個文革死刑犯的人生記憶》。香港：中國文化傳播出版社。

[62] 結構緊張理論（Structural strain theory，也叫做 Value added theory）。

很難深入發展的。第 4 個因素「觸發因素」，是引起社會運動
的導火索。這一情景有點像放爆竹。充滿矛盾的社會像一隻裝
有炸藥的爆竹。儘管炸藥威力巨大，但是需要人去點燃。例如，
日本地震引發的核洩漏是觸發因素，它導致全世界人民對核電
安全的憂慮，從而引發大規模的反核電運動。該因素可以說是
「萬事俱備，只欠東風」中的東風。第 5 個因素是「動員」。
社會運動必須有相應的動員機制，因為參與運動的成員需要組
織起來。當前面 4 個因素形成後，動員是自然而然的事了。最
後一個因素是「社會控制的缺乏」。如果當權者和當局沒有能
夠及時地對即將出現的運動做出反應，局面會失控、事態會擴
大，最後發展到不可收拾的地步。由於運動的爆發具有突發性，
所以當權者採取的措施至關重要[63]。

　　奧爾森研究了個人與群體之間的關係，提出個人和群體的
目標是一致的[64]，為「資源動員理論[65]」奠定了基礎。該理論
試圖通過分析個人理性地權衡參加運動的得失來理解社會運
動[66]。在有些情況下，社會運動的發生並不是因為社會矛盾加
大、人們的剝奪感上升或者人們怨恨的增加，而是社會運動發
起者和參與者可以利用的資源增長了。是否參與社會運動是人
們對資源動員進行的理性選擇。資源包括甚廣，有知識、財力、

63　Smelser, Neil. 1962. *Theory of Collective Behavior*. New York: Free Press, p73, pp.
　　261-266.

64　Olson, Mancur. 1965. The Logic of Collective Action: Public Goods and the
　　Theory of Groups. Cambridge: Harvard University Press.

65　資源動員理論（Resource mobilization theory）。

66　Defay, Jason Bradley. 1999. *The Sociology of Social Movements*. UCSD.

傳媒、物力、人力、合法性、社會精英的支持等等。如果對社會不滿的群體能夠動員手中掌握的資源，運動就能發展起來[67]。該觀點部分地解釋了為什麼有的群體能夠組織起來開展社會運動，而有的群體卻無法組織起來的原因。該理論的核心是華人學界和民間研究間常說的「趁機造反」和「奉旨造反」。在文革中，毛為了打倒自己的政敵，使官方放鬆了對民眾的控制，毛還煽動民眾繞開各級黨組織起來造反。民眾有了額外的資源，運動順利地發動起來了。

　　「政治過程理論[68]」起源於上世紀的 70 年代。與資源動員理論不同的是，政治過程理論更強調外部的環境因素，認為運動的興起和勝利依賴於有利的政治環境，即社會結構中的政治機會[69]。泰羅認為以下 4 種情況會出現有利的政治機會[70]：

● 挑戰者有機會進入國家政體

● 精英重新站隊

● 精英分裂

● 鎮壓挑戰者的能力和傾向有變化

　　政治機會也可以是現行政治體制的受歡迎程度和脆弱程度。如果現行體制比較脆弱、不堪一擊，社會運動很容易發生

[67] McCarthy, John, and Zald, Mayer. 1977. "Resource Mobilization and Social Movements: A Partial Theory." *American Journal of Sociology,* Vol. 82, No. 6, (May 1977), pp. 1212-1241.

[68] 政治過程理論（Political process theory）。

[69] Edwards, Gemma. 2014. *Social Movements and Protest*. New York: Cambridge University Press, pp. 75-87.

[70] Tarrow, Sidney. 1998. *Power in Movement*. Cambridge, New York: Cambridge University Press. First Published in 1994.

[71] 。突尼斯的政治體制就是一例。舉國上下怨聲載道、失道寡助，人民一起來反對，寡頭統治一夜間垮臺了。由於上層的精英分裂和重新站隊、壓制民眾的傾向有所放鬆，文革中的造反運動才得以興起也是一個例證。屬於封閉式政治機會結構的專制國家中的人民無法影響政治體系，政治機會少。而屬於開放式政治機會結構的民主國家裏的人民，有更多的機會影響政治體系。

　　但是對於如何理解政治機會，學者中有不同的見解。麥克亞當通過對美國人權運動的研究提出，重要的不僅僅是政治機會的存在，而且在於人們如何認識有利的形勢，也就是「思想上的解放」。運動的發起者需要構造意識，使民眾相信投入運動是正確的舉動[72]。伊朗的 1979 年的革命就是一例。當時，伊朗的巴列維政權並未脆弱到了一觸即垮的程度。然而伊朗的人民感覺到抗議成功的機會和可能。民眾的抗議行為是基於感覺的變化而不是現實的政權機構變化，最終實實在在的存在讓位於人們的感覺，革命成功了[73]。

　　另一個方面是文化。文化在這裏指的是人們的共識，從這

[71] Tilly, Charles. 1984. "Social Movements and National Politics" *State-making and Social Movements: Essays in History and Theory*, ed., by Charles Bright and Susan Harding. Ann Arbor, MI: University of Michigan Press, pp. 297-317.
　　Gamson, William. 1975. *Strategy of Protest*. Homewood, IL: Dorsey Press.

[72] McAdam, Douglas. 1982. Political Process and the Development of Black Insurgency, 1930-1970. Chicago,IL: Chicago University Press.

[73] Kurzman, Charles. 1996. "Structural Opportunity and Perceived Opportunity in Social-Movement Theory: The Iranian Revolution of 1979". *American Sociological Review*, Vol. 61, pp. 153-170.

種共識中產生共同的社會行動。引入文化的概念使政治過程理論又多了一個方面，從而更加全面，在目前的社會運動研究領域占了主導地位。在該理論的框架下現在有三個方面：資源動員方面、政治機會方面和文化方面。

　　文化方面指的是社會運動理論常說的「構框[74]」。框架是這樣定義的：一種簡化與濃縮「外在世界」的詮釋架構，通過有選擇地強化與符號化一個人的現時的和過去的環境中的對象、情況、事件、經驗、行為順序[75]。社會運動的任務之一是提出一套重新認識世界的辦法，以便喚起民眾加入運動。受壓迫的民眾受到壓迫，並不一定視其為不義而採取批評或抗議行動。沒有新的解釋構成群體的共識，社會運動不易興起。構框與意識形態不同，構框告訴我們該如何看待不義，意識形態則告訴我們為什麼不義是重要的[76]。民眾對現實情況的理解來自於自身的經歷、周圍的人群、媒體的廣播以及某些權威機構的宣傳等。社會運動則致力締造另一種的解釋來影響民眾。學者把這種另類的解釋稱作為「群體行動構框」，是鼓動民眾採取行動的動因[77]。換言之，社會運動的積極分子營造氣氛，使更

[74]　構框（Framing）。

[75]　Snow, D. A. and Benford, R. D. 1992. "Mater Frames and Cycles of Protest". *Frontiers in Social Movement Theory*, ed., by A. D. Moms and C. McClurg Mueller. New Haven, CT: Yale University Press, p. 137.

[76]　Edwards, Gemma. 2014. *Social Movements and Protest*. New York: Cambridge University Press, p. 94.

[77]　Snow, D. A., Zurcher, L. A. And Ekland-Olson, S. 1986. "Frame Aligment Process, micro-mobilization, and Movement Participation". *American Sociological Review,* 37: pp. 520-532.

多的民眾行動起來參加運動。

　　該理論分析了社會運動的出現和時機，解釋了為什麼有的運動儘管存在反叛意識，存在可以利用的資源，由於政治機會的條件不具備，卻不能成功的原因。對於社會運動來說，三個要素至關重要：「反叛意識」、「組織力量」和「政治機會」。反叛意識是社會運動的根源，是社會運動組織的動力。組織力量與資源動員理論密切相關。為了開展社會運動，必須有強有力的組織領導、足夠的資源和適當的政治機會。

　　社會運動研究領域裏還有一個理論叫做「新社會運動理論[78]」。該理論是由歐洲的三位思想家（德國的尤爾根·哈貝馬斯，法國的阿蘭·圖賴訥，和義大利的阿爾貝托·梅盧西[79]）提出的。新社會運動理論是在與馬克思主義的階級鬥爭為基礎的社會衝突論的交鋒中發展起來的。該派學者認為，社會運動成員再也不是自動地產生於以階級衝突為基礎的工業社會。社會運動成員需要重新發現自己、創造自己、使自己形成新的群體身份。這就是人們常說的「身份認同」。

　　新社會運動理論試圖解釋北美和西歐 60 年代中開始的一系列社會運動。該時期的社會運動有別於舊形式的運動，所以被稱為新社會運動。新社會運動強調對於後物質主義的價值的追求，例如民主運動、人權運動。這些運動的特點之一是它們涉及的範圍。由於現行政府的政策是全國性的，如民主問題和人權問題，所以運動的範圍也是全國性的甚至是全球性的（如

---

[78]　新社會運動理論（New social movement theory）。

[79]　他們的外文名字分別是：Jugen Habermas, Alain Touraine, Alberto Melucci。

反核能運動）。另一個特點是運動已經不再像過去的運動僅局限於經濟鬥爭，現在的新社會運動更側重於提高生活品質（如環保問題）。第三個特點是傳統的社會運動能得到工人階級的支援，因為大多數傳統的社會運動致力於經濟鬥爭，而現在的新社會運動則跳出了經濟範圍，因而得到更多的中產階級的支援[80]。

　　總之，社會運動的理論經歷了從「瘋狂」到「理性」再到「網路」的三個階段的發展[81]。以上提及的關於研究社會運動的理論為我們研究文革中的造反運動提供了有力的工具。楊小凱、胡平、劉國凱、鄭義等人的「兩個文革」論（尤其是鄭義的「趁機造反」論）與資源動員理論、政治過程理論不謀而合。西方學術界在這方面做得比我們好。如李鴻永、陳佩華等人採用馬克思的「社會衝突論」分析文革，至今對華人學界有著深遠的影響。近年來，也有不少華人學者採用文化理論、構框理論和身份認同理論[82]分析文革，取得了可喜的進展。

---

[80] Melucci, Alberto. 1980. "The New Social Movements: A Theoretical Approach." *Social Science Information,* Vol. 19 No. 2, pp. 199-226.

Melucci, Alberto. 1985. "The Symbolic Challenge of Contemporary Movements". *Social Research,* 52, No. 4, pp. 789-816.

Offe, C. 1985. "New Social Movements: Challenging the Boundaries of Institutional Politics". *Political Science Review* 6(4), pp. 483-99。

[81] Edwards, Gemma. 2014. *Social Movements and Protest.* New York: Cambridge University Press.

[82] 向前。2012 年。「政治身份體系下的社會衝突：文革初期群眾行為的社會根源」。《記憶》第 85 期。

2.4 文革與文化、革命、社會運動的關係

　　根據以上對社會運動分類的討論，我們可以看到，文革中的造反運動屬於第三種社會運動，即「只反貪官，不反皇帝」的「改革運動」。社會運動中存在著大量的僅對現行體制中部分不合理的地方提出改革要求的運動（如上世紀 50 年代開始的美國人權運動）。這些運動並不以推翻現行政治制度為己任。

　　我們先從文化的角度對文革進行分析。前蘇聯曾在 1928 至 1931 年間推行過「文化革命」。當然該運動不是單純的文化進步運動，而是在提升整個社會文化素質的同時實現「文化專制」。蘇聯當局一方面整治大批所謂的「資產階級專家」，一方面發動了提升工人農民文明程度的社會運動。例如，當局注意培養大眾建立良好的基本衛生習慣、改進口語中粗俗俚語、閱讀俄羅斯經典文學作品、觀看古典歌劇等。蘇聯當局甚至推行基本的衛生習慣，如洗手時要用肥皂、每天要刷牙、不隨地吐痰、掃除文盲等。連城鎮居民餐桌上的舉止都在關心範圍之內。當局還提倡禮儀文化。前蘇聯的領導集團以知識份子為主，他們總體上對現代文明持接受態度，始終以西方文明為參照系，希望把工人農民的文明程度提升到較高的層次[83]。哈薩克斯坦在 1920 至 1940 年間也推行過「文化革命」運動。該運動打擊收彩禮、一夫多妻制和童婚，而且當局還普及國家教育體系，在農村地區開展掃除文盲活動，該共和國的文明程度得到了提

---

[83]　程曉農。2007 年。「中蘇『文化革命』的比較及其啟示」。《文化大革命：歷史真相和集體記憶》，宋永毅主編，香港：田園書屋，第 35-44 頁。

高[84]。

　　反觀中國的文化大革命，文革初期的「破四舊」階段中許多珍貴的文物被損壞，中國的傳統文化受到無情的摧殘。年青的紅衛兵們以野蠻為榮，不以粗俗為恥，似乎越粗俗越野蠻越革命。當年的美女帥哥滿口髒話、粗話成了時尚。這種對文化的破壞，需要幾代人才能恢復，有的已經無法恢復。儘管文化大革命冠以「文化」的名稱，文革與提高中華民族的文明程度沾不上邊，與文化無關。如果說有關係，那麼也是反文化的關係。

　　文化大革命不僅與文化無關，而且與革命也沒有任何關聯。文革的目標並不是推翻現有體制，無論是「毛文革」還是「人民文革」都沒有試圖推翻共產黨的統治。所以，法國的左派李克曼[85]早在 1971 年發表的著作《主席的新衣：毛和文革》[86]中就提出，文化大革命不是革命，是權力鬥爭。

　　運用社會運動理論分析文革，產生了一個問題，即「毛文革」無處安身，沒有了適當的位置。這是因為社會運動的定義是非黨派或正式組織的運動。一個政黨進行的運動不屬於社會運動範疇。由於語言的差別，中文無法區別群眾性的運動（如

---

[84] Ramsay, Rebekah. 2014. *Cultural Revolution in Early Soviet Kazakhstan, 1921-1941*. American Councils for International Education 2013-2014 Title VIII Combined Research and Language Training Program.

[85] 李克曼（1935 年 9 月 28 日--2014 年 8 月 11 日，真名：皮埃爾·裏克曼斯 Pierre Rychmans，筆名：希蒙·萊斯 Simon Leys），比利時作家、散文家和文藝批評家。

[86] Leys, Simon. 1978. *The Chairman's New Clothes: Mao and the Cultural Revolution*. New York: St. Martin's Press, (First published in 1971).

文革中的造反運動和後來的民主運動）和黨領導的運動（如鎮反運動、三反五反運動、一打三反運動）。在英語中，群眾性的運動用 Movement[87]表示，而政黨或正式組織的運動則用 Campaign[88]表示。兩者的意義和用法是不同的。後者譯為「戰役」更為合適、更為形象。例如，1994 年美國中期大選中，共和黨在金瑞奇[89]的領導下發起了一場共和黨的運動。共和黨人稱這次黨的運動為「與美利堅達成契約」運動。該運動提出多項與百姓切身利益有關的提案，如財政責任案中提出政府不得輕易增加稅收，必須有五分之三的眾議員同意才能增稅；減稅提案中提出，年收入低於 20 萬美元者，撫養孩子可以減稅。共和黨還提出加重對暴力罪的懲罰；對未成年母親減少、限制甚至取消社會福利和補貼，以使年青人增加社會責任心；強調對兒童的撫養和對老人的贍養等等。這些主張為共和黨贏得了聲譽和人心。共和黨在那次中期選舉中取得全面勝利，奠定了共和黨在參眾兩院的多數黨地位，推翻了民主黨把持了 40 多年之久的眾議院多數黨地位[90]。

　　「與美利堅達成契約」事實上是美國共和黨的一場戰役，與中國共產黨在解放戰爭期間進行的「遼沈戰役」、「平津戰役」

87　Movement 原意為：移動，搬動，活動，運行。筆者不贊同中文的文章和書籍裏夾雜英語的文風，所以在筆者發表的文章和書籍中除非萬不得已，英語一律放在腳注中。

88　Campaign 原意為：戰役，競選活動。

89　紐特·金端奇（Newt Gingrich, 1943 年），美國政治家，作家。1978 年當選佐治亞州國會議員。1995-1999 年期間曾任美國國會眾議院議長。

90　張程、喬晞華。2013 年。《總統制造：留美博士眼中的美國大選》。北京：人民日報出版社，第 152-153 頁。

和「淮海戰役」非常相似。兩者都是為了奪取政權，只不過採取的手段不同。美國的共和黨採用政治手段通過選舉，而中國共產黨採用武力手段通過戰爭。

　　西方學術界在討論文革時，大多數學者在使用「運動」和「戰役」兩個辭彙時比較謹慎，如韓博天[91]、班國瑞[92]、安德佳[93]、佩里[94]等。他們在論著中提到造反運動時均使用「運動」一詞，而當提到共產黨領導的黨的運動時則一概使用「戰役」一詞。有的論著只談到黨的運動，這些學者絕不使用「運動」一詞，如施特勞斯[95]。當然也有一些學者將「運動」和「戰役」

---

[91] Heilmann, Sebastian. 1996. *Turning Away from the Cultural Revolution: Political Grass-Roots Activism in the Mid-Seventies*. Center for Pacific Asia Studies at Stockholm University (September, 1996).

[92] Benton, Gregor. 2010. "Dissent and the Chinese Communists before and since the Post-Mao Reforms". *International Journal of China Studies,* Vol. 1, No. 2, (October 2010), pp. 311-329.

[93] Unger, Jonathan. 2007. "The Cultural Revolution at the Grass Roots." *The China Journal*, No. 57, (January 2007), pp 109-137

[94] Perry, Elizabeth. 2002. "Moving the Masses: Emotion work in the Chinese Revolution". *Mobilization: An International Journal*, (2002: 7(2)), pp. 111-128.
Perry, Elizabeth J. 2001. "Challenging the Mandate of Heaven: Popular Protest in Modern China". *Critical Asian Studies*(2001: 33(2)), pp 163-180.

[95] Strauss, Julia. 2006. "Morality, Coercion and State Building by Campaign in the early PRC: Regime Consolidation and after 1949-1956". *The China Quarterly*, pp. 891-912.

兩詞混用，如白霖[96]、李鴻永[97]。

　　中國人（尤其是大陸的中國人）因為語言的原因[98]，已經習慣上把黨的運動稱為「運動」。面對這一現實，試圖改變人們習慣改稱「戰役」的企圖是不現實的。為了強調兩者的區別，本書統一採用「黨的運動」以示與群眾運動、社會運動的區別。儘管西方的學者自覺地或不自覺地區分兩個詞的含義，但是目前還沒有人對群眾運動和黨的運動進行定量的分類分析。本章試圖通過對群眾運動和黨的運動的定量分類分析，進一步剖析「一個文革說」和「兩個文革說」存在的問題。

　　按照中國大陸學術界的觀點，文革為期 10 年。這是人們常說的「10 年文革說」。可是在 10 年期間中國發生過數次大規模的黨的運動，如清理階級隊伍運動，一打三反運動，清查 5‧16 運動、批林批孔運動，批判右傾翻案風運動等等。從這一角度來看，文革包含了眾多的黨的運動，所以金春明不得不把文革定義為是「特殊的政治運動[99]」。

96　White, Lynn T. and Law, Kam-yee. "Introduction: China's Revolution at its Peak". *Beyond a Purge and a Holocaust: The Cultural Revolution Reconsidered*, ed., by Law, Kam-yee. Basingstoke: Palgrave Macmillan, pp. 1-24.
　　White, Lynn T. 1989. *Policies of Chaos: The Organizational Causes of Violence in China's Cultural Revolution*. Princeton, NJ: Princeton University Press.

97　Lee, Hong Yung. 1978. *The Politics of the Chinese Cultural Revolution: A Case Study*. Berkeley, CA: University of California Press.

98　筆者認為，由於中國大陸自建國以後在大學裏取消了社會學專業，直到改革開放後才恢復，造成了很長一段時期內社會運動研究的空白，中國人對社會運動的理論不甚瞭解，忽視了群眾運動和黨的運動的區別。

99　金春明。1998 年。「『兩個文革說』與『文化大革命』的定性研究」。《中共黨史研究》1998 第 2 期。

　　我們首先來分析一下 1949 年建國以來開展的黨的運動。根據《人民網》、《中國人民政府網》、《中國共產黨新聞網》、《新華網》、《百度百科》、《維基百科》等網站，本章歸納建國以來開展的重大的黨的運動如下：

表 2.4　中國大陸建國以來重大的黨的運動

編號	時期	名稱	起始日期	結束日期
X1	文革前	土地改革運動	1950 冬	1953 春
X2		抗美援朝運動	1950.7	1953.7
X3		鎮壓反革命運動	1950.12	1951.10
X4		三反五反運動	1951.12	1952.10
X5		反右運動	1957.6	1958.6
X6		人民公社化運動	1958.8	1958 年底
X7		大躍進運動	1958.5	1961.1
X8		社會主義教育/四清運動[100]	1962 冬	1966.12
X9		學雷鋒運動	1963.3	仍未結束[101]
X10		學解放軍運動	1964.2	仍未結束
X11		工業學大慶運動	1964.12	1978.12[102]
X12		農業學大寨運動	1964.12	1979.3
X13		上山下鄉運動	1955.9	1981.11

---

[100]　社會主義教育運動於 1963 年 11 月併入四清運動。

[101]　無法找到該運動已經宣佈停止的證據，以下同。

[102]　也有說 1977 年 5 月。

X14		五講四美運動	1981.2	仍未結束
X15		反對資產階級自由化運動	1987.1	仍未結束
X16		三講運動	1998.11	2000.11
X17		取締法輪功運動	1999.7	仍未結束
X18	文革後	三個代表運動	2000.2	仍未結束
X19		科學發展觀運動	2008.9	2010.2
X20		和諧社會運動	2004.9	仍未結束
X21		保持共產黨員先進性教育運動	2005.1	2006.6
X22		社會主義榮辱觀運動	2006.3	仍未結束
X23		創先爭優運動	2010.10	仍未結束
X24		群眾路線運動	2013.6	2014.10
X25		二月鎮壓	1967.1	1967.4
X26		清理階級隊伍	1968.5	1969.12
X27		一打三反運動	1970.1	1972.12[103]
X28	文革	清查五・一六分子運動	1970.1	1974.1
X29		批林批孔運動	1974.1	1974.6
X30		批鄧、反擊右傾翻案風運動	1975.11	1977.7

---

[103] 全國有的地區結束得較晚。

　　胡甫臣曾在網上發文列舉建國以來的 52 個政治運動[104]。
該文中提及的有些黨的運動並不是全國範圍內進行，不為普通
民眾所熟悉，因此本章的分析沒有把 52 個黨的運動全部放入
分析模型。從表 2.4 可以看到，建國以來黨的運動的對象不同、
目標不同，屬於不同的類別。有西方學者把文革前的黨的運動
分為 4 類，第 1 類是建立和強化官僚機構運動（如公私合營等），
第 2 類是通過官僚機構進行的改變習俗運動（如消除妓女、禁
止抽鴉片運動），第 3 類是官僚機構與民眾合力進行的改變自
然和習俗的運動（如除四害），第 4 類是階級鬥爭和政治運動
（如抗美援朝、三反五反）[105]。文革期間大規模的全國性的黨
的運動至少有 5 個，各運動的對象不同、目標迥異。把文革定
義為一個龐大的、複雜的運動的作法混淆了各運動的區別，增
加了研究文革的困難。

2.5 定量、定性研究法的區別

　　為了區別建國以來黨的各次運動，本章使用定量分析法對
黨的運動進行分析。在分析之前，我們先討論定量研究法和定
性研究法的定義和區別。定量研究法可以簡單地概括為「通過
採用基於數學（特別是統計學）方法對收集的數字型數據進行

---

[104]　胡甫臣。2014 年。「對建國後歷次政治運動的認識」。《共識網》2014 年 9 月
28 日。

[105]　Strauss, Julia. 2006. "Morality, Coercion and State Building by Campaign in the
early PRC: Regime Consolidation and after 1949-1956". *The China Quarterly*,
pp. 891-912.

分析來解釋現象的研究方法[106]」。這就是說，研究人員採用定量研究法時工作的對象是數字，並且用數學（尤其是統計學）工具來分析我們所觀察到的現象[107]。

　　而定性研究法感興趣的是理解人們如何看待世界，如何看待他們的經歷[108]。定性研究法是用參與者觀察法或個案法的研究方法，獲得對某一事物或情景的講述或描述。定性研究法是採用非數值數據的研究[109]。數值數據是我們常見的數字，如1、2、3、等。數字之間的間隔是固定的，2比1多1個單位，而3比2也同樣多1個單位。非數值數據指的是沒有數字意義的數據，如白人、黑人、亞裔，紅色、黃色和黑色。這些信息無法用數字表達。即使為了方便，研究人員會用數字代表這些類別（如用1代表白人，用2代表黑人，用3代表亞裔），但是它們之間的間隔並不是等距的。簡言之，定量研究法與數字打交道，而定性研究法與文字打交道[110]。

[106] Aliaga, M., & Gunderson, B. 2000. *Interactive Statistics*. Saddle River, NJ: Prentice-Hall，p3-15

[107] Muijs, Daniel. 2011. *Doing Quantitative Research in Education with SPSS*, 2nd Edition. Newbury, CA: Sage Publications Ltd., pp 1-2.

[108] Merriam, Sharan. 2009. *Qualitative Research: A Guide to Design and Implementation*. San Francisco, CA: Jossey-Bass, p13.

[109] Nkwi, Paul, Nyamongo, Isaac, and Ryan, Gery. 2001. *Field Research into Socio-Cultural Issues: Methodological Guidelines*. Yaounde, Cameroon, Africa: International Center for Applied Social Sciences, Research, and Training/UNFPA, p1.

[110] Guest, Greg, Namey, Emily, and Mitchell, Marilyn. 2013. *Collecting Qualitative Data: A Field Manual for Applied Research*. Newbury Park, CA: Sage Publication Inc., p3.

　　定性和定量研究法的差別是多方面的。首先在本體論方面
（即對事物的看法上），定量研究法認為事物是客觀存在的不
以人的意志為轉移的，不受主觀價值因素的影響。而定性研究
法認為事物的存在與研究對象和研究者有密切的關係，社會現
實的本質並不是客觀存在的，而是隨著不同的人在不同的時空
具有不同的意義。換句話說，研究對象與研究者之間有著密切
的關係，研究者應該成為研究過程中的有機部分。

　　舉本書第一章裏講述的王金事件為例來說明這個問題。工
人王金被紅衛兵打死了。按照定量研究法的觀點，打死人的事
件是客觀存在的，不以人的意志為轉移。該事件是文革中無數
打死人事件中的一個事件，無論處在 50 年前文革中的人們還
是處在現在的人們看法如何，人們的看法不影響該事件的存在。
但是按照定性研究法的觀點，該事件對於 50 年前處在文革之
中的人們的意義和處在現在的人們的意義是不同的。該事件對
於同處文革時代的貴族紅衛兵和平民百姓來說，意義也是不同
的。貴族紅衛兵和省市委的當權派認為，打死王金是好人犯錯
誤、是誤傷，只要認識錯誤就行了。而南京市的民眾卻不這麼
認為。他們認為這是蓄意謀殺，省市委是真正的打人兇手，打
人的紅衛兵必須受到法律制裁。

　　其次在認識論方面，定量研究法受實證主義的影響，推崇
經驗的作用，認為人類的認識必須建立在經驗的基礎上，所以
理論的正確性必須由經驗來驗證。「實踐是檢驗真理的標準」
的理論基礎亦出於此。定量研究法的基點是，所有的人基本上
是相似的，所以研究過程有可重複性，研究的結果有普遍的意
義，可以在更大的範圍內推廣。定量研究法的目的是發現普遍

規律，對事物作出具有普遍意義的解釋和分析。而定性研究法認為，事物是相互獨立的，人與人之間是有差異的，人的認識不是固定不變的。人的認識是基於社會文化等背景下與各方面通過互動，而達到一種暫時的共識。這一共識隨著時間的變化，隨著人們對事物的不斷深入瞭解在不斷地變化。由於認識是一個不斷的重構過程，所以不存在普遍的意義，不能推廣到更大的範圍。

定量研究法基於因果分析法。因果分析法重視本質、重視原因。它的思維方式是先思考提出假設，然後做實驗證明假設。這一思維方式要求研究者在獲得認知之前進行思考分析。門捷列夫創立了元素表，大膽地預言了一些未被人類發現的元素。他的假設被後人證實。伽理略紙上談兵，用邏輯的方法證明兩個重量不同的鐵球會同時著地。後來的實驗證明了他的預言。沒有嚴密的推理，伽理略是不會也不敢爬上斜塔去做實驗的。萬一搞錯了，他的臉就丟大了。

定性研究法則基於歸納綜合法。該方法的思維方式是先觀察，然後根據觀察再思考分析。這一思維方式不僅不要求研究者事先採取行動（如思考和提出假設），而且要求研究者停止可能會干擾觀察的所有的人為活動。定性研究法認為，事物是相互獨立的，人與人是不同的，認識不存在普遍的意義，不能推廣到更大的範圍。定性研究法強調的是特殊性，而定量研究法強調的是普遍性[111]。

111　喬晞華、張程。2015 年。《傲慢與偏差：66 個有趣的社會問題》。新華出版社，第 146-153 頁。

　　第三在方法論上，定量研究法深受實證主義的影響，強調科學方法的作用，試圖把自然科學的方法運用於社會科學內的一切領域，數學、概率和統計的方法被大量地採用。而定性研究法認為許多現象是無法用數據、數學和統計的形式來表現的。

　　在研究目的方面，定性研究法試圖基於受訪者的觀點找到理解現象的鑰匙，探索、發現和建立新的理論。而定量研究法則試圖檢驗假設、尋找因果聯繫、預測結果，從而描述、解釋並預測現象。定性研究法得出的結果個性很強，但是不易也不宜推論到其他情況。定量研究法的結果普遍性較強，可以推論到其他情況。定量研究法一般採用大規模的數據獲取，儘量做到隨機抽樣，使數據具有代表性。而定性研究法採用的是小樣本數據，沒有代表性的要求[112]。定性研究法常採用個案分析的方法。雖然個案分析能夠提供生動的、栩栩如生的內容，但是個案分析的局限性使得它在建立理論方面的作用受到限制[113]。

　　有學者是這樣形象生動地說明了定性和定量研究法區別

---

[112] Lichtmn, M. 2006. *Qualitative Research in Education: A User's Guide*. Thousand Oaks, CA: Sage Publications, Inc., pp. 7-8.
Creswell, John. 2003. *Research Design: Qualitative, Quantitative and Mixed Methods Approaches*. Thousand Oaks, CA: Sage Publications.

[113] Marwell, Gerald and Oliver, Pamela. 1984. "Collective Action Theory and Social Movements Research". *Research in Social Movements, Conflicts and Change: A Research Annual*, ed., Kriesberg, Louis. Greenwich, CT: JAI Press Inc., p. 7.

的，定性法研究人員踏上獲取知識的征程[114]，把他們引向未知
世界[115]。定性研究法特別適合於探索性研究、開發性研究。定
性研究法猶如偵察兵負責發現敵人，定量研究法猶如大部隊負
責消滅敵人。目前，研究領域出現了新的趨勢，定性定量混合
研究法成為學者的新愛[116]。以下是定量和定性研究法的差別總
結：

[114] Corbin, Juliet and Strauss, Anselm. 2008. *Basics of Qualitative Research. Techniques and Procedures for Developing Grounded Theory,* 3rd Edition. Thousand Oaks: Sage Publications, p. 16.

[115] Friese, Susanne. 2012. *Qualitative Data Analysis with ATLAS.ti.* London: Sage Publications.

[116] Muskat, M, Blackman, D and Muskat, B. 2012. "Mixed Methods: Combining Expert Interviews, Cross-Impact Analysis and Scenario Development" *The Electronic Journal of Business Research Methods,* Vol. 10 No. 1 (2012), pp. 9-21.www.ejbrm.com.

Kura, Sulaiman Y. Balarabe. 2012. "Qualitative and Quantitative Approaches to the Study of Poverty: Taming the Tensions and Appreciating the Complementarities". The Qualitative Report, Vol. 17, Article 34, pp. 1-19.

Olsen, Wendy. 2004. "Triangulation in Social Research: Qualitative and Quantitative Methods Can Really Be Mixed". *Developments in Sociology*, ed., by Ormskirk, Holborn M. Causeway Press, 2004, pp. 1-30.

Fassinger, Ruth and Morrow, Susan L. 2013. "Toward Best Practices in Quantitative, Qualitative, and Mixed-Method Research: A Social Justice Perspective". *Journal for Social Action in Counseling and Psychology*Vol. 5, (Number 2013).

表 2.5　定量和定性研究法的主要區別[117]

標準	定性研究方法	定量研究方法
研究目的	理解、解釋社會現象	檢驗假設、找出因果關係、做出預測
收集的數據	文字、圖像、物品	數字、統計
主觀性和客觀性問題	主觀性是預料之中的事	強調客觀性
研究結果	特別的、個性的發現，不易推及其他人群	可以推及其他人群
研究的廣義目標	探索、發現、建立新的領域和理論	描述、解釋、預測

　　特別需要強調的是：第一，定性研究法強調特殊性，定量研究法強調普遍性。這就是說，定性研究法得出的結果不能作為普遍性的結果生搬硬套。定性研究的發現只能為研究人員提出假設作為參考。這些假設有待於定量研究的證實。在被證實之前，不能把假設當成事實。第二，定性研究法不僅不排除主觀性，而且對主觀性採取容忍的態度。而定量研究法卻從研究的設計上著手儘量排除主觀性。即使研究人員有潛意識的偏好，但是研究課題的設計必須能夠防止個人的觀點過多地影響研究的結果。對於科研人員來說，無論研究出來的結果是希望的、還是不希望的，研究者都必須坦然地接受，而不能加以人為的

117　Xavier University Library. *Qualitative versus Quantitative Research.* http://www.xavier.edu/library/students/documents/qualitative_quantitative.pdf

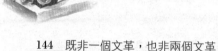

「改造」。防止研究人員摻入個人好惡的方法之一是使研究有可重複性。所謂的可重複性指的是別人按照你的方法，可以重複出相同的結果來。

從目前文革研究的狀況來看，發表的定量研究的論著和致力於定量研究的學者為數不多。正如有位學者說的，國內過去關於文革的研究多重於定性分析而缺少定量分析[118]，不能不說是個遺憾。更令人擔慮的是，有些學者試圖把定性研究的結果和發現推及整個文革。例如，有位學者[119]僅通過訪談 5 位經歷過文革的知識份子，根據他們的感受斷言文革的分期應該是 3 年而不是 10 年。這位學者的理由是，從 1969 年開始 5 位知識份子的狀況開始得到改善，不再受造反派的迫害，所以文革自此結束。他的論斷顯然缺乏統計學上的支持。如此小的樣本，即使是隨機抽樣獲得的也無法排除偏差。目前對文革的研究大多採用定性研究法。學者的論著是基於他們對受訪者的調查。但是他們在選取受訪者的過程中無法保證排除抽樣偏差，因此他們研究的發現需要定量研究法的進一步驗證。抽樣偏差是研究方法論和統計學中極為重要的課題之一。這裏舉兩個例子來說明什麼叫偏差。

1936 年，羅斯福與蘭頓競選美國總統時，蓋樂普公司和《文學文摘》雜誌對誰會當選進行了民意調查。他們得出了截

---

[118] 卜偉華。2009 年。「關於文革史研究的幾個問題」。《華夏文摘增刊》第 724、727 期。

[119] Venkatesan, Hari. 2005. *Cultural Revolution and Collective Memory: The Case of Five Intellectuals*. A Thesis for the degree of doctor of philosophy. National University of Singapore。

然相反的預測。蓋樂普公司預測羅斯福會當選，而《文學文摘》
預測蘭頓會取勝。雙方對自己的預測均把握十足。《文學文摘》
雜誌到底錯在哪兒呢。兩家公司都採用了科學的隨機抽樣調查
的方法，為什麼會得出大相徑庭的結論呢。隨機抽樣的意思是
指每一個人都有可能被抽到。蓋樂普公司採用上街直接問行人
的方法。《文學文摘》雜誌則在電話本和汽車登記的名單中任
意選擇被訪者。兩個方法都是隨機地選擇被訪者，看起來似乎
差別不大。如果這兩種方法放在現在，應該說相差不會太大。
可是當時是 20 世紀 30 年代，美國的電話和小汽車並不普及，
擁有電話和汽車的均是有錢人。《文學文摘》雜誌儘管採用了
貌似隨機的方法，實質上從一開始就隱藏著傾向（統計學上叫
做偏差），即只問富人不問窮人。當時的富人支持蘭頓，而窮
人支持羅斯福。

　　另一個例子與美國哥倫比亞大學著名的沃德[120]教授有關。
二戰期間，英國皇家空軍邀請這位著名的專家幫忙，試圖找到
增強飛機生存力的秘方。沃德教授分析了從各機場收集來的盟
軍轟炸機被擊傷的數據，發現飛機的機翼部分最容易被擊中，
座艙和機尾被擊中的最少。他建議在座艙和機尾部分增加裝甲
以提高飛機的存活率。他的建議遭到了空軍指揮官的堅決反對。
豐富的實戰經驗告訴這些指揮官，機翼是最容易被擊中的地方，
這位白面書生怎麼反而要在座艙和機尾增強裝甲呢？這不是
南轅北轍嗎？沃德解釋說，這是因為他收集到的數據只包括那
些被擊中並僥倖返航的飛機。那些不幸再也沒有回來的飛機往

---

[120]　亞伯拉罕·沃德（Abraham Wald, 1902 年 10 月－1950 年 12 月），數學家。

往被擊中座艙和尾部。死去的飛行員和被擊落的飛機無法向人們發表他們的看法。雙方爭執不下。幸運的是，英國空軍的最高層相信了這位毫無實戰經驗只會紙上談兵的統計學家，而沒有聽從富有實戰經驗的空軍指揮官。事實證明沃德教授是正確的。自從英國空軍在轟炸機的機尾和座艙部位增強裝甲後，飛機的存活率大大提高。

　　由於在選取研究對象時存在著偏差，我們會得出錯誤的結論。即使是一種科學的方法，如果使用不當也會將人引向歧途。偏見比無知離真理更遠。真正客觀而又公正地反映現實不是一件容易的事[121]。

　　進行定量研究需要把理論性的概念具體化，或者說把抽象變成具體[122]。這是研究方法論中的又一個重要課題：社會測量。在日常生活中，我們每天都與測量打交道。我們到超市買菜會涉及重量問題，到商場裏買衣服和鞋子會牽涉到尺碼和長度問題，到加油站加油會遇到容量問題。社會科學研究中，有些東西測量起來並不困難，如人的年齡、受教育的年數和薪水等。但是抽象性的東西測量起來就比較困難，如滿意程度、人的智力、對某件事物的態度。有學者是這樣定義社會測量的：「社

---

[121]　喬晞華、張程。2015年。《傲慢與偏差》。北京：新華出版社，第132-134頁。
[122]　Bhattacherjee, Anol. 2012. *Social Science Research: Principles, Methods, and Practices*. Textbooks Collection. Book 3.
　　http://scholarcommons.usf.edu/oa_textbooks/3

會測量是根據一定的法則把物體或事件賦予數值[123]」。

那麼我們如何來測量抽象的東西呢。我們用一個例子來說明問題。假如我們需要測量一座摩天大樓的高度。最理想的辦法是從樓頂上放下皮尺直接丈量它的高度。可是因為大樓太高，這樣做有困難。怎麼辦呢？我們可以採用間接測量的辦法。譬如先量它的影子，通過計算一個已知高度的物體的影子推算出大樓的高度，也可以在大樓不遠的地方設一個點，量出到大樓頂點的角度，再通過三角函數公式算出大樓的高度。

測量抽象的東西，採用的是類似的間接測量的方法[124]。測量抽象物體最有名的例子莫過於智商的測量[125]，這就是人們熟悉的斯坦福－比奈智力量表[126]。法國政府授權法國心理學家比奈[127]研發辯認智力缺陷兒童以便安排到特殊教育課程的辦法。政府發現儘管個案研究更加詳細也更加有用，但是無法應對大量的智力缺陷兒童的需求。政府需要研發出一種簡單有效的測試兒童智力的方法。後來該方法經過美國史丹福大學的心理學家的改進很快普及開來。該智力量表有 90 個測驗項目，每個

---

[123]　Stevens, Stanley Smith. 1951. "Mathematics, Measurements and Psychophysics", in Handbook of Experimental Psychology, ed., by Stanley S. Stevens. New York: Wiley，p. 22.

[124]　喬晞華、張程。2013 年。《西方社會學面面觀》。北京：人民日報出版社，第 173-183 頁。

[125]　Kerlinger, Fred N. 1979. *Behavioral Research: A Conceptual Approach*. New York: Holt, Rinehart and Winston。第 131 頁。

[126]　斯坦福-比奈智力量表（Stanford-Binet Intelligence Scale）。

[127]　阿爾弗雷德·比奈（Alfred Binet，1857-1911），法國實驗心理學家，智力測驗的創始人。

年齡組有 6 個，每個項目代表 2 個月智齡。看不見摸不著的、抽象的智力，經過該測量表成為具體的數值，使人與人之間的智力有了可比性。

在美國，理工科的研究生進入研究生院學習常常需要通過 GRE 考試。這是一種學術能力測試。這是抽象變為具體的又一個典型例子。該考試把大學畢業生的學術能力具體定為三個指標或者叫做三個方面（研究方法論將其稱為「維」）：數學、語言（英語）和分析能力。該標準考試大大簡化了大學研究生院評估報考學生的過程，成為碩士和博士生必須通過的考試。

有學者在分析毛和劉在決策中的分歧時採用了二維分析模式，即手段和路線[128]。從手段方面說，有獨斷型和實用型兩種，從路線方面說，有群眾路線和精英路線兩種。這樣的分析把毛和劉在外交決策、思想意識問題決策、政治社會經濟宏觀決策、技術管理微觀決策的分歧具體化了。也有學者對黨的運動進行分析時採用三個標準：動員群眾的程度、運動的成就和運動的缺點[129]。

庫茲曼在談到構框時說，「意義製造」法溶入分析模型時演變成一系列變數，如「團體有強烈的團結感嗎？（是/非）」；「運動傳遞的信息與核心階值觀合拍嗎？（是/非）」；抗議戲

128 Harding, Harry. 1969. "Maoist Theories of Policy-Making and Organization: Lesson from the Cultural Revolution". *A Report prepared for the United States Air Force Project Rand*. Santa Monica, CA: The Rand Corp..

129 Cell, Charles P. 1977. *Revolution at Work: Mobilization Campaigns in China*. New York: Academic Press.

碼[130]與政治機會結構吻合嗎？（是/非）[131]。從這些例子中我們可以看到研究人員是如何將抽象的概念具體化的。

在對文革分期的分析中，有學者認為如果從社會穩定性、生產、統治高層的一致性、軍隊的凝結力這幾個指標看，文革分為 10 年也許有道理。但是該學者堅持，從群眾運動的政治活動、運動的口號、群眾運動的組織、及其地位來看的話，文革應該界定為 3 年[132]。在研究清華大學和清華附中學生派別鬥爭時，有位學者提出了政治資本和文化資本的模式[133]。政治資本具體化以後就成為學生的家庭出身、是否是黨團員。這些標準為抽象變為具體提供了途徑。以上談到的研究都是如何把抽象概念具體化的實際例子。

2.6 運動定量分析的指標

對於黨的運動的分析，我們需要把抽象概念具體化。金春明認為文革是特殊的政治運動[134]，提出該運動與建國以來的歷

---

[130] 抗議戲碼（Protest repertoire）。

[131] Kurzman, Charles. 2008. "Meaning-Making in Social Movements". *Anthropological Quarterly*, Vol. 81, No. 1, pp. 5-16.

[132] Badiou, Alain. 2005. "The Cultural Revolution: The Last Revolution?" *positions* 13:3, Duke University Press, pp. 481-514.

[133] Andreas, Joel. 2002. "Battling over Political and Cultural Power during the Chinese Cultural Revolution". *Theory and Society* 31, pp. 463-519. (Kluwer Academic Publishers).

[134] 金春明。1998 年。「『兩個文革說』與『文化大革命』的定性研究」。《中共黨史研究》1998 年第 2 期。

次黨的運動有相似之處。例如，這些運動都是由執政的共產黨
發動的，運動的方針和目標都是上邊規定的，群眾雖然有些自
主性，但是不能超過領導規定的範圍。劉國凱在比較歷次黨的
運動和文革時發現了以下幾個特點：以往黨的運動都是矛頭向
下、中共高層統一、黨組織高效運轉，而文革期間民眾成立了
許多草根組織[135]。他們的討論為分析黨的運動提供了重要的參
考。根據社會運動的定義，結合金春明、劉國凱等人提出的幾
個特點，本文採用以下 7 個具體指標來分析運動。

表 2.6.1　分析運動的 7 個指標

編號	抽象概念	具體指標
Z1	運動的目的	改革現有制度中不合理的地方？
Z2	運動的自主性	由各級黨組織高效控制？
Z3	運動的自發性	運動中民眾成立草根組織？
Z4	共產黨對運動的政策	高層態度一致？
Z5	運動的對象	矛頭向下？
Z6	運動的結果	運動積極分子受迫害？
Z7	運動性質	是整人運動？

　　建國以來中國還發生過一些具有民主性質的運動，如 89
年民運。文革中的造反運動是我們研究的重點。本章把王金事
件調查團所發起的南京市民眾的運動也作為分析對象，此外還
將「全紅總」運動、「紅色八月恐怖月」放入分析模型。為了

---

[135]　劉國凱。1997 年。「三年文革與兩條線索」。《中國之春》1997 年第 2 期。

使對運動的分析更有說服力，在分析模型裏還加入了美國的黑人人權運動作為參考。以下是分析模型中的特別關注的幾個運動。

表 2.6.2　建國以來發生的非黨的運動及參考運動

編號	時期	名稱	起始日期	結束日期
X31	文革	文革造反運動	1966.6	1968.7
X32		紅八月恐怖運動	1966.8	1966.9
X33		王金事件調查運動	1966.10	1967.3
X34		全紅總運動	1966.11	1967.1
X35		1976 年 4・5 運動	1976.1	1976.4
X36	文革後	西單民主牆運動	1978.10	1979.11
X37		1986 年民運	1986.12	1987.1
X38		1989 年民運	1989.4	1989.6
X39	參考	美國黑人人權運動	1955.5	1968.4

　　研究社會運動的另一個重要因素是運動持續的時間。一般來說，社會運動經歷較長的時間。如上世紀的美國黑人人權運動，從 1955 年開始一直持續到 1968 年 4 月美國國會通過人權法案經歷了 13 年。但是，中國的民主運動基本上是短壽的。這是因為共產黨總是以較快的速度給予鎮壓或壓制。只有文革中的造反運動持續了整整 3 年 1 個月。鑒於這一情況，在運動的定量分析中，我們沒有把運動的持續時間放入分析模型。

2.7 統計學中的聚類分析法和隱類別分析法

　　中國人常說，「物以類聚，人以群分」。對觀察到的事物進行分類是人類最基本的思維活動之一。分類也是科學研究中最基本的過程之一，是發展理論所需要的思維[136]。人類通過對事物的分類，把觀察到的事物（如人、事件、物體）歸入相應的組或類別，從而更好地理解和解釋觀察到的現象。用通俗的話說，分類就是把相近的事物放入一類，相異的事物歸入另類。早在1939年就有學者提出聚類分析法[137]。1963年，兩位生物學家的著作《數值分類學原理》[138]使聚類分析法得到了飛躍性的發展。電腦的發展對數值分類法起到了推波助瀾的作用。分類學在科學研究中的運用非常廣泛，醫學、生物學、心理學、社會學、犯罪學、教育學、人類學、化學、氣象學、地理學等領域都可以見到分類學的蹤影。複雜的聚類分析與人工智能中的模式識別相關。聚類分析法採用不同的計算方法進行分類[139]，

---

[136] Aldenderfer, Mark and Blashfield, Roger. 1984. *Cluster Analysis*. Newbury, CA: Sage Publications, Inc., p. 7.

[137] 聚類分析（Cluster analysis，也譯為集群分析）。Tryon, K..1939. *Cluster Analysis*. New York: McGraw-Hill。

[138] Sokal, Robert and Sneath, Pepter. 1963. *The Principles of Numerical Taxonomy*. San Francisco, CA: W. H. Freeman.

[139] Tan, Pang-Ning, Steinbach, Michael, and Kumar, Vipin. 2005. *Introduction to Data Mining*. Pearson Addison-Wesley, pp. 487-568.

如 K 均值演算法，凝聚層次聚類法，密度聚類演算法等[140]。
聚類分類分析也可以進行模糊分類[141]。這裏舉一個最常用最簡
單的例子來說明其分類的原理。我們假設有 3 個物體在長度和
高度上分別測得以下的數據：

表 2.7 三個物體的高度和長度

物體	長度	高度
A	1 m	1 m
B	2 m	2 m
C	3 m	2 m

下圖可以表示 3 個物體之間相似的關係：

圖 2.7.1 聚類分析法對 3 個物體的分類

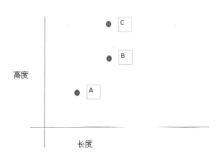

---

[140] 均值聚類法（K-mean），凝聚層次聚類法（Agglomerative Hierarchical Clustering），密度聚類演算法（Density-based clustering algorithm, 簡稱 DBSCAN）

[141] Zhang, Joshua, Brody, Chalres J., and Wright, James D. 1994. "Sociological Applications of Fuzzy Classification Analysis". Applied Behavioral Science Review, Vol. 2, No. 2, pp. 171-186.

　　在圖 2.7.1 中，A 與 B 之間的直線距離是 1.414，A 與 C 之間的直線距離是 2.236，而 B 與 C 之間的直線距離是 1。從直線距離的角度說，B 與 C 更接近。如果把 3 個物體分為兩類的話，B 與 C 應分為一類。聚類分析法特別適合於對具有有序數值事物進行分類[142]。

　　如前所述，雖然許多抽象性的概念無法用直接測量，但是我們可以用間接的辦法進行測量。例如，雖然我們無法直接測量出一個人信仰宗教的程度，但是我們可以通過觀察此人到教堂禮拜的次數、禱告的次數、向教會捐的金額、平時行為舉止等等。這些可以觀察得到的現象是此人宗教信仰的表現。當我們把禮拜次數、禱告次數、捐的金額、平時的行為舉止作為指標的話，我們有理由相信這些指標的表現是受一個隱藏的因素的影響[143]。我們可以用下圖表示隱藏因素的關係：

　　圖 2.7.2 可測指標與隱藏因素間的關係

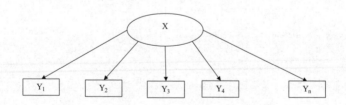

[142] 數學上有序數值稱為連續函數。

[143] McCutcheon, Allan. 1987. *Latent Class Analysis*. Newbury, CA: Sage Publications, Inc., p.5.

　　圖中 X 是隱藏因素（不可直接觀察到的隱變數），
$Y_1, Y_2, Y_3, Y_4, \cdots\cdots Y_n$ 是可測指標（可以直接觀察到的顯變數）。
早在 1950 年美國學者拉薩斯斐德提出了隱藏因素的設想[144]。
1974 年，這方面的研究有了突破性的進展[145]。上世紀 90 年代
開始，在眾多的學者努力下[146]，專門用於非數值數據的隱類別
分析法[147]走向成熟。由於電腦的飛速發展，隱類別分析法更加
日臻完善。該分析方法可以用做許多用途。我們在這裏只討論

---

[144] Lazarsfeld, Paul. F. 1950. "The Logical and Mathematical Foundation of Latent Structure Analysis and the Interpretation and Mathematical foundation of Latent Structure Analysis". *Measurement and Prediction*, ed., by Stouffer, Samuel, Guttman, Louis, and Suchman, Edward. Princeton, NJ: Princeton University Press, pp. 362-472.

Gibson, W.A. 1959. "Three Multivariate Models: Factor Analysis, Latent Structure Analysis, and Latent Prole Analysis". *Psychometrika* 24, pp. 229-252.

Lazarsfeld, Paul F., and Henry, Neil W. 1968. *Latent Structure Analysis*. Boston: Houghton Mill.

[145] Goodman, Leo A . 1974. "The analysis of Systems of Qualitative Variables when Some of the Variables are Unobservable. Part I: A Modified Latent Structure Approach". *American Journal of Sociology*, 79, pp. 1179-1259.

[146] Haberman, Shelby J. 1979. "Analysis of Qualitative Data", Vol 2, *New Developments*. New York: Academic Press.

Hagenaars, Jacques. 1990. *Categorical Longitudinal Data - Loglinear Analysis of Panel, Trend and Cohort Data*. Newbury Park, CA: Sage Publications.

Vermunt, Jeroen K. 1997. *Log-linear Models for Event Histories*. Thousand Oaks, CA: Sage Publications.

Collins, Linda M., Lanza, Stephanie T. 2010. *Latent Class and Latent Transition Analysis for the Social, Behavioral, and Health Sciences*. New York: Wiley.

[147] 隱類別分析法（Latent class analysis），也譯為潛（在）類別分析，潛（在）聚類分析，藏分類分析。

其分類的用途。其基本思路如圖 2.7.2 所示，各個可以觀察到的指標（圖中的方塊）之間的變化完全受隱類（圖中圓圈）影響。

　　有學者運用隱類別分析法對美國的青少年犯罪團夥進行分類，把團夥分為組織嚴密和不嚴密兩類[148]。荷蘭學者曾對民眾做過民意調查，徵詢人們對政府責任的態度：1.政府應該保障男女平等；2.政府應該為民眾提供良好的教育；3.政府應該為民眾提供良好的醫保；4.政府應該保障外籍勞工的平等權力。人們在以上 4 個問題上的態度有一定的相關性，認為政府應該保障男女平等的人們傾向於在提供良好的教育和醫保及外籍勞工平等權力方面持肯定的觀點。有學者用隱類別模型進行分析，發現受訪民眾可以分為兩類，一類是支持政府應該盡力為民眾提供福利的「點頭派」，另一類是對政府應為民眾提供福利持保留意見的「搖頭派」[149]。

　　由於上述兩種類別分析法涉及較深的統計知識，本章只做一般性介紹。具有較好數學和統計基礎的讀者可以參看本章的技術附錄。

---

[148] Sheley, Joseph F., Zhang, Joshua, Brody, Charles J., and Wright, James D. 1995. "Gang Organization, Gang Criminal Activity, and Individual Gang Members' Criminal Behavior". Social Science Quarterly, Vol. 76, No. 1, pp. 53-68.

[149] Hagenaars, Jacques. 1990. *Categorical Longitudinal Data: Log-Linear Panel, Trend, and Cohort Analysis*. Newbury Park, CA: Sage Publications, Inc., pp. 100-103.

2.8 建國以來運動的分類分析

在前面的章節我們已經討論了測量運動的 7 個指標及待分析的 39 個運動。雖然隱類分析法和聚類分析法基於兩種完全不同的分類思路，兩種分析對運動的分類（除了「紅八月」的分類）得出了相同的結果。

表 2.8 建國以來運動的分類

類別	運動
1	土改、鎮反、三反五反、反右、四清、二月鎮壓、一打三反、清查 5・16、批林批孔、批鄧反擊右傾翻案風、反資產階級自由化、取締法輪功
2	抗美援朝、人民公社、大躍進、學雷鋒、學大寨、學大慶、學解放軍、上山下鄉、五講四美、三講、三個代表、科學發展觀、和諧社會、保持先進性、社會主義榮辱觀、創先爭優、群眾路線
3	文革造反運動、王金事件調查運動、全紅總運動、1976 年 4・5 運動、西單民主牆運動、1986 年民運、1989 年民運、美國黑人人權運動、紅八月恐怖運動

第 1 類運動顯然屬於「鬥爭運動」，或者叫做「整人運動」。第 2 類運動屬於思想教育/生產建設運動。第 3 類運動具有民主運動性質。全紅總運動要求提高改善臨時工和合同工的地位和待遇，與黨的整人運動、思想教育/生產建設運動風馬牛不相及。南京的民眾在 9・28 調查團的帶領下與當局抗爭，為被無辜打死的工人討回公道，不失為一次民主運動的嘗試。文革中的造反運動敢於向當權者發起攻擊(儘管是在得到毛的默許

下），與黨的整人運動具有質的區別。以往的整人運動矛頭總
是向下對準百姓中所謂的「賤民」，而文革中的造反運動第一
次把矛頭對準了共產黨的各級幹部，從基層的領導直至黨的第
二號人物。作為對照參考的美國黑人人權運動屬於第 3 類進一
步說明了該類運動的性質。

需要說明的是「紅八月」運動的歸屬。把「紅八月」歸為
第 3 類民主運動似乎情理上說不通。聚類分析模型清楚地表明，
該運動應該獨立於其他運動自成一類。由於隱類別分析模型的
數學特性，該模型對於特別小的類別識別能力較弱，所以未能
將「紅八月」正確分辨。從 7 個運動分辨指標來看，「紅八月」
運動與民主運動和黨的整人運動各有 3 個指標相異。可以說是
整人運動與民主運動之間的過渡型。從矛頭向下和整人性質來
說，「紅八月」運動是黨的整人運動的翻版。但是從草根性、
自主性以及在運動近期積極者受到迫害方面來說，該運動與歷
次的民主運動又有相似之處。

2.9 建國以來政策的分期

從建國以來發生的運動（包括黨的運動和群眾運動）可以
瞭解中共的政策。本節試圖通過運動對中共政策進行分期。從
前一節的結果可以看到，建國以來的運動可為 3 大類：1.鬥爭
運動；2.思想教育/生產建設運動；3.民主運動。3 類運動也可
簡化為 2 大類：1.鬥爭運動；2.非鬥爭運動。王金事件運動因
屬於地方性運動對全國的影響較小，在本節的分析中加以去除

[150]。我們保留黨的運動及全國性的群眾運動進行分析。文革的分期在中西方學界存在著嚴重的分歧，在分期的基準模型中，我們預留空間，將文革暫分為「前 3 年」和「後 7 年」兩個階段。

表 2.9 建國以來政策分期基準模型

運動類型/分期	文革前（1949-66）	文革前 3 年（1966-68）	文革後 7 年（1969-76）	文革後（1976-2015）	總計
非鬥爭運動	8	3	1	12	24
鬥爭運動	5（38%）	2（40%）	4（80%）	2（14%）	13
總計	13	5	5	11	37

　　表 2.9 中括弧內的百分數是各時期鬥爭運動的比例。可以看出，文革前鬥爭運動占總運動數量的 38%，文革後則只占約 14%，僅有文革前的三分之一。文革前 3 年與後 7 年的比例是各時期中最高的。由於樣本很小，通常的 χ^2 和 L^2 不宜作為依據，本節採用費雪爾精確檢定[151]。結果告訴我們，4 個時期的鬥爭運動出現的不同頻率並非出於偶然。直觀地說，文革前和文革 10 年比文革後的鬥爭運動要多得多。

---

[150] 紅八月運動的分類不如其他運動明確。筆者曾將該運動排除後進行分析，結果與下面討論的沒有本質區別，所以在模型中仍保有該運動。

[151] 費雪爾精確檢定（Fisher's exact test）。

　　我們對 4 個時期進行檢驗，試圖發現某些時期是否可以合併作為一個時期。用通俗的話來說，這一檢驗是合併同類項。研究人員時常會遇到合併類別的問題。研究人員在合併類別變數時常犯的一個錯誤是主觀地決定合併哪些項。鄧肯提出了一種與因變數綜合考慮的檢驗方法[152]。本節提出 3 個假設並採用鄧肯提出的方法對假設進行檢驗。

　　假設 1：文革的前 3 年與後 7 前中的鬥爭運動頻率沒有顯著的差別。「一個文革說」和「兩個文革說」的爭論與文革分期有密切的關係。如果中共的政策在文革的前 3 年和後 7 年有明顯的區別，那麼把文革定為 3 年，文革結束於 1968 年的觀點可以得到支持。

　　假設 2：文革 10 年與文革前 17 年中的鬥爭運動頻率沒有顯著的差別。本假設檢驗中共的政策在文革中的連續性，文革是否是文革前政策的繼續。從整人運動的比例上可以看出，文革前與文革 10 年中的頻率均相當高。本假設進一步檢驗流行的說法：即「前 30 年和後 30 年」的正確性。

　　假設 3：文革 10 年與文革後的鬥爭運動頻率沒有顯著的差別。

　　基於費雪爾精確檢定，我們有 93%以上的把握說基準模型、假設 1 和假設 2 模型中整人運動在不同時期的頻率變化現象並非出於偶然。根據假設檢驗，假設 1 和假設 2 無法拒絕。換言之，從整人運動的出現頻率角度看，文革的前 3 年和後 7

---

[152] Duncan, Otis Dudley. 1975. "Partitioning Polytomous Variables in Multiway Contingency Analysis". *Social Science Research* 4(3), pp. 167-182.

年並無顯著區別。不僅如此，文革前 17 年與文革 10 年也沒有統計學意義上的顯著區別，可以將 1949 年至今的年代簡化分為文革結束前和文革結束後兩個時期。但是，假設 3 必須拒絕，也就是說文革 10 年與文革結束後的 30 年有著顯著的區別，不可混為一談（具體計算請參看本章附錄）。

2.10 運動分類和建國以來年代分期的意義

建國以來的運動可以分為 3 類的定量分析結果具有以下意義：文革中的造反運動有別於黨的運動（無論是整人/鬥爭運動，還是思想教育/生產建設運動）。雖然造反派們沒有把改朝換代作為他們的目標，也沒有把推翻國家政權和打倒共產黨作為運動的宗旨，按照金春明的說法，造反派是「在偉大領袖圈定的範圍內活動」，造反的對象僅僅是所謂的「黨內走資本主義道路的當權派」和「反革命修正主義路線」[153]，但是造反派們的矛頭再也不是以往黨的運動中的平民百姓和「賤民」而是共產黨的幹部，這是不爭的事實。

從社會運動的 7 個指標上看，造反運動與黨的兩種運動有著巨大的差別：從運動的目的（是否改革社會不合理現象），運動的組織形式或自主性（是否經過層層黨組織的嚴密控制），運動的自發性（是否成立草根組織），運動的對象（是否矛頭向下），運動的性質（是否整治百姓和「賤民」），以及運動中

---

[153] 金春明。1998 年。「『兩個文革說』與『文化大革命』的定性研究」。《中共黨史研究》1998 年第 2 期。

積極分子的命運等諸多方面，造反運動與黨的運動風馬牛不接。文革中的造反運動卻與中國歷次出現的民主運動和美國的人權運動相似。忽略這些特點就不能客觀地理解文革中的造反運動。文革造反運動有別於黨的運動與民主運動同伍的分析結果支持「兩個文革說」。

　　文革中的造反運動與歷次的民主運動同為一類說明造反運動與中國的民主運動有著千絲萬縷的關係。正像有人提出的，「我們發現了一個很神奇的連接：當年的造反派，與今天的民主派有著必然的邏輯聯繫。」當年的造反派懷抱民主的理想，響應毛的號召投身文革，成為造反派骨幹，他們現在繼續當年的主張，回到當年「人民文革」的立場，開始推進當今中國的民主[154]。可以說文革後中國出現的數次大規模的民主運動是文革中造反運動的繼續，而文革中的造反運動是這些民主運動的前奏。

　　建國以來年代分期的定量分析表明，文革期間中共的政策並沒有發生變化，儘管毛為了打敗他的政敵，給了百姓暫時的民主和自由，但是中共的政策沒有因此發生根本性的變化。毛在清洗了他的政敵後，很快又恢復了他以往的方針和政策。所以從中共政策的角度出發，文革的前 3 年和後 7 年同屬一個時期。儘管文革的前 3 年中發生了轟轟烈烈的波及全國幾億人的造反運動，廣大的中國人民在短暫的時間內享受到了自由結社自由言論，但是這些都沒有改變中共政權的性質，也沒有改變

---

[154]　劉仰。2011 年。「文革──一個還是兩個，這是一個問題」。《華夏文摘增刊》第 825 期。

國家機器的性質，對於廣大的百姓來說沒有根本性的變化。文革分期應該定為 10 年的分析結果卻又支持「一個文革說」。

　　文革不僅應該定位於 10 年，從中共執行的政策來看，文革前的 17 年與文革中的 10 年也可以視為一體。也就是說，文革是文革前 17 年的繼續，文革前 17 年是文革的前奏。這也是為什麼麥克誇爾能夠寫出 3 本洋洋灑灑的巨著，從文革前的歷史中尋找文革起源。正像有的學者說的，文革不是平地生風的，是 1957 年以來以階級鬥爭為綱的各項政治運動的總匯和最高潮。正是連綿不斷的政治運動為文革作了充分的政治、理論和思想準備。從某種意義上說，沒有那些政治運動的不斷發展的惡性循環就沒有文革[155]。兩個時代（即前 30 年和後 30 年）的提法[156]在建國以來年代的分期分析模型中得到了證明。

　　也許讀者會問，筆者的研究結果既支持「兩個文革說」也支持「一個文革說」，不是自相矛盾嗎？這樣的結論有什麼實際意義呢？事物都是一分為二的。對一個學說的支持意味著對另一個學說的反對。從正面和肯定的意義上說，運動分類的分析結果支持「兩個文革說」。但是從負面和否定的意義上說，該分析結果意味著反對「一個文革說」。而文革分期研究的分析結果支持「一個文革說」意味著該結果反對「兩個文革說」。分別支持兩種學說表明「一個文革說」和「兩個文革說」都有一定的道理，有其合理性，否則這兩種學說不會在爭論了幾十

---

[155] 金春明。1998。「兩個文革說」與「文化大革命」的定性研究」《中共黨史研究》1998 年第 2 期。

[156] Fewsmith, Joseph. 2014. "Mao's Shadow". *China Leadership Monitor*, No. 43.

年之後仍然存在。兩個學說並存的事實說明了它們各自含有正
確的一面。而研究結果分別反對兩個學說又表明了兩個學說各
自存在著問題和缺陷。這也是兩個學說為什麼始終不能戰勝對
方的原因所在。那麼「兩個文革說」和「一個文革說」存在的
缺陷和問題在哪裡呢？

2.11「一個文革說」的缺陷

　　「一個文革說」的代表人物金春明是這樣定義文革的：「文
化大革命」是由最高領袖親自領導的，以無產階級專政下的繼
續革命理論為指導思想的，以所謂走資派和反動學術權威為對
象的，採取所謂「四大」方法動員億萬群眾參加的，以反修、
防修鞏固紅色江山為神聖目標的，一場矛盾錯綜複雜的大規模、
長時間的特殊政治運動[157]。高皋和嚴家其對文革的定義是：「文
革大革命」是一場為了錯誤的目的、用錯誤的方法發動的一場
錯誤的運動[158]。

　　上述定義和描述中有一個共同之處：文革是一場運動。文
化大革命儘管名為「革命」，但是如前所述文革並不是「革命」，
更與「文化」無關。按照「一個文革說」的定義，文革是運動，
並非是一個階級推翻一個階級的「革命」。

---

[157]　金春明。1995。《「文化大革命」史稿》。四川人民出版社。前言部分。

[158]　高皋、嚴家其。1986 年。《文化大革命十年史：1966-1976》。天津人民出版
　　　社，第 1 頁。

　　儘管文革與革命風馬牛不相及[159]，但是堅持「一個文革說」的學者批駁「兩個文革說」的論點是：「人民文革說」是否能夠成立的關鍵在於「要看是否存在著所謂的反抗共產暴政的人民起義」[160]。該派學者認為，在這方面「兩個文革說」並沒有也不可能提供有說服力的證據。群眾組織身上找不到一絲的反抗所謂「暴政」的影子，更不用說有任何「反共」的味道。該派學者定下的一條界限是：對某些單位領導人的不滿同對共產黨整體領導的不滿，對現實社會的某些體制和現象的不滿同對社會主義基本制度的不滿是有根本性區別的。更重要的是文革中的造反派的目標既非改朝換代，也非推翻國家政權和打倒共產黨[161]，即使有反官僚的因素也只是反官僚不反皇帝，連古代的造反者都不如[162]。總之，「兩個文革說」的致命問題是「只反貪官不反皇帝[163]」。

　　「一個文革說」的學者在這裏採取了一套雙重標準。「人民文革說」的成立需要建築在造反派是否推翻共產黨政權的基礎之上，雖然文革被他們定義為是「運動」並非「革命」。換

---

[159] 陳子明。2006 年/2014 年。「文革：一場遊戲一場夢——兼與『人民文革』說商榷」。《今天》第 74 期，2006 年（秋季號）。《昨天》第 28 期，2014 年 1 月。

[160] 關於鄭義提出的「人民文革」版本，我們在下一節裏討論。

[161] 金春明。1998。「兩個文革說」與「文化大革命」的定性研究」《中共黨史研究》1998 年第 2 期。

[162] 徐友漁。1999 年。《形形色色的造反》。香港：香港中文大學出版社，第 174、176 頁。

[163] 鄭仲兵、雷頤、韓鋼、李鬱。2004。「漫談文革研究」。《往事》第一期（2004 年 9 月 28 日）。

言之，「人民文革」必須以推翻現行政權才能成立，而「毛文革」卻不需要以推翻現行政權為目的卻能成立。文革由中共號召全民參加，形式上發動億萬群眾自下而上[164]。由於沒有把推翻共產黨的政權作為目標，億萬群眾參與的社會運動只能與文革出現的其他自上而下的黨的運動被歸在「一個文革」這個「百寶囊[165]」之中。按照「一個文革說」的「反皇帝」的標準，其實「一個文革說」也不能成立，應該是「零個文革說」更為合適。

根據社會運動的理論，社會運動分為 4 類。其中一個重要而又常見的類別是「改革運動」。改革運動參與者的矛頭並不指向現行的制度，他們只是希望對現有體制進行局部的改革。運動的目標是改革社會的某些不合理部分，並非企圖推翻整個現行體制。美國黑人人權運動就是一例。著名的人權領袖馬丁·路德·金領導黑人爭取與白人同等地位，通過非暴力的抗議行動，爭取黑人人權的鬥爭並沒有提出推翻美國的現行政權。（如果金博士不明智地提出推翻美國的現行政權，黑人人權運動恐

---

[164] 席宣、金春明。2005。《「文化大革命」簡史》（增訂新版）。北京：中共黨史出版社，第 2 頁。

[165] 關向光。2006 年。「文革再認識」。《展望與探索》2006 年 6 月 4:6 期，第 7-11 頁。

怕早已夭折。）即使是主張採用暴力手段的美國黑豹黨[166]也沒有明目張膽地提出推翻美國現行制度的主張。按照「一個文革說」學者的標準，中國的 1976 年的 4 · 5 運動、1989 年的民主運動也不能成為獨立的社會運動，因為它們只反對四人幫、只是請願要求民主化，並沒有把矛頭直接指向中共的政權和現行體制。

既然文革中根本沒有「一個文革說」學者所指的那種「革命」（無論是「人民文革」還是「毛文革」），為什麼他們對屬於「改革運動」的文革造反運動與黨的運動的迴然性質視而不見呢？學說和理論的提出總是基於一定的假設，無論假設是明確的或是暗含的[167]。持「一個文革說」的學者認為群眾造反運動不能獨立作為社會運動的暗含假設是：億萬民眾是沒有自我意識的「烏合之眾」，是一群沒有思想只會盲目跟從毛忽悠的群氓。

例如，「持一個文革說」的席宣和金春明合著的《「文化大

---

[166] 美國的黑豹黨（The Black Panther Party）於 1966 年 10 月在美國的加利福尼亞州的奧克蘭市成立。該黨以武力的方式對抗美國政府，保衛少數民族社區不受美國警察的威脅。黑豹黨提出過在黑人區裏建立社會主義，但並沒有把在美國全社會建立社會主義作為其奮鬥目標。該黨在黑人社區搞過免費早餐，試圖獲得民心。1967 年 4 月 25 日，作為該黨的新聞喉舌「黑豹」報正式首期發行。黑豹黨曾向美國的在校大學生推銷「毛澤東的小紅書」用以籌款購買槍支，並將小紅寶書定為必讀書。在毛的時代，暴力革命一直受到推崇，黑豹黨的政治主張與文革中中共的主張極為接近。黑豹黨曾擁有 5000 多成員，「黑豹」報發行量曾達到 10 萬份。後來黑豹黨由於內外原因逐漸失去了影響力。

[167] 明確的假設（Explicit assumption），暗含的假設（implicit assumption）。

革命」簡史》提出文革不是真正的革命群眾運動。因為億萬群眾捲入文革的原因是：一出於對中共和毛的信賴；二中共長期以來左傾思想對幹部和民眾的廣泛影響；三政治思想的強大壓力，運動中民眾被迫作出抉擇；四林彪、江青、康生一夥野心家、陰謀家乘機蠱惑挑唆，蓄意製造運亂，煽動一些不明真相的群眾[168]。簡言之，民眾參與文革是盲從、不明真相。

徐賁認為毛對各種各樣的群眾始終牢牢地維持著全面控制。毛對群眾的雜異性可以說是了然於胸。毛一直非常成功地利用和控制這種雜異性，將它轉化成同一股供他隨意調遣、派作不同用途的基層力量。在這一點上，毛展現了巨大的蠱惑天才。控制局面的始終是毛，而不是任何其他個人。儘管造反派的行為動機中包含了反官僚的因素，但是這種逆反的作用有限[169]。有學者更明確地提出，民眾效忠個人，不辨真偽，失去個性，只有感情狂暴，沒有推理能力，變成了烏合之眾[170]。

陳子明先生甚至借用曾擔任「首都紅衛兵第三司令部」司令的北京地質學院學生朱成昭之口，提出文革是「三子」的遊戲：毛作為導演是「騙子」、造反派作為演員是「瘋子」、逍遙派作為觀眾是「傻子」[171]。還有學者認為毛有病態人格[172]。

---

[168]　席宣、金春明。1996/2005年。《「文化大革命」簡史》北京：中共黨史出版社。1996年版367-368頁，2005年版，第319-322頁。

[169]　徐賁。2010年。「『人民文革』和中國『群眾』」。《縱覽中國》（2010年2月18日）。

[170]　王克明、宋小明。2014年。「前言」。《我們懺悔》。中信出版社。

[171]　陳子明。2006年/2014年。「文革：一場遊戲一場夢——兼與『人民文革』說商榷」。《今天》第74期2006年（秋季號）。《昨天》第28期2014年1月。

　　對於毛在文革中是否全面控制一切是有爭論的。有學者認為獨裁者的政治影響力並不是沒有限度的，即使大權在握，毛的政治抉擇也並非完全隨心所欲[173]。印紅標認為即使是具有無上權威的毛也很難用誘導、教育、命令的方式完全改變某一類紅衛兵的基本方向[174]。王紹光認為，毛雖然動員群眾發動了文革，但是他很快轉入「救火隊」的角色[175]。班國瑞認為，毛採用群眾運動的策略比較冒險，總是以群眾運動失控而告終[176]。根據解密的 1968 年 11 月美國中央情報局對文革的評估，美國情報分析人員認為毛並沒有在所有的時間完全控制局勢，並不是按照他事先計畫好的方案進行他的步驟[177]。但是此類批駁的殺傷力並不大，因為判定毛是否掌控文革的主觀性很大，雙方可以各執一詞難有定論。

　　把問題歸於「瘋子」和「傻子」，認為民眾智力低下的作

---

[172]　宋永毅。2008 年。「『文化大革命』和非理性的毛澤東」。《當代中國研究》（2008 年第 4 期）。

[173]　董國強。2009。「革命？還是帝王政治的迴光返照？——毛的最後革命評介」。《當代中國研究》（2009 年第 3 期）。

[174]　印紅標。1997。「紅衛兵運動的主要流派」，《青年研究》（1997 年第 4 期）。

[175]　Wang, Shaoguang. 2003. "The Structural Sources of the Cultural Revolution". *The Chinese Cultural Revolution Reconsidered: Beyond Purge and Holocaust*, ed., by Law, Kam-yee. Basingstoke, Hampshire: Palgrave Macmillan, pp. 58-91.

[176]　Benton, Gregor. 2010. "Dissent and the Chinese Communists before and since the Post-Mao Reforms". *International Journal of China Studies*, Vol. 1, No. 2 (October 2010), pp. 311-329.

[177]　CIA. *Intelligence Report: The Role of the Red Guards and Revolutionary Rebels in Mao's Cultural Revolution*. (Reference Title: POLO XXXIII). November, 1968. Memorandum.

法不是沒有理論根據的。與文革研究有密切關係而又被華人學界忽略的一個重要領域是關於社會運動的研究領域。社會運動研究的前身是群體行為的研究。早期研究群體行為的學者對參與者是否理智、是否有自我意識持否定態度[178]。1895 年勒龐發表的《烏合之眾》一書對早期的群體行為研究影響巨大。(筆者提醒讀者注意，這是一本 120 年前發表的書！也請讀者記住，120 年來世界發生了巨大的變化，研究群體行為的領域也發生了翻天復地的變化！)勒龐在書中反思法國革命以及此後 100 年來的聚眾時代。勒龐試圖解釋平時遵紀守法的民眾為什麼會在革命時期做出瘋狂的事情來。有些出格的事情是相當恐怖的。他認為聚眾對人的思維帶來影響，使人失去平常的判斷力，變成野獸[179]，成為罪犯[180]。洗腦術在現代技術的發展影響更加完善，可以對人進行思想控制[181]。伯恩認為社會運動是「無法預測的、不理性的、沒有理由的、沒有組織性的[182]」。

社會學家布魯默[183]及芝加哥派學者（如派克、伯吉斯[184]、

[178] DeFay, Jason Bradley. *The Sociology of Social Movements*. http://www.weber.ucsd.edu/~jdefey/sm.htm.

[179] 古斯塔夫·勒龐。1999/1895 年。《烏合之眾：大眾心理研究》。北京：中央編譯出版社。

[180] Mattelart, Amand and Mattelart, Michele. 1998. *Theories of Communication: A Short Introduction*. Thousand Oaks, CA: Sage Publications, p. 13.

[181] 斯垂特菲爾德，多明尼克。2011 年。《洗腦術——思想控制的荒唐史》。張孝鐸譯。北京：中國青年出版社。

[182] Byrne, Paul. 1977. *Social Movements in Britain*. New York, NY: Routledge, pp. 10-11.

[183] Blumer, Herbert. 1946/1969. "Collective Behavior." *Principles of Sociology*, ed., by Lee, Alfred McClung. New York: Barnes and Noble Books, pp. 165-221.

朗夫婦[185]等）深受該派心理學家的影響。布魯默不認同社會的不公平和衝突會自動地引發民眾抗議的觀點（即馬克思主義的「社會衝突論」）。他提出民眾是在聚眾環境下相互感染，從而情緒化產生群體行為的。民眾在互動中的特點是其傳染性、循環反應性、模仿性、易受暗示性。由於這些特性，民眾的行為是一時衝動的、情緒化的、也是不理性的[186]。雖然民眾平時是有理性的，能夠三思而後行。但是在群體行為的條件下，民眾會變得情緒化失去理性[187]。斯梅爾塞的原意是反駁布魯默，提出群體行動是基於「一般化信念」，這些信念使得人們重新認識周圍的世界，發現社會需要變化的方面[188]，但是他的「一般化信念」也是非理性的，所以民眾還是不理性的[189]。

　　必須指出的是，勒龐是從一個被革命嚇破膽的貴族視角看待法國革命的[190]。該派學者（如勒龐、西蓋勒[191]等）認為民眾

[184]　Park, Robert and Burgess, Ernest. 1921. *Introduction to the Science of Sociology.* Chicago: University of Chicago Press.

[185]　Lang, Kurt and Lang, Gladys. 1961. *Collective Dynamics*. New York: Crowell.

[186]　Morris, Aldon D., and Herring, Cedric. 1987. "Theory and Research in Social Movements: A Critical Review". *Annual Review of Political Science,* 2, pp. 137-198.

[187]　Edwards, Gemma. 2014. *Social Movements and Protest*. New York: Cambridge University Press, p. 30.

[188]　Smelser, Neil. 1962. *The Theory of Collective Behavior*. New York: Free Press, pp. 8-11.

[189]　Currie, E and Skolnick, J K. 1970. "A Critical Note on Conceptions of Collective Behavior". *The Annuals of the American Academy of Political and Social Science,* 39: 1(1), pp. 34-35.

[190]　Cragun, Ryan, Cragun, Deborah, and Konieczny, Piotr. 2010. *Introduction to Sociology*, p. 268. http://en.wikibooks.org/wiki/Introduction_to_Sociology

（包括選出來的議員們[192]）的智力實在太低下了，與他們的智力不能相比[193]。這些學者自命不凡，大有「眾人皆醉我獨醒」的氣派，與堅信「上智下愚」的孔夫子一脈相承，也與自古以來「好為人師」的中國的知識份子不約而同。

民眾是不理性的理論遭到尖銳的批評[194]，早在上世紀的70年代就已經被「不名譽地開除出」了社會運動的研究領域[195]，淡出研究群體行為的領域[196]。針對早期學者提出民眾行為是出於非理性的一時衝動，理性派提出了不同的觀點，他們深受約翰・斯圖爾特・密爾[197]，亞當・斯密斯[198]和傑瑞米・邊沁[199]等人的影響。理性派學者認為，群體抗議行為和社會運動是個人

[191] Sighele, Scipio. 1891. *The Criminal Crowd*. (1892 translated into French). (引自 Mattelart, Amand and Mattelart, Michele. 1998. *Theories of Communication: A Short Introduction*. Thousand Oaks, CA: Sage Publications, p. 13.)

[192] 筆者注：西方人可能認為選出的議員應該不是無腦的群氓。

[193] Kurzman, Charles. 2004. *The Unthinkable Revolution in Iran*. Cambridge, MA: Harvard University Press, p. 129.

[194] Turner, Ralph and Killian, Lewis. 1972. *Collective Behavior,* 2nd ed., Englewood Cliffs, NJ: Prentice-Hall, p13.

[195] Kurzman, Charles. 2004. *The Unthinkable Revolution in Iran*. Cambridge, MA: Harvard University Press. 作者用「不名譽地開除出」（Drum out，原意為被不名譽地開除軍籍）一詞。

[196] OpenStax College. 2012. *Introduction to Sociology,* p.480. http://cnx.org/content/col11407/latest/

[197] Mill, John Stuart. 1950. *Utilitarianism*. New York: Oxford University Press.

[198] Smith, Adam. 1910. *The Wealth of Nations*. London: J. M. Dent. http://en.wikisource.org/wiki/The_Wealth_of_Nations

[199] Bentham, Jeremy. 1789. *Principles of Morals and Legislation*. http://www.earlymoderntexts.com/pdfs/bentham1780.pdf

理性選擇的結果，是在常規的政治途徑不暢通的情況下，為了達到目標不得不採取的在現有條件下的最佳方式[200]。儘管該派的學者對理性選擇理論的運用程度有差異（如格蘭諾維特[201]、奧爾森[202]、麥卡錫、箚爾德[203]、蒂利[204]、麥克亞當[205]、奧伯肖爾[206]之間有區別），但是他們在參與抗議和社會運動的民眾是否是理性這個問題上的觀點是一致的。

　　「理性行為」是以可行的、最好的方式達到即定目標的行為，就是說人們的行為是有目的的[207]。例如，經商以掙錢為目標，競選以當選為目的，打仗以戰勝對手為宗旨。理性選擇理論告訴我們應該怎樣做才能盡可能地達到我們的目標。與道德

---

[200] Edwards, Gemma. 2014. *Social Movements and Protest*. New York: Cambridge University Press, p. 48.

[201] Granovetter, mark. 1978. "Threshold Models of Collective Behavior". *American Journal of Sociology,* 83, pp. 1420-1443.

[202] Olson, Mancur. 1965. *The Logic of Collective Action*. Cambridge, MA: Harvard University Press.

[203] McCarthy, John D. and Zald, Mayer N. 1977. "Resource Mobilization and Social Movements: A Partial Theory." *American Journal of Sociology,* 82 pp. 1212-1241.

[204] Tilly, Charles. 1978. *From Mobilization to Revolution*. Reading, MA: Addison-Wesley.

[205] McAdam Douglas. 1982. *Political Process and the Development of Black Insurgency, 1930-1970*. Chicago, IL: University of Chicago Press

[206] Oberschall, Anthony. 1973. *Social Conflict and Social Movements*. Englewood Cliffs, NJ: Prentice Hall.

[207] Harsanyi, John C.. 1986. "Advances in Understanding Rational Behavior." *Rational Choice*, ed., by Elster, Jon. Washington Square, New York: New York University Press, pp. P83-84.

理論不同，理性選擇理論更注重手段的重要性[208]。

　　理性選擇理論可以解釋對於局外人來說是非理性的事件。著名的囚徒困境是經典的例子。兩個合謀的嫌疑犯被抓獲處於隔離關押狀況。警察沒有完全掌握犯案罪證，對他們宣佈了「坦白從寬，抗拒從嚴」的政策。他們交代並揭發合謀者的罪行可以得到從寬處理。如果一個人交代揭發，另一個人拒絕合作，前者可以從寬當場釋放，而後者將會被從嚴處理判 10 年徒刑。如果兩個人都選擇與警察合作，每個人各判 5 年徒刑。如果兩人拒絕與警察合作，由於警察掌握的證據不足，他們倆因為犯有另一個小案子各判 8 個月。下面的表格總結了他們倆可能的結果。

表 2.11 囚徒困境四種可能的結果

	甲交代	甲不交代
乙交代	甲判 5 年 乙判 5 年	甲判 10 年 乙當場釋放
乙不交代	甲當場釋放 乙判 10 年	甲判 8 個月 乙判 8 個月

　　兩個嫌疑犯被隔離無法串供。他們會做出什麼抉擇呢？從局外人的角度，他們應該選擇拒絕與警察合作。這樣他們可以只判 8 個月，結果是雙贏。但是身陷囹圄的囚徒卻並不這麼想。對於他們來說，雖然拒絕交代可能會獲得只判 8 個月徒刑的結果，但是也有可能會獲得重判 10 年徒刑的結果。如果主動交

208　Elster, Jon. 1986. "Introduction", *Rational Choice*, ed., by Jon Elster, Washington Square, New York: New York University Press, p. 1.

代，最多判 5 年徒刑，要是運氣好的話可以當場釋放。所以他們「最合算」的選擇是與警察合作揭發同夥爭取寬大處理。這就是為什麼「理性的選擇」會導致「不理性的結果」的原因。

麥克費爾[209]指責布魯默關於聚眾行為的理論是「閉門造車」的產物缺乏實際調查。理性行為理論受到了新一代的社會運動理論家的重視。他們是一批參加過抗議活動（如上世紀 60-70 年代學潮、反對越戰）的新生代。他們不是旁觀者，而是社會運動的參與者。相對于勒龐、布魯默等人以局外人的眼光看待社會運動，他們能以知情者的身份對社會運動進行分析研究，更掌握第一手的數據。麥克亞當對「參與反抗示威鬥爭的學生是變態」的說法尤為反感。麥克費爾做過實驗，證明聚眾行為不是一時衝動、沒有思考[210]。

在計劃經濟體制下，分配的平均主義（即「大鍋飯」）是無法解決的難題。中國的百姓並沒有被毛和共產黨忽悠，並沒有聽從黨的號召和說教，工人和農民普遍出工不出力，為什麼？這是百姓理性的表現。百姓所面臨的問題與囚徒困境中的囚徒遇到的抉擇非常相似。如果人人都出力，社會主義集體經濟會快速發展，結果是全民都受益。但是如果我一個人不出力，其他人全都出力，社會主義集體經濟仍會快速發展，結果大家（包括我）仍受益。因此無論我一個人是否出力，我都可以受益。而如果其他人都不出力，無論我出力還是不出力，我都不能受

---

[209] 麥克費爾（Clark McPhail）。

[210] Edwards, Gemma. 2014. *Social Movements and Protest*. New York: Cambridge University Press, pp. 23-24, 45.

益。所以作為個人，選擇不出力是「明智的」選擇。這就是「大鍋飯」弊病的根源，因為人人都這麼想。為徹底根除這一弊病，激發個人、企業、國家的活力和效率，上世紀 70 年代末 80 年代初，中國的農村出現了聯產承包責任制，後來在全國推行農業生產責任制。隨後中國又開始企業改革，打破「大鍋飯」，推行經濟生產責任制，提高了中國城鄉的經濟效率。

為什麼中國民眾在經濟生產方面表現得如此「理性」，但是在政治領域（即文革中）卻表現得如此「愚蠢」呢？按照布魯默的解釋，人們從理性變化到不理性的過程中有個「轉換」。但是他的觀點受到了批判[211]。事實上，中國民眾在文革中的瘋狂並非出於愚昧、一時衝動，而是深思熟慮的理性選擇。

經歷過文革的人都還記得全國跳「忠字舞」、「早請示、晚彙報」，如胡平所說是「一場比賽革命的革命[212]」。放到現在來看，這些瘋狂而又愚昧的舉動是不可思議的。人們不禁會問，中國人的聰明和智慧到哪兒去了？但是，假如您身處實境就不會感到奇怪。如果周圍的人都在跳忠字舞，都在早請示晚彙報，您敢一個人逆潮流而行，不參加這些活動？人們參與這些荒唐的活動不是愚昧，而是出於自保，是理性的行為。

1968 至 1970 年間，我所在的班級的男生調皮搗蛋、不守紀律、不服從工宣隊的管教，在學校裏出了名。這是一批「大錯不犯、小錯不斷」的「搗蛋鬼」，令老師和工宣隊師傅頭疼

211 McPhail, Clark. 1991. *The Myth of the Madding Crowd.* New York: Aldine de Gruyter.

212 胡平。1996 年。「比賽革命的革命：文化革命的政治心理分析」。《北京之春》（1996 年 6 月號）。

不已。但是當我們在工廠學工期間全社會掀起跳忠字舞的浪潮時，全班的男生竟然沒有一個人敢搞蛋，都乖乖地跟著眾人跳起來。因為大家心裏明白，誰膽敢在跳忠字舞時搞蛋，後果不堪設想。工宣隊師傅正愁找不到藉口「修理」我們。（當然不排除個別聰明的調皮鬼假裝學不會，故意跳得東倒西歪，以消極的態度進行抵制。）

　　文革期間發生湖南道縣的大屠殺中，有一位年輕的女預備黨員因為膽子小不敢殺人，用馬刀在死人身上舔了點血回來驗刀。結果被人揭發差點沒保住黨籍，硬是把轉正期延長了一年。當一個大隊的兩個民兵帶回區裏的指示時，再沒有人敢唱反調了。誰都明白，再唱反調，一頂「右傾機會主義」的帽子扣過來可不是好耍的。殺還是不殺已經不成為問題，討論的焦點是怎麼殺。道縣的殺人者中不乏為自保而不得不殺人者，因為誰反對誰就會大難臨頭，劉香喜因為反對胡亂殺人被抓入牢房關了四年[213]。許多人的表現是以攻為守，為了自己不被打，主動地攻擊別人[214]。

　　金日成死了之後，朝鮮的民眾如喪考妣哭得肝腸寸斷。北朝鮮的領導人黃長燁在回憶錄中寫道：「但當全國齊哭之時，如若我不哭就太危險了。孩子們通過電視看到葬禮後，責怪我

---

[213]　譚合成。2010 年。《血的神話——西元 1967 年湖南道縣文革大屠殺紀實》。香港：天行健出版 社，第 96、163、200 頁。

[214]　Thurston, Anne F. 1990. "Urban Violence during the Cultual Revolution: Who is to Blame？" *Violence in China: Essays in Culture and Counterculture*, ed., by Lipman, Jonathan N., and Harrell, Stevan. Albany, New York: State University of New York Press, p. 155.

哭的太少了。」這是因為有人對金胖子死後人們的表現進行暗中調查。聽到金日成去世的消息，正在住院卻沒有立即出院的人受到了處罰。主題科學院的一位博士因為聽到金日成去世的消息後還在修理自行車而被處分。在金日成去世那一陣子，哭成了一種競賽[215]。不哭會受到處罰，哭（哪怕是假哭、裝哭）可以躲過災難，或許還能得到好處，何樂不為呢？朝鮮人的悲天愴地的痛哭是理性的選擇，儘管在外人看來滑稽可笑。

　　如果說以上的例子都是民眾被動地為了自保體現出理性的一面的話，那麼文革中「全紅總」的舉動就絕非是被動自保的問題了。1966 年 11 月 8 日，「全國紅色勞動者造反總團」（簡稱「全紅總」）誕生了。該組織活躍在北京和全國各地，組織起大批在工礦企業中受到歧視和不平等待遇的臨時工與合同工，爭取同工同酬，爭取享有與正式工人平等的工資和福利待遇。中央文革試圖利用使之成為打手，但是該組織並不熱衷於鬥「走資派」，而是積極爭取與工人有切身關係的經濟利益。官方（《中華人民共和國國民經濟和社會發展計畫大事輯要》）對「全紅總」作了這樣的評價：由於江青在一九六六年底講話煽動臨時工、合同工造反，並提出一些不合理的經濟要求，在社會上引起了一系列連鎖反應，大批工人外出，鬧轉正，鬧復工，鬧工資福利待遇，鬧增發勞動保護用品和保健食品等，從而刮起一股經濟主義歪風，嚴重地衝擊了國家財政經濟[216]。由

215　黃長燁。2008 年。《黃長燁回憶錄》。北京：華夏出版社。
216　方圓。1997 年。「自由工人運動的先驅──獨立工會『全紅總』」。《北京之春》（1997 年 3 月號）第 46 期。

此可見該組織當時的影響力和規模。

　　另一個明顯的例子是發生在 1969 年夏秋之交的「石拐溝煤礦工潮」。礦務局革委會發現有一份煤炭部文革前下發的文件，要求提高煤礦工人的附加工資（井下工每人每月增加 6 元，井上工 4 元）。但是烏蘭夫以內蒙財政沒錢為由，沒有執行中央的決定。消息傳開後，全礦 5 萬多職工向革委會施加壓力，要求補發這筆錢。因為累計數量龐大，達到 1000 多萬元，礦革委會不敢做主，於是觸發了長時間的罷工。全礦職工家屬特別團結，原來對立的造反派也捐棄前嫌並肩戰鬥。在數萬工人和家屬晝夜圍攻之下，革委會被迫同意提款。數萬礦工和家人痛痛快快地過了幾天大年[217]。

　　南京大學溧陽分校的師生在文革前期的造反事件也是民眾趁機尋求自身利益的一例。南京大學的前身是國民黨的中央大學和美國教會創辦的金陵大學，教職員工隊伍的政治成份比較「複雜」。南大的黨委書記兼校長匡亞明為了加強學校的政治工作，響應毛的關於高等教育改革的號召，在 1966 年初提出建立南大溧陽分校的主張，組織文科師生到農村進行所謂的「半農半讀」的教學改革。農村的生活條件極為艱苦，文、史、哲三系的 500 多名師生對此極為不滿。文革的爆發為溧陽分校的師生帶來了楔機，溧陽分校立即出現大字報，指責溧陽分校是修正主義的產物。必須指出，是毛提出了「教育為無產階級政治服務，教育與生產勞動相結合」。把學校搬到農村與工人

---

[217] 程惕潔。2007 年。「四十餘年回首看內蒙文革」。《文化大革命：歷史真相和集體記憶》。宋永毅主編。香港：田園書屋，第 87-98 頁。

農民相結合是為了實現毛防止修正主義的戰略。溧陽分校的師生牽強附會地把防修反修的措施說成是修正主義的產物，不失為專制制度下「打著紅旗反紅紅旗」的一著妙棋[218]。此舉激怒了匡亞明，於是發生了一場聲勢浩大的反擊戰。不幸的是，匡亞明積極貫徹毛的主張，「反對那些自私自利的批評者」，結果卻淪為文革的犧牲品，成為文革初期第一批被打倒的對象[219]。南大溧陽分校的師生利用文革反對匡亞明執行毛的教育改革是源於私利還是出於公心讀者自有公斷。

如果說「全紅總」、「石拐溝煤礦工潮」和「南大溧陽分校事件」中的民眾是出於生活、經濟利益的話，那麼發生在南京的王金事件調查團則是典型的出於政治利益的例證。以查全華等人為首的「9‧28調查團」主動出擊，向貴族紅衛兵的暴行憤怒地反擊。民眾多年來積壓在心中的不滿一發不可收拾地渲泄出來。群眾上街示威遊行，數萬民眾聚集在南京外國語學校連日舉行群眾大會，控訴貴族紅衛兵的暴行，有人甚至揚言要拆毀學校的教學大樓（筆者親眼所見親耳所聞），絕非毛的蠱惑所致。造反的工人們甘冒自己被打成反革命的危險，寧可被扣發工資，也要為死去的工友討個公道。他們的所做所為決非毫無目的。事實上，由於王金脾氣暴躁，生前與同事的關係並不很融洽。王金生前的工友們不計前嫌，不計個人恩怨，不計

218　Perry, Elizabeth J. 2007. "Studying Chinese politics: Farewell to revolution？" *China Journal,* 57, pp. 1-22.

219　Dong, Guoqiang and Walder, Andrew W. 2001. "Factions in a Bureaucratic Setting: The Origins of Cultural Revolution in Nanjing". *The China Journal*, No. 65, pp. 1-26.

個人得失，趁機造反將矛頭指向貴族紅衛兵，指向他們痛恨的省委、市委的官僚。

即使是持「一個文革說」的學者們也不得不承認文革中民眾訴求自身利益的現象[220]。金春明認為「兩個文革說」把文革按不同的社會群體進行分類研究，將社會的上層和下層，領導和群眾，工人和農民，造反派和保守派，紅五類和黑五類等等加以區別，他們參加文革有不同的動機，不同的表現，不同的要求和不同的利益等。這些觀點無疑有其合理性[221]。

堅持民眾是非理性的社會運動理論淡出研究領域至今已經有 40 多年了[222]。該派理論是否會在將來的某個時候重返舞臺東山再起，筆者不敢妄加猜測，但是在過去的 40 多年間新出現的社會運動理論中，再也沒有誰敢把民眾假設成是一群智力低下、沒有自我意識、沒有利益訴求、任人欺騙的傻瓜是不爭的事實。

對於在專制度下的反抗運動，匈牙利政治學家托克斯提出需要區分「反對黨」和「持不同政見者」的差別。反對黨公開企圖取而代之奪取政權，而持不同政見者仍然忠於現政權，只是對某些不合理的方面提出批評意見。持不同政見者是「體制內的反對派」，通過改革擴大民主，改善以至最後消滅專制體

---

[220] 徐友漁。1996 年。「關於『兩個文革』說」。《中國研究》。日本（1996 年 8 月），第 17 期。

[221] 金春明。1998 年。「『兩個文革說』與『文化大革命』的定性研究」。《中共黨史研究》（1998 年）第 2 期。

[222] Turner, Ralph and Killian, Lewis. 1972. *Collective Behavior,* 2nd ed.. Englewood Cliffs, NJ: Prentice-Hall, p13.

制[223]。另一位匈牙利哲學家泰拉斯提出，持不同政見人士大張
旗地鼓地行使合法的權力，避免公開的煽動性口號，採用流行
的社會批評，故意混淆他們自己的觀點和官方准許的批判（官
僚）[224]。這是專制條件下反抗運動的特色。

　　上述運動的持續時間有的並不長，有的甚至曇花一現。這
是專制體制下的必然結果。西方民主國家中，社會運動的持續
時間短則數年，長則十多年甚至數十年。一黨專制的國家不可
能允許人民自由結社、自由集會，也不可能允許社會運動（無
論是出於政治的還是經濟的或其他的目的）的存在。1989 年
發生的血惺鎮壓學生暴行使得 6‧4 民主運動僅存活了一個月
左右的時間。至今為止還沒有人以持續的時間不長為藉口而否
認這場聲勢浩大的民主運動。同樣，我們也不能因為「全紅總」、
「9‧28 調查團」，溧陽分校「造反」持續的時間不長，否認
它們在爭取民眾的經濟利益、生活利益和政治利益上的意義。
至少它們可以算作民眾爭取自身利益的抗議活動。而社會運動
的重要組成部分正是抗議活動（如示威遊行、靜坐、堵塞交通、
罷工、簽名請願、佔領街區等），社會運動使專制國家向民主
化發展[225]。

223　Tökés, Rudolf L. 1974. "Dissent: The Politics for Change in the USSR".
　　Soviet Politics and Society in the 1970's, ed., by Morton, Henry W., Tökés,
　　Rudolf L. and Hazard, J. N..New York: The Free Press, pp. 3-59.

224　Tarás, G. M. 1993. "The Legacy of Dissent". *Times Literary Supplement*, 14th
　　May, pp. 14-19.

225　Porta, Donatella D. and Diani, Mario. 2006. *Social Movements: An Introduction*,
　　2nd Edition, Malden, MA: Blackwell Publishing, p. 166, p. 249.

誠然，單純的理性選擇理論在分析和解釋社會運動方面也存在問題，這就是「免費搭乘者」的問題。群體的理性行為基於一個假設，當人們認識到自身利益是共同利益的一部分時，人們會積極參與社會運動。但是這種思想覺悟並不是自然形成的。從個人的理性角度出發，其他人都參加社會運動承擔可能的風險，而自己作為一個旁觀者做「下山摘桃派」最理性。如果運動成功了，個人可以坐享其成；如果運動失敗了，個人毫髮無損。所以奧爾森說過，除非群體非常小人數很少，除非有特殊的機制強迫個人參加爭取共同利益的運動，否則理性的追求自身利益的個人是不會為爭取共同利益而獻身的[226]。這也是為什麼堅持「民眾是理性的」學者在運用理性理論的程度有所不同的原因。該派學者提出了基於民眾理性的不同的社會運動理論。因為我們在前面章節已經討論過許多社會運動的理論，而此處主要討論民眾是否理性的問題，「免費搭乘者」的問題就不贅述了。

2.12「兩個文革說」的缺陷

「兩個文革說」也存在問題。它的第一個缺陷是其理論上的問題。「兩個文革說」源於馬克思主義的「社會衝突論」。西方學者李鴻永在 1978 年的分析中[227]，陳佩華等在分析廣州紅

---

[226] Olson, Mancur. 1965. *The Logic of Collective Action*. Cambridge, MA: Harvard University Press, p. 2.

[227] Lee, Hong Yung. 1978. *The Politics of the Chinese Cultural Revolution: A Case Study*. Berkeley, CA: University of California Press.

衛兵的造反運動[228]時均運用了「社會衝突論」的理論。馬克思主義雖然沒有提出專門的社會運動理論，但是馬克思主義本身就是一個關於社會運動的理論[229]。馬克思主義的基本觀點是：無產階級和資產階級之間的矛盾是不可調和的。工人階級向資產階級出賣勞動力換取工資，但是這一交換是不平等的。資產階級從工人身上榨取「剩餘價值」成為他們的利潤。由於激烈的競爭，資本家不得不逐步降低商品價格。資本家把損失轉嫁到工人階級身上，延長工人的工作時間，降低工人的工資，使工人的工作條件越來越差。在生產過程中，工人與生產的商品發生了異化。工人在工會的帶領下與資產階級進行鬥爭。這些鬥爭在馬克思主義者看來都是社會運動。只要資產階級掌握權力一天，工人階級的工作和生活條件就不可能真正得到改善。

　　該理論的核心是社會的不平等必將導致革命運動的爆發。階級利益是社會運動的核心。科學共產主義理論提出，資本主義的滅亡是必然的和不可避免的。像物理和自然科學能夠可靠地預測自然現象那樣，馬克思主義理論能夠科學地預見資本主義的滅亡。這是因為在資本主義經濟結構中存在著一系列的因素，必將導致資本主義的滅亡。馬克思和恩格斯預示了資本主

---

[228]　Chan, Anita, Rosen, Stanley, and Unger, Jonathan. 1980. "Students and Class Warfare: The Social Roots of the Red Guard Conflict in Guangzhou (Canton)." *The China Quarterly*, No. 83 (1980), pp. 397-446.

[229]　Cox, Laurence and Nilsen, Alf Gunvald. 2005. " 'At the Heart of Society Burns the Fire of Social Movements' : What Would a Marxist Theory of Social Movements Look Like? ", *Tenth International Conference on Alternative Futures and Popular Protest*, ed., by Barker, Colin and Tydesley, Mike, Manchester Metropolitan University, p. 1. http://eprints.nuim.ie/460/.

義滅亡的必然性，提出資本主義造就了自己的掘墓人：這就是
由工人組成的社會運動，無產階級的社會運動最終將消滅資本
主義。「社會衝突論」的潛臺詞是社會衝突必將導致革命運動
的爆發[230]。

　　由於受「必然性」的影響，持「社會衝突論」的學者往往
把文革中的矛盾歸咎於集團利益衝突。家庭出身問題成為突出
的矛盾，保守派由出身好的人組成，激進派中出身不好的占多
數[231]。階級背景的對立轉化成紅衛兵的派性[232]。

　　馬克思主義「社會衝突論」的「自動爆發」的觀點受到了
其他派別的馬克思主義者的批判。其中的一位是盧卡奇[233]。他
是黑格爾馬克思主義的代表人物之一。盧卡奇的最大貢獻是他
的物化意識形態和階級覺悟的論述。關於階級覺悟，盧卡奇認
為在資本主義社會中各階級只有自發的階級意識，不可能有自
覺的階級意識。只有無產階級才能形成自覺的階級意識。隨著
無產階級和資產階級鬥爭的深入，無產階級從自在的階級成為
自為的階級。換言之，階級鬥爭必須從經濟鬥爭提高到意識目
標和階級覺悟的高度。

---

[230] Edwards, Gemma. 2014. *Social Movements and Protest*. New York: Cambridge University Press, p. 115.

[231] Lee, Hong Yung. 1978. *The Politics of the Chinese Cultural Revolution: A Case Study*. Berkeley, CA: University of California Press, pp. 1-5.

[232] Chan, Anita, Rosen, Stanley and Unger, Jonathan. 1980. "Students and Class Warfare: The Social Roots of the Red Guard Conflict in Guangzhou (Canton)". *The China Quarterly*, No. 83, September 1980, pp. 397-446.

[233] 捷爾吉·盧卡奇（Georg Lukacs，1885 年 4 月–1971 年 6 月），匈牙利馬克思主義哲學家和文藝批評家。

　　黑格爾馬克思主義的另一位代表人物葛蘭西[234]擯棄了資本主義滅亡是自動的、不可避免的和歷史必然的觀點。他強調，群眾必須行動起來進行社會革命。要進行革命，群眾必須提高覺悟，而群眾覺悟的提高不是自動的。因此無產階級的精英（即無產階級的知識份子）率先產生階級意識，然後推廣到無產階級的廣大群眾中去，進而推動革命向前發展[235]。關於自在階級和自為階級的論述，經歷過文革的中國人應該不會陌生。葛蘭西的提高群眾覺悟的觀點讓人想起文革中常講的要對廣大群眾灌輸馬克思主義先進思想的說法。

　　文革中暴露出來的社會矛盾並非一朝一夕產生的。為什麼文革前 17 年這些矛盾並沒有導致民眾大規模的反抗？毛在文革初期不得不想方設法發動群眾說明了文革造反運動啟動的困難。正如麥克亞當指出的，結構條件並不能自動導致民眾的反抗[236]。「社會衝突論」所堅持的必然性遇到了無法解釋的困境。對於這一情況，「資源動員論」顯示出了優越性。該理論認為運動的發起不僅需要存在的社會矛盾和衝突，還需要社會資源。「政治過程論」強調不僅需要民眾的反叛意識還需要政治機會。毛為了打倒自己的政敵，放鬆了官方對民眾的控制，繞開各級黨組織鼓動民眾起來造反，民眾有了額外的機會，運

234　安東尼奧·葛蘭西（Antonio Gramsci，1891 年 1 月 - 1937 年 4 月）義大利馬克思主義理論家和政治家。

235　Ritzer, George. 1988. *Contemporary Sociological Theory,* 2nd Edition. New York: Alfred A. Knopf, Inc., pp. 126-129.

236　McAdam, Douglas. 1982. *Political Process and the Development of Black Insurgency, 1930-1970.* Chicago, IL: University of Chicago Press, pp. 48-51

動才發動起來。「新社會運動理論」強調後物質主義的價值追
求，跳出了過去的經濟範圍。儘管文革中曾出現過一些「經濟
主義」運動，但是民眾更多地關心政治問題。

　　「社會衝突論」簡單地把階級背景與民眾在文革中站邊的
問題聯繫起來的理論體系遭到了質疑，林偉然認為文化大革命
期間群眾中不同派別的衝突不是社會衝突而是思想理論上的
衝突[237]，向前認為群眾的行為受政治身份體系內的地位制約[238]，
福斯特對浙江兩大派別的政治立場和省委領導主要成員的背
景研究的發現[239]，佩里和李遜對上海工人運動中派性問題的研
究[240]，魏昂德對北大紅衛兵的研究[241]，董國強和沃德對江蘇文
革運動的分析[242]，均有異於「社會衝突論」的觀點。

　　由於「社會衝突說」存在的缺陷[243]，在非經濟因素和非階

---

[237]　林偉然/李玉華譯。1996 年。《一場夭折的中國文化啟蒙運動：階級鬥爭理論
　　　和文化大革命》。威斯康星大學出版

[238]　向前。2010。《政治身份體系下的社會衝突：文革初期群眾行為的社會根源》。
　　　《記憶》第 85 期。

[239]　Forster, Keith. 1990. *Rebellion and Factionalism in a Chinese Province: Zhejiang,*
　　　1966-1976. Armonk: ME: Sharpe.

[240]　Perry, Elizabeth J. and Li, Xun. 1997. *Proletarian Power: Shanghai in the*
　　　Cultural Revolution. Boulder, CO: Westview Press, pp. 39-69.

[241]　Walder, Andrew. 2006. "Factional Conflict at Beijing University, 1966-1968".
　　　China Quarterly, 188(I), pp. 1023-1047.

[242]　Dong, Guoqiang and Walder, Andrew W. 2001. "Factions in a Bureaucratic
　　　Setting: The Origins of Cultural Revolution in Nanjing". *The China Journal*, No.
　　　65, pp. 1-26.

[243]　Porta, Donatella D. And Diani, Mario. 2006. *Social Movements: An Introduction*,
　　　2nd Edition. Malden, MA: Blackwell Publishing,　p. 6.

級衝突為主的社會運動中，該理論的運用受到了限制[244]，特別是「新社會運動理論」的出現，以階級鬥爭為基礎的「社會衝突論」在上世紀 70 年代開始失去了往日的威力[245]。從上世紀 80 年代開始，在社會學教課書裏的社會運動章節中，「社會衝突論」已經不再出現了[246]，僅在社會運動理論專著中作為歷史介紹而出現[247]。

令人費解的是，堅信馬克思主義的中國大陸學者極力貶低人民群眾的覺悟，不信馬克思主義的「社會衝突論」，卻相信一個被法國革命嚇破膽的法國貴族提出的「烏合之眾論」；而資本主義國家的西方學者卻相信馬克思的「社會衝突論」，堅信人民群眾的覺悟。

「兩個文革說」的第二個缺陷在於其錯誤的定位。「兩個文革說」最先是由王希哲在 1981 年提出來的[248]。王提出了與

[244] Morris, Aldon and Herring, Cedric. 1987. "Theory and Research in Social Movements: A Critical Review", *Annual Review of Political Science*, p. 4.

[245] Habermas, Jurgen. 1987. *The Theory of Communication Action,* 2 Vols. Vol. II. Cambridge: Polity Press, p. 350.

[246] Macionis, John. 1991. *Sociology,* 3rd Edition. Englewood Cliffs, NJ: Prentice-hall, Inc. Macionis, John. 2012. *Sociology*. 14th Edition. New York: Pearson Education.

[247] Edwards, Gemma. 2014. Social Movements and Protest. New York: Cambridge University Press.

Morris, Aldon and Herring, Cedric. 1987. "Theory and Research in Social Movements: A Critical Review". *Annual Review of Political Science*.

[248] 徐友漁。2007 年。「文革研究之一瞥：歷史、現狀和方法」。《文化大革命：歷史真相和集體記憶》宋永毅主編。香港：田園書屋，第 594-606 頁。

「毛的文革」相對立的「人民文革」[249]。也有人說是劉國凱首先提出「兩個文革說」的[250]。支持「兩個文革說」的有胡平、王紹光、楊小凱（又名楊曦光）、劉國凱、鄭義等人。楊小凱把文革中的群眾組織稱為「准政黨」，提出毛利用市民對共產黨體制的不滿，利用人民對劉、鄧政治迫害的民憤發動了造反運動。這是一場真正的造反運動[251]。王紹光提出證明群眾組織自主性的論據，認為不是文革運動受制于毛，而是毛受制於他所發動的運動[252]。劉國凱則提出人民文革實際是民眾的反抗運動，是毛要搞黨內高層清洗（官方文革）所付出的代價[253]。最激進的要屬鄭義。他提出，除了毛的文革以外還有一個人民的文革，這是一個利用皇帝打倒貪官污吏，爭取自身權力的不自覺的帶有民主色彩的「人民起義」。鄭義寧願把「人民文革」定性為中國當代史上第一個全國性的反抗共產暴政的「人民起義」，而不同意把人民大眾投入文革理解為一種愚昧無比的「大瘋狂」，理解為一種上當受騙的毫無主體精神的被動[254]。

---

[249] 王希哲。1981 年。「毛澤東與文化大革命」。《七十年代月刊》(1981 年 2 月刊) 第 49 頁。

[250] 徐友漁。2011 年。「『兩個文革』說：權力鬥爭還是社會衝突？」《共識網》(2011 年 10 月 18 日)。

[251] 楊小凱。1990 年。「六四省悟：反文革造反派翻案」。《中國之春》(1990 年 8 月刊) 第 42-43 頁。

[252] 王紹光。1991 年。「群眾與文化大革命」。《大陸知識份子論政治、社會、經濟》李少民編。臺北：桂冠圖書股份有限公司，第 90-94 頁。

[253] 劉國凱。2006。「論人民文革——為文革四十周年而作」。《北京之春》(2006 年 1 月) 第 152 期。

[254] 鄭義。1996 年。「兩個文化大革命雜議」。《華夏文摘增刊》(1996 年 4 月) 第 83 期。

「人民文革」的全稱是「人民的文化大革命」，該名稱造成了歧義。正如「毛文革」或「黨文革」一樣，文革中發生的運動與革命無關，不是一個階級推翻一個階級的「革命」。定位「革命」使自己陷入無法自證的境地。更遺憾的是鄭義把「人民文革」視為一次「人民的起義」。這種作法無異於授人以柄，為「一個文革說」者留下了口實。當「一個文革說」批駁「人民文革」是「奉旨造反」時，「兩個文革說」的反駁竟是：「奉旨造反」也是造反[255]，顯得有氣無力。如果持「兩個文革說」的學者在一開始就旗幟鮮明地提出，文革中民眾的造反行為是社會運動理論中常見的「改革運動」，那麼他們就理直氣壯得多，遇到的阻力會比現在要小得多。鄭義的「起義說」過於激進，缺乏令人信服的的證據，使人難以接受，成為「一個文革說」學派的眾矢之的。真理向前一步是謬誤。不幸的是，鄭義在「人民文革」已經錯跨了一步的情況下，又跨了一步。

「兩個文革說」的第三個缺陷是其自身無法擺脫的邏輯矛盾。「兩個文革說」承認有兩個文革：「毛文革」（或「黨的文革」）和「人民文革」，即：「毛文革」是文革，「人民文革」也是文革。「毛文革」是 10 年，「人民文革」是 3 年。「文革是 3 年」的結論必須基於另一個條件：文革是「人民文革」。以下是「兩個文革說」關於「文革是 3 年」的推理：

「毛文革」是文革。　（10 年）

「人民文革」是文革。　（3 年）

255　鄭義。1996 年。「清華附中、紅衛兵與我」。《北京之春》（1996 年）第 42 期。

文革是「人民文革」。　（3 年）

　　以上的推論存在兩個問題。第一個問題是中項不周延，文革是兩前題的中項，猶如「橋」聯結兩個命題。三段論規則之一：從前題中的「中項」必須至少周延一次，方可成有效推論。一個不支援中項周延性的論證結構必然是無效的[256]。第二個問題與結論有關。三段論裏不周延的中項不應出現在結論中。因為中項（即「橋」）只能當「橋」用，不能作為結論中的主詞或謂詞。「橋」聯結作用一完，就沒它的角色了。文革是「人民文革」為結論，中項（文革）出現在結論中了。講得通俗一點，舉一個例子說明上面的問題。

　　男人是人。

　　女人是人。

　　人是男人。

　　「兩個文革說」堅持「文革是 3 年」與上面「人是男人」犯的邏輯錯誤是一樣的。「兩個文革說」明明聲稱有兩個文革，但是在分期上卻只考慮一個文革，犯了邏輯上的錯誤。也許喜東意識到了這一問題，所以他堅持「文革 2 年說」又反對「兩個文革說」[257]。在這一點上，「一個文革說」（無論其學說是否正確）的邏輯是正確的：只有一個文革，時期是 10 年。西方學者的「文革 3 年說」邏輯上也沒有問題：文革是社會運動，

256　麥克倫尼, D. Q.。趙明燕譯。2007 年。《簡單邏輯學》北京：中國人民大學出版社，第 75 頁。

257　喜東。1996 年。「『十年文革』，還是兩年文革？」《華夏文摘增刊》(1996 年 4 月)第 83/84 期。

該運動僅持續了 3 年。可是「兩個文革說」明明白白地說有兩個文革卻又無視另一個文革的存在，堅持文革只有 3 年，缺乏邏輯性。

問題的關鍵是我們在概念上的混淆。西方學者講文革指的是社會運動；「一個文革說」講文革指的是「毛文革」或「黨文革」；「兩個文革說」講文革指的是「人民文革」。如果該派學者明確地提出，群眾造反是社會運動（不用「兩個文革」的說法），而這一社會運動為期 3 年，那麼在邏輯上也行得通。

2.13 文革的分期：2 年、3 年、10 年？

歷史分期是將歷史分為命了名的時段[258]。把歷史劃分為時段可以使歷史和時間變得有意義，有助於對歷史的理解。歷史的分期不僅有不同的劃法，而且即使採用同一劃分方法，史學家很難在時段的起始點和終止點的問題上達成共識[259]。即使史學家在時段的起點和終點的問題上獲得一致意見，但是對如何解釋該時段仍會有分歧。一種編年方法在強調史實的某一方面的同時卻又會掩蓋另外一些方面。因此，歷史的分期充滿了人

---

[258] Wikipedia. *Periodization.* http://en.wikipedia.org/wiki/Periodization

[259] Anjum, Tanvir. 2004. "Temporal Divides: A Critical Review of the Major Schemes of Periodization in Indian Hisory". *Journal of Social Science*, pp. 32-50.

http://www.academia.edu/6647852/Temporal_Divides_A_Critical_Review_of_the_Major_Schemes_of_Periodization_in_Indian_History.

為的因素，並非中立、清晰、免受價值觀的影響[260]。劃分時期變得政治化，一旦進入學術領域，人們會發現自己陷入思維禁錮，很難跳出框框[261]。時期劃分還存在地區性。西方人的所謂「古代、中世紀、近代」的分法無法運用到中國歷史的劃分上。歷史的時期劃分是史學界的難題之一。時段的劃分不僅僅是簡單地發現歷史上發生的明顯的轉捩點，時段的劃分還取決於事先預定的標準和原則，以便史學家能夠在大量的史實中找到歷史變化的形式[262]。

有些歷史變化顯而易見，是因為我們採用了某種特殊的時間尺度。而當我們變換時間尺度時，歷史會變樣。例如以較長時間的角度觀察，19 世紀初出現的蒸汽機標誌著以馬為動力的運輸時代的結束。然而令人大跌眼鏡的是，如果把時間尺度變小一些，我們就會發現當蒸汽機剛出現時，馬車不但沒有減少，反而增加了。因為人們需要馬車的運輸把乘坐火車的旅客先送到火車站。只是有了汽車以後，馬車才逐漸減少直至最後

---

[260] Cuevas, Bryan. 2013. "Some Reflections on the Periodization of Tibet History". *The Tibetan History Reader*, ed., by Tuttle, Gray and Schaeffer, Kurtis. New York: Columbia University Press, pp. 49-63.

[261] Anjum, Tanvir. 2004. "Temporal Divides: A Critical Review of the Major Schemes of Periodization in Indian Hisory". *Journal of Social Science*, pp. 32-50.
http://www.academia.edu/6647852/Temporal_Divides_A_Critical_Review_of_the_Major_Schemes_of_Periodization_in_Indian_History.

[262] Bentley, Jerry H. 1996. "Cross-Cultural Interaction and Periodization in World History". *The American Historical Review*, Vol. 101, No. 3, pp. 749-770.

消失。處在當時的人們無法體會到馬車即將衰退的趨勢[263]。

　　劃分時期的方法有多種，兩分法以某個事件為標誌，分「前」和「後」，例如分期可以是「二戰前」和「二戰後」。以統治者為界也是一種常見的劃分法，如中國的朝代，唐、宋、元、明、清分別以統治者為標誌。馬克思主義者以生產力為基準，將人類歷史劃分為原始共產主義社會、封建社會、資本主義社會和共產主義社會。大多數現代分期以技術和社會因素為基礎[264]。也有以文化（如「鍍金時代」）、事件（如第一次國內戰爭時期）和個人（維多利亞時代）以基礎的[265]。不同的領域也有不同的劃分法，如文學界以一種文學的興衰為界、以浪漫/現實為界、以人為的年代（如世紀）為界、以有名人物劃界。總之，劃分時期是為了表達歷史[266]。

　　研究文革需要界定文革，而界定文革需要對文革進行分期。目前對文革的分期莫衷一是。以下是幾種比較有影響的文革分期方案：

---

[263] Pomeranz, Kenneth. 2013. "Teleology, Discontinuity and World History: Periodization and Some Creation Myths of Modernity". *Asian Review of World Histories*, 1:2 (July 2013), pp. 189-226.

[264] Christian, David. 2008. "Periodization in World History". *This Fleeting World: A Short History of Humanity*. Great Barrington, MA: Berkshire Publishing Group, LLC., pp. 97-106.

[265] Wikipedia. *Periodization*. http://en.wikipedia.org/wiki/Periodization.

[266] Orr, Leonard. 2005. "Modernism and the Issue of Periodization". *CLCWeb: Comparative Literature and Culture* Vol.7, Issue 1. http://docs.lib.purdue.edu/clcweb/vol17/iss1/3.

表 2.13.1 較有影響的幾種文革分期

	階段	開始	結束	說明
席宣、 金春明[267]	1	1965-11	1966-12	文革發動
	2	1967-01	1968-10	文革高潮
	3	1969-04	1971-09	穩定文革格局的努力和林彪事件
	4	1971-09	1974-12	批林整風、批林批孔
	5	1975-01	1976-19	整頓和反整頓、文革結束
何蜀[268]	1	1966-05	1966-09	黨委領導下的批鬥
	2	1966-10	1968-09	群眾造反、奪權、全面內戰
	3	1968-09	1971-09	革委會領導下的鬥、批、改
	4	1971-09	1976-10	糾左批右、整頓反整頓、四人幫滅亡
費正清[269]	1	1965-11	1966-07	文革準備
	2	1966-08	1966-12	紅衛兵公開發動

[267] 席宣、金春明。1996 年。《「文化大革命」簡史》。北京：中共黨史出版社。

[268] 何蜀。2013 年。「對『文化大革命』歷史分期的思考」。《愛思想》|《中國數字時代》(2013 年 11 月 1 日)。

[269] 費正清。2000 年。《偉大的中國革命(1800-1985)》。世界知識出版社，第 378-379 頁。

	3	1967-01	1968-08	奪權、武鬥
	4	1968-09	1969-04	重建黨和政府的權力機構
國內主流意識[270]	1	1966	1969-04	解決劉少奇問題
	2	1969-04	1971-09	毛、林和林、江的矛盾
	3	1971-09	1976-10	四人幫滅亡
十一屆六中全會《決議》	1	1966-05	1969-04	文革發動到九大
	2	1969-04	1973-08	九大到十大
	3	1973-08	1976-10	十大到四人幫滅亡
文革 3 年說[271]		1966	1969-04	文革到九大結束
文革 2 年說[272]		1966-08	1968-08	真正的群眾造反運動

　　文革分期與幾個文革說有密切的關係。持「一個文革說」的學者均認為文革為 10 年。持「兩個文革說」的學者基本上認為文革結束於 1969 年的九大，因此文革只有 3 年。由於 1966 年 8 月至 1968 年 2 月間的政治運作方式具有空前絕後的特殊

---

[270] 鄭仲兵、雷頤、韓鋼、李鬱。2004 年。「漫談文革研究」。《往事》第 1 期（2004 年 9 月）。

[271] Badiou, Alain. 2005. "The Cultural Revolution: The Last Revolution?" *Positions* 13:3, (2005), Duke University Press, p 486.

[272] 喜東。1996 年。「兩個文革，還是一個文革？」《華夏文摘增刊》第 83、84 期。

性，蕭喜東認為文革實際只有 2 年[273]。「文革 3 年說」是「兩個文革說」的重要組成部分。面對僵持不下的爭論，有人提出折衷的方案，稱文革有「廣義」和「狹義」之分，「廣義文革」為 10 年，「狹義文革」為 3 年[274]。

在 1966 至 76 年的 10 年中，除了億萬人民參加的轟轟烈烈的造反運動以外，毛及其追隨者還發動了一系列的自上而下的黨的運動。西方學者一邊倒地持文革 3 年的觀點，原因是在西方國家不以推翻現行政權的社會運動司空見慣、習以為常。在西方學者的頭腦裏沒有「不反皇帝只反貪官」的運動不能成立的概念。「文革中的造反運動是波瀾壯闊的社會運動」，他們認為這一結論是天經地義、理所當然的。他們嚴格區分 1966-68 年期間的自下而上的社會運動與 1969 年到 1976 年期間的自上而下的黨的運動（如陳佩華[275]、安德佳[276]）。對於他們來說，九大標誌著大規模群眾運動的正式結束，此後發生的林彪出逃，鄧小平複出又下臺，一打三反、清理階級隊伍、清查 5‧16、批林批孔以及四人幫的滅亡均是中共上層的鬥爭和整治群眾，

---

[273] 關向光。2006 年。「文革再認識」。《展望與探索》（2006 年 6 月）4:6 期，第 7-11 頁。

[274] 卜偉華。2009 年 11 月「關於文革史研究的幾個問題」。《華夏文摘增刊》第 724、727 期。

[275] Chan, Anita. 1992. "Dispelling Misconceptions about the Red Guard Movement: The Necessity to Re-Examine Cultural Revolution Factionalism and Periodization". *Journal of Contemporary China,* 1992, Volume 1, Issue 1, pp. 61-85.

[276] Unger, Jonathan. 2007. "The Cultural Revolution at the Grass Roots." *The China Journal*, No. 57 (January 2007), pp. 109-137.

與群眾的社會運動毫無干係。

　　相對于西方學界，為什麼華人學界中對文革的分期有著如此激烈的爭論呢？分期的異同關鍵在於分期的標準。換言之，文革分期的依據是什麼。法國學者巴迪歐一語中的地指出，群眾的政治活動存在的標準是：群眾運動的口號、組織和地位。從這一角度出發，文革應該是從 1965 年 11 月到 1968 年 7 月，甚至縮短為從 1966 年 5 月到 1967 年 9 月他也能接受。因為在此期間，存在著無數的紅衛兵、造反派、造反總部、政治性的聲明、文件。然而從國家的角度看，用國民的穩定、國家的生產、高層的團結、軍隊的內聚力等標準衡量，把文革分為 10 年也有道理[277]。白霖認為如果用報導高層政治的報刊頭條作為標準，那麼九大結束可以算作文革結束的標誌。但是如果按軍人篡政為標準，林彪的倒臺也可看作是文革的結束。毛在 1976 年 9 月逝世，也可把這一時間作為文革結束的標誌，意味著毛對文革負有責任，無論是正面的反面的[278]。因此，從國家整體來看，文革分期為 10 年對於西方學者也是可以接受的。有的西方學者已經開始接受文革 10 年說[279]。

　　華人學界在群眾造反運動是否獨立的問題爭執不下。在不

[277] Badiou, Alain. 2005. "The Cultural Revolution: The Last Revolution?" *Positions* 13:3 (2005), Duke University Press, pp. 485- 486.

[278] White, Lynn T. 1989. *Politics of Chaos: The Organizational Causes of Violence in China's Cultural Revolution*. Princeton, NJ: Princeton University Press, p4.

[279] Unger, Jonathan. 2007. "The Cultural Revolution at the Grass Roots." *The China Journal*, No. 57 (January 2007), pp. 109-137.

得已的情況下，「兩個文革說」作為一種妥協和讓步出籠了[280]。
堅持「文革 3 年說」有一個重要的原因。該派學者認為當局把
文革作為整整 10 年一起否定出於政治算盤。鄧小平很策略地
把 3 年和不受歡迎的 7 年鎮壓混合起來[281]，使造反派成了文革
罪孽的兩個最重要的集體記憶之一：上層是四人幫，下層是造
反派。造反派成了誣陷、陰謀和暴力的代名詞。當局將文革定
為 10 年，使得許多人把造反派誕生前和造反組織已經解散後
的「受迫害」的賬也算到了造反派頭上[282]。在各種復舊風、翻
案風、平反風、昭雪風中，當局為過去遺留下來的問題和不公
正找到一個容量巨大的替罪者[283]。「文革 3 年說」可以撇清當
局對造反派的妖化。至少文革後 7 年自上而下的黨的運動的迫
害賬不能算在造反派頭上。

　　然而，這種因噎廢食的作法忽視了「人民文革」（群眾運
動）和「毛的文革」（黨的運動）之間的聯繫。中國是一個專
制的國家，不同於西方社會的民主國家。生活在或者曾經生活
在中國的華人有深刻的切身體會。除了文革初期毛為了打敗政

---

[280] 喜東。1996 年。「『十年文革』，還是兩年文革？」《華夏文摘增刊》（1996 年
4 月）第 83/84 期。

[281] Chan, Anita. 1992. "Dispelling Misconceptions about the Red Guard Movement:
The Necessity to Re-Examine Cultural Revolution Factionalism and
Periodization". *Journal of Contemporary China*, 1992, Volume 1, Issue 1, pp.
61-85.

[282] 宋永毅。2006 年。「造反派和『三種人』──一個亟待深入研究的歷史課題」。
《動向》（2006 年 2 月刊）。

[283] 喜東。1996 年。「『十年文革』，還是兩年文革？」《華夏文摘增刊》（1996 年
4 月）第 83/84 期。

敵的特殊情況，執政黨對群眾運動一直視為洪水猛獸。持「兩個文革說」者也不得不承認，沒有「毛文革」就沒有「人民文革」[284]，兩個文革的關係是相互利用[285]，相互交錯[286]，正像安德佳所說，文革不是要麼「人民文革」要麼「毛文革」的問題[287]。

　　1968年7月28日深夜，毛與首都5大學生領袖緊急會面，標誌著文革造反派組織的終止。但是造反組織的消失並不意昧著其人心、影響力和戰鬥力的消失。標誌著黨內激進派的組織——中央文革小組——於九大以後逐漸消失。（有人認為文革小組的正式結束時間應在中共九屆二中全會後的1970年11月[288]。）但是其成員均進入了中共的政治局，他們的地位和影響力不但沒有削弱反而由於合法化而增強了。他們的存在給黨內的保守派帶來了很大的麻煩。造反派組織消失的同時，各地的革委會相繼成立。有一些造反派得以進入新的政權機構。例如，王洪文成為上海的實際掌權人甚至躍升至中共的副主席，內蒙的高樹華在文革後期擔任過呼和浩特市的市委書記，湖南省的唐忠富任過第九、第十屆中央委員、胡勇和葉衛東曾任省革委會副主任。

---

[284] 劉國凱。2006年。「論人民文革——為文革四十周年而作」。《北京之春》（2006年1月）第152期。

[285] 鄭義。1996年。「兩個文化大革命雛議」。《華夏文摘增刊》（1996年4月）第83期。

[286] 劉國凱。1997年。「三年文革與兩條線索」。《中國之春》（1997年）第2期。

[287] Unger, Jonathan. 2007. "The Cultural Revolution at the Grass Roots." *The China Journal*, No. 57 (January 2007), pp. 109-137.

[288] 余汝信、曾鳴。2013年。「也談中央文革小組的結束時間」。《記憶》第104期。

　　而且當時還存在一個合法組織專門收留造反派成員。這就是「工代會」[289]。文革中期解散造反派組織時，中央指示將工人造反派統一納入到新成立的「工代會」，以便將來取代文革前的「總工會」，使「工代會」成為一個純粹的工會組織。「工代會」的存在給了湖南造反派陳益南一個活動平臺。陳在受到「一打三反」與清查「5‧16」的運動整肅後，依靠「工代會」這一平臺在批林批孔運動中東山再起。1974 年湖南的造反活動出現了一種造反派重組力量後空前一致行動的獨特態勢[290]。儘管造反派組織在形式上沒有了，但是造反派的人還在，思想還在，鬥爭還在繼續。人們可以發現一個很神奇的連接：當年的造反派，與今天的民主派有著必然的邏輯聯繫。秦暉曾說過：「從造反派變成了民主派」，「造反派是民主派的先聲」[291]。

　　鄧小平在 1983 年曾說過：對這些人，只要我們稍一疏忽，他們就會爬上來。等到將來土壤、氣候對他們有利，他們就會興風作浪，乘機上臺。所以對這些人的能量，對這些人對於我們黨的危險性、危害性，千萬不能低估[292]。根據鄧的旨意，中共在 1983 至 1989 年間發動了「清查三種人」的運動。鄧的談話和「清查三種人」運動從反面印證了造反派力量的存在和潛

[289] 全稱「革命工人代表大會」。

[290] 陳益南。2006 年。「回憶湖南的批林批孔、批卜揭景運動—批林批孔運動讓造反派第二次風光」。《青春無痕：一個造反派工人的十年文革》第 25 章。香港：香港中文大學出版社。

[291] 劉仰。2011 年。「文革——一個還是兩個，這是一個問題」。《共識網》（2011年 11 月 3 日）。

[292] 鄧小平。2006 年。「鄧小平同志關於如何劃分和清理『三種人』的談話」，（1983年 11 月 16 日）《動向》（2006 年 2 月號）。

力。當然造反派的力量與保守派比起來仍是弱勢群體。文革
10 年中，武漢地區發生的保守派八輪鎮壓和造反派六輪反抗
的博弈中，造反派始終處於下風[293]，這是一場不對稱的較量。
值得一提的是，保守派對他們的後代關愛有加，文革中的害人
者不算「三種人」[294]，錢照掙官照當。

　　如果我們把時間尺度拉得再遠一些，對於我們理解分期的
爭論會有益處[295]。社會學家齊美爾在論述社會普遍存在喜愛從
外部進口的時尚時說過，這種現象與視軸相似，社會原素在不
太近的地方聚集更美好些。視軸是從眼外的注視點通過結點與
視網膜黃斑中心窩的連線。如果一樣東西離眼睛太近，反而看
不清楚，因為兩隻眼睛無法聚焦。把物體放遠一點，兩隻眼睛
才能同時看清楚。這就是人們常說的距離產生美[296]。

　　如果我們把眼光放在更長一點的時段，也許可以有助於文
革的分期。中共建國以來的歷史有兩個重要的事件是共認的：
文革的開始和改革開放的起動。如果以它們以界可劃定：1.
從 1949-1966 為「文革前」（17 年），2.從 1978-至今為「改革
開放後」（37 年），餘下的 10-12 年是待定的時期。相對於近

[293] 老田。2014。「對主流文革史寫法的知識社會學分析」。《共識網》（2014 年 4
月 10 日）。

[294] 中央政治局會議文件[1984]2 號。（孔丹、董志雄同志给陳雲同志的信，中央
領導人批示）。《華遠》2013 年第 5 期。

[295] Pomeranz, Kenneth. 2013. "Teleology, Discontinuity and World History:
Periodization and Some Creation Myths of Modernity". *Asian Review of World
Histories*, 1:2 (July 2013), pp. 189-226.

[296] Simmel, Georg. 1904. "Fashion". *International Quarterly*, No. 10, p. 137.
http://www.modetheorie.de

70 年的時間，從 1966-1978 年的 10 年時段是 3 者中最短的時段，是否有必要再把 3 年和 7 年單獨劃出來作為建國以來歷史的兩個時段呢？既然無論怎樣劃分都會有不同意見，都會有不同的解釋，我們不妨在如何解釋上下功夫，而不要糾纏在如何劃分時段上。目前國內流行的文革分期為 3 段，筆者建議的命名如下：

表 2.13 文革分期及命名

時間	名稱	說明
1966.5 — 1969.4	民眾造反期	群眾造反興起，激進派與保守派鬥爭，以保守派失勢開始
1969.4 — 1971.9	左派分裂期	激進派分裂，林彪集團倒臺，民眾激進派受整
1971.9 — 1976.10	黨內鬥爭期	黨內博弈，以黨內激進派失敗而告終

　　以上的分期把重點放在名稱和注解方面。將第一時段定義為民眾造反期，是為了突出造反運動。其間出現過保守派打壓、貴族紅衛兵的打壓等短期的逆流，但是民眾的造反運動是該時段的主旋律。第二時段突出強調了民眾激進派的受整，以便避免有人刻意把髒水潑到造反派身上。以上的分期優點是，既不更改目前國內流行的看法，又照顧到「兩個文革說」和西方學界的觀點，避免了掩蓋當局迫害民眾的責任。

2.14 文革的定義：內亂、運動、遊戲、博弈？

「兩個文革說」在堅持群眾運動的獨立性方面略勝於「一個文革說」，但是「兩個文革說」從堅持群眾運動的「獨立性」走到了另一個極端——「孤立性」，又輸于「一個文革說」。「一個文革說」和「兩個文革說」的主要問題分別在於，前者否認文革造反運動的「獨立性」，後者擔心造反派被妖化過分強調其獨立性走向了「孤立性」。造成這一結果的原因有二：首先，在研究文革的華人學界中，大多數學者是史學家（如王年一、金春明、席宣）、哲學家（如嚴家其[297]、胡平、徐友漁）、政治學家（如楊小凱、王紹光）、語言學家（如徐賁）、和理工科學者[298]（如陳子明、劉國凱）等。由於受學術背景的限制，華人學界的學者們對社會學中的社會運動理論知之甚少，甚至一無所知。

社會學是研究社會行為的學科。社會運動理論領域從上世紀 70 年代開始異軍突起有了很大的發展。但是這些發展沒有引起華人學界的重視。這一忽視導致了文革造反運動歸屬方面的無謂爭論。文革的造反運動屬於社會運動領域裏的「改革運動」，而黨的運動不屬於社會運動範疇，兩者不可混淆。這些對於西方學術界是很簡單的問題成了華人學界裏爭論不休的難題。

其次，支撐「一個文革說」和「兩個文革說」的理論基礎

---

[297]　嚴家其是社會科學者，曾學習過物理，畢業後進入中國科學院哲學研究所。
[298]　這裏指學者所受的正式教育。他們後來都成為出色的政治學者、哲學者等。

均存在著軟肋。「一個文革說」基於「烏合之眾論」，認為民眾或是不明真相受騙上當，或是情緒衝動狂熱盲動、或青春期躁動心理[299]。殊不知自命不凡的「烏合之眾論」早已成為過了氣的理論。說得客氣點是「淡出」，說得不好聽點是「被趕出」社會運動的研究領域。「一個文革說」基於一個錯誤的已經被擯棄的理論。而「兩個文革說」基於的「社會衝突論」把社會衝突與社會運動機械地聯繫在一起，受到社會運動理論界的批駁。從上世紀 70 年代開始已經出現了多種理論取代「社會衝突論」。

那麼文革到底如何定義呢？在定義文革之前，我們必須注意一點：中國是一黨天下的專制國家，與西方民主國家有著諸多的不同。最重要的一個差別是民主運動的生存條件。中共歷來實行禁言禁黨的政治高壓政策和對社會的嚴密控制。草根的社會運動在中國大陸基本上沒有生存空間，無法有效地向民眾傳播自己的主張，自下而上的草根運動的興起和發展壯大幾乎不可能，自發和自主的社會改革運動的可能性幾乎不存在。波蘭「團結工會」的成功得益於當時的統治階層的動搖和開放。在極權國家裏，草根運動的出現和壯大有賴於當局像前蘇聯、東歐原社會主義國家、南非白人政權那樣能夠守住道德底線。文革中的造反運動雖然有獨立性，應該與黨的運動區別對待，但是造反運動並不像西方國家裏的民主運動那樣享受真正的自主權，並不完全獨立。當然必須強調，這種半獨立性的特點

---

[299] 董國強。2006 年。「大陸學界紅衛兵運動研究述評」。《二十一世紀》網路版（ 2006 年 7 月）第 50 期。

是由於專制體制造成的，並非源於民眾的愚昧和非理性。

　　中共的《關於建國以來黨的若干歷史問題的決議》是這樣定義文革的：「歷史已經證明，『文化大革命』是一場由領導者錯誤發動，被反革命集團利用，給黨、國家和各族人民帶來嚴重災難的內亂。」「亂」相對於「治」是個貶義詞。中國歷史上有「文景之治」、「貞觀之治」、「開皇之治」等。中國歷史上也現過亂世，如「安史之亂」、「八王之亂」、「黃巾之亂」、「太平天國之亂」。把歷史的一個時期說成「亂」一般是站在統治者的角度。出現叛亂，統治者要麼動用武力平定叛亂，要麼被造反者推翻而倒臺。定義文革為「內亂」具有明顯的政治立場，缺乏中立性和客觀性。

　　國內學界有影響力的學者們對「內亂」的定義也不滿意，他們對文革的定義是：一場矛盾錯綜複雜的大規模、長時間的特殊政治運動[300]；一場為了錯誤的目的、用錯誤的方法發動的一場錯誤的運動[301]。也有學者指稱文革是事件[302]。徐友漁在一次講話時也說，「文化大革命是中華人民共和國從 1966 年到 1976 年這 10 年發生的政治事件」[303]。

　　除了定義文革為「內亂」、「運動」和「事件」以外，陳子

---

[300]　金春明。1995 年。「前言」。《「文化大革命」史稿》。成都：四川人民出版社。

[301]　高皋、嚴家其。1986 年。《文化大革命十年史：1966-1976》。天津：天津人民出版社，第 1 頁。

[302]　Episode 和 Event。White, Lynn T.. 1989. *Politics of Chaos: The Organizational Causes of Violence in China' s Cultural Revolution*. Princeton, NJ: Princeton University Press.

[303]　徐友漁。2011 年。「西方跟中國的學術界對於中國文化大革命的研究」。《大學論壇》第 48 期。

明提出與其說文革是一場革命，不如說它是一場「白相人[304]」的遊戲：導演是「騙子」、演員是「瘋子」、觀眾是「傻子」。毛澤東既是運動員，又是裁判，還是競賽規則的制定者。由於有眾多的參與者，毛在文革中不得不搞了三個平衡運動：「毛文革」與毛黨魁之間的平衡；「新文革」與「舊政府」之間的平衡（以江青為主要代表的「文革派」始終只是一批高級「白相人」）；在群眾領袖（發動群眾）與群眾屠夫（鎮壓群眾）之間的平衡。毛的文革把「走資派」作為運動的主要對象，後者不甘於束手就擒，自然要進行抵抗。「走資派」的抵抗運動是反文革運動的重要組成部分[305]。儘管在許多方面與陳的觀點相左，武振榮提出的「三個運動說」（人民群眾運動、毛澤東運動、共產黨運動[306]）卻與陳子明的提法異曲同工。

　　武振榮的「三個運動說」和陳子明的「三個平衡運動」揭示了文革參與者之間的關係。文革中的民眾可分為：激進派、溫和派和保守派；中共黨內也分為：激進派（包括毛）、溫和派和保守派。六方集團既有聯合又有鬥爭，如金春明說的那樣，鬥爭是特殊的、錯綜複雜的[307]。

　　雖然筆者不同意陳子明關於「騙子」、「瘋子」和「傻子」

---

[304] 「白相」在上海話中表示「玩」的意思。「白相人」一般來說是個貶義詞，有點不務正業的意思。如曾威震上海灘的黃金榮、杜月笙在上海人眼裏就是「白相人」。

[305] 陳子明。2014 年。「文革：一場遊戲一場夢—兼與『人民文革』說商榷」。《昨天》（2014 年 1 月）第 28 期。

[306] 武振榮。2005 年。「解讀金春明教授關於『文革』的定義」。《華夏文摘增刊》（2005 年 8 月）第 452 期。

[307] 金春明。1995。「前言」。《「文化大革命」史稿》。成都：四川人民出版社。

的「三子」說法，但是陳子明提出的「遊戲說」獨樹一幟。儘
管贊同者甚少，「遊戲說」卻是一個值得引起注意的思路。遊
戲在英語中既可譯為 Play（以下稱「前者」），也可譯為 Game
（以下稱「後者」）。陳子明傾向於把遊戲理解為「前者」。按
照陳子明的觀點，孩子「過家家」和情侶「花前月下」屬於「前
者」，而體育運動、棋牌遊戲、電腦遊戲等屬於「後者」。「前
者」是無規則的或者是自定規則的遊戲，「後者」是有前定規
則或外在規則的遊戲。毛澤東只許別人按照他制定的規則玩，
而他本人卻並不遵循任何規則（包括他自己制定的規則）[308]。

　　玩耍和遊戲是哺乳動物皆有的本能[309]。荷蘭歷史學家赫伊
津哈認為遊戲是人類文化中的主要構成因素[310]。最早對遊戲進
行研究的德國哲學家和心理學家格魯斯提出「遊戲是學習」的
理論[311]。對遊戲有些偏見的瑞士哲學家和心理家皮亞傑提出了
不同意見，他認為娛樂的、好笑的遊戲是沒有意義的、是浪費
時間，只有認真的遊戲才是有用的[312]。美國的社會學家米德提

---

[308] 陳子明。2014 年。「文革：一場遊戲一場夢—兼與『人民文革』說商榷」。《昨
天》（2014 年 1 月）第 28 期。

[309] Fog, Agner. 1999. *Cultural Selection*. Norwell, MA: Kluwer Academic Publishers,
p. 222.

[310] Wikipedia Huizinga, Johan. 1938. *Homo Ludens (Man and Players)*, cited from
Wikipedia.

[311] Groos, Karl. 1898. *The Play of Animals*, translated by Elizabeth L. Baldwin. New
York: Appleton. https://www.brocku.ca/MeadProject/Groos/Groos_1898/
Groos, Karl. 1901. *The Play of Man*, translated by Elizabeth L. Baldwin. New
York: Appleton. https://www.brocku.ca/MeadProject/Groos/Groos_1901/

[312] Fog, Agner. 1999. *Cultural Selection*. Norwell, MA: Kluwer Academic Publishers,
p. 3.

出孩童是通過遊戲學會理解社會的。「前者」和「後者」的區別在於兩個方面，一是參與的人數，二是有無規則。「前者」可以一個人玩，沒有什麼規則；而「後者」是多人遊戲，需要有規則。更重要的是，在「後者」的遊戲中每個孩童必須理解相互間的行為。由於規則的存在，孩童學會了站在別人立場上思維以及如何做出反應。也就是說，每個人能採取「概括化他人」的態度[313]。法國的社會學家凱魯瓦提出類似的測定標準：自由和限制[314]。鮑爾把「後者」分為 4 類：1.技術性的；2.策略性的；3.機遇性的；4.以及上述類別的各種組合[315]。

　　由於語言的原因，不僅中文而且其他語言（如德文）也很難區別遊戲的兩種意義[316]。根據以上西方學者的討論，中文似乎可以把「前者」譯為「遊戲」，而把「後者」譯為「博弈」（或競賽、競技）。博弈狹義上說是下棋，廣義上可以指賭博和為謀取利益而進行的爭鬥。遊戲是為了娛樂，博弈則是人與人之間的競賽、競爭、博鬥。對應鮑爾對「後者」的分類，博弈可以理解為：第 1 類指的是競賽（如球賽、棋賽），第 2 類

[313] Mcad, Geoge Herbert. 1934/1962. *Mind, self and Society: From the Standpoint of a Social Behaviorist*. Chicago: University of Chicago Press, p. 134.

[314] Caillois, Roger. 1958/1961. *Man, Play, and Games*. New York: The Free Press.

[315] Ball, D. W. 1972. "The Scaling of Gaming: Skill, Strategy, and Chance". *Pacific SociologicalReview*, vol. 15, pp. 277-294.

[316] Hinske, Steve, Lampe, Matthias, Magakurth, Carsten, and Röcker, Carsten. 2007. "Classifying Pervasive Games: On Pervasive Computing and Mixed Reality". *Concepts and Technologies for Pervasive Games: A Reader for Pervasive Gaming Research,* vol. 1, ed., by. C. Magerkurth, C. Röcker. Shaker Verlag, Aachen, Germany, pp. 11-38.

指的是為謀取利益的鬥爭，第 3 類指的是賭博。

現代數學中的博弈論[317]是應用數學的一個重要分支。這是在多個決策主體之間行為具有相互作用時，各主體根據所掌握信息及對自身能力的認知，做出有利於自己的決策的一種行為理論。目前在生物學、經濟學、國際關係、計算機科學、政治學、軍事戰略和其他許多學科有著廣泛的應用。博弈論是研究具有鬥爭或競爭性質現象的數學理論和方法，也是運籌學的一個重要學科[318]。

博弈論的歷史並不長，從 1944 年馮‧諾伊曼與奧斯卡‧摩根斯特恩合著《博弈論與經濟行為》[319]至今不過 70 多年的時間，但是博弈論發展迅速，已有 9 位學者因採用博弈論獲得諾貝爾經濟學獎和生物學獎。在許多研究領域中，博弈論的運用有了可喜的發展。例如華裔學者在天安門事件的研究中採用博弈論[320]並引起了關注[321]。

文革涉及全中國的億萬民眾和中共的各層官僚，把為時多

---

[317] 「博弈論」也稱為「對策論」、「賽局理論」。

[318] Wikipedia. "Game Theory". http://en.wikipedia.org/wiki/game_theory.

[319] Neumann, John von and Morgenstern, Oskar. 2007. *The Theory of Games and Economic Behavior, 60th Anniversary Edition*. Princeton, NJ: Princeton University Press.

[320] Deng, Fang. 2011. *Uninteded Outcomes of Social Movements*. New York, NY: Book Now, Ltd.

[321] Zhao, Dingxin. 2011. "State Legitimacy and Dynamics of the 1989 Pro-democracy Movementin Beijing". *East Asian Social Movements: Power, Protest and Change in a Dynamic Region*, ed., by Broabent, Jeffrey and Irockman, Vicky. New York: Springer Science and Business Media, p. 386.

年的聲勢浩大的事件說成是一場以娛樂為目的的遊戲情理上說不通。文革更像是遊戲的後一種解釋：博弈。文革是一場為謀取利益的鬥爭，是諸多的決策主體根據掌握的信息和對自身能力的認知，做出有利於自己決策的一場經濟和政治鬥爭。

　　當相互發生作用的當事人之間有一個具有約束力的協定，博弈屬於合作博弈。如果沒有，博弈就是非合作博弈。從行為的時間序列性上看博弈又可分為靜態博弈和動態博弈。靜態博弈是指在博弈中，參與人同時選擇或雖然並非同時選擇，但是後行動者並不知道先行動者採取了什麼具體行動。如「囚徒困境」屬於靜態博弈。動態博弈是指在博弈中參與人的行動有先後順序，而且後行動者能夠觀察到先行動者所選擇的行動。如下棋和打牌屬於動態博弈。按照參與人對其他參與人的瞭解程度，博弈又分為完全信息博弈和不完全信息博弈。完全信息博弈是指在博弈過程中，每一位參與人對其他參與人的特徵、策略及收益有準確的信息。如果參與人對其他參與人的情況瞭解得不夠準確，博弈就是不完全信息博弈[322]。

　　那麼文革屬於哪一類博弈呢？董國強在評論《毛的最後革命》一書時說，儘管中共高層幹部中的「倖存者」、「受益者」和「激進派」三個群體有著不同的利益訴求，但在竭力逢迎毛方面是一致的。但是毛深諳帝王馭臣之術，絕不輕易地將自己的想法和盤托出，有時還會故布疑陣以考驗其下屬的忠誠。在這種情況下，那些擔當重任的黨政要員的政治活動從整體上墮落為一種「猜迷」和「賭博」的遊戲。他們把更多的時間用在

---

[322] Wikipedia. "Game Theory". http://en.wikipedia.org/wiki/game_theory.

打探和揣摩毛的「聖意」上。有些人因猜錯毛的意圖而受到清洗；有的人雖然猜對了，但是事後卻被當作替罪羊也遭受厄運[323]。自從上世紀 90 年代以後，許多學者注意到毛的個人意志反復無常的現象[324]與此有關。白霖認為毛的政策飄忽不定、很難預測，有助於阻嚇民眾[325]。

白霖和羅金義在評論福斯特對浙江省文革的研究中指出，毛在對江華的態度上含糊不清，後來江在浙江的支持率下降，終被毛拋棄。現在弄不清楚到底是因為毛不支持江華導致後者下臺，還是由於地方上的不支持導致毛放棄江。這種「先有雞還是先有蛋」的問題也許會成為永遠的迷。越來越多的證據顯示，毛因為在許多事情上含糊不清受益匪淺[326]。

從以上的情況來看，文革屬於不完全信息的博弈。中共的保守派和溫和派對毛的目的並不清楚。毛對中共的保守派尤其防備，保守派對毛的意圖不甚明瞭，以至於保守派在文革一開始處處被動，幾乎全軍覆沒。同樣，民眾中的激進派和溫和派對毛的意圖也不甚理解，所以遲遲不敢有所動作。毛不得不千方百計動員民眾起來造反，達到他的目的。

---

[323] 董國強。2009。「革命？還是帝王政治的迴光返照？——毛的最後革命評介」。《當代中國研究》(2009 年)第 3 期。

[324] 董國強。2006 年。「大陸學界紅衛兵運動研究述評」。《二十一世紀》網路版 (2006 年 7 月)第 50 期。

[325] White, Lynn T.. 1989. *Politics of Chaos: The Organizational Causes of Violence in China's Cultural Revolution*. Princeton, NJ: Princeton University Press, p9.

[326] White, Lynn T. and Law, Kam-yee. 2003. "Introduction: China's Revolution at its Peak". *Beyond a Purge and a Holocaust: The Cultural Revolution Reconsidered*, ed., by Kam-yee Law. New York: Palgrave Macmilla.

　　文革的前 3 年中，激進派和溫和派（黨內外）聯合起來對付保守派（黨內外），保守派（尤其是黨內保守的當權派）無情地鎮壓民眾的激進派，當保守派垮臺後民眾的激進派和溫和派內部分裂打派仗[327]，有的民眾保守派為了自保，不得不打擊曾經的同盟——黨內保守派[328]，有時候保守派下手更狠，原因之一是為了洗刷保皇的名聲，表示自己也是響應毛的造反號召[329]，同時以此表現反戈一擊劃清界線[330]。毛通過用軍隊依靠「三支兩軍」的方式控制群眾組織，用文革中的新文官（如張春橋和王洪文等人）入主軍隊制衡軍隊中的保守派，用民眾反對保守派[331]。毛澤東依靠小將，不行；依靠老將，不放心；依靠軍隊，又不行；依靠工人，讓『工人階級領導一切』，還不行。走馬燈，惡性循環，他自己也收不了場[332]。保守派失勢以後，黨內的激進派分裂，林彪集團倒臺是激進派內部分裂的結果。與此同時，民眾的激進派受到殘酷的整治。文革的後 7 年是黨內的激進派、溫和派與保守派之間的鬥爭，最終以黨內激進派

---

[327] 劉國凱。1997 年。「三年文革與兩條線索」。《中國之春》（1997 年）第 2 期。

[328] Dong, Guoqiang and Walder, Andrew W. 2001. "Factions in a Bureaucratic Setting: The Origins of Cultural Revolution in Nanjing". *The China Journal*, No. 65, pp. 1-26.

[329] 阿陀。2013 年。「文革的十年，武鬥的十年——為紀念文革四十七周年而作」。《華夏知青網》。http://www.hxzq.net/

[330] 閻陽生。2014 年。「文革呼史志：紅衛兵緣起、暴力與終結」。《中國禁聞-禁書網》（2014 年 11 月 23 日）。http://www.bannedbook.org/。

[331] 朱嘉明。1996 年。「三十年後思考文化革命的幾個問題」。轉自《華夏文摘增刊》（1996 年）第 97 期（原載《新聞自由導報》第 207 期）。

[332] 葉永烈。1995。《文革名人風雲錄》。西寧：青海人民出版社。第 278 頁。

失敗而告終。文革是一場混戰，六方集團沒有固定的同盟，沒有長久的利益，沒有真心的合作，各打各的算盤，是一場非合作式的博弈。在這場博弈中，談不上誰利用了誰[333]。文革中的六方集團是互相利用又互相鬥爭。

本文對文革的定義是：

> 始於 1966 年終於 1976 年的文化大革命是中國現代史上的重要事件。在此期間，黨內的激進派、溫和派、保守派、民眾的激進派、溫和派、保守派六個集團進行了一場不完全信息的非合作式的博弈。文革以群眾造反興起，激進派與保守派鬥爭，黨內保守派的失勢開始，繼以民眾激進派失利受整，最後以黨內激進派的失敗而告終。

如果說陳子明提出的是「遊戲說」，那麼本文提出的文革定義可以簡稱為「博弈說」。

溫州軍分區司令王福堂在文革中遭難時曾對造反派明言：「文革後騎馬的還是騎馬，抬轎的還得抬轎。」果然，鄧小平時代王福堂以老病之身升任浙江軍區第一副司令[334]。當 1968 年清華附中的學生們面臨上山下鄉運動即將分手時，在八達嶺長城上鄭義班上兩位個人關係甚好卻分為兩派的同學要分手了。袁東平（當時濟南軍區政委袁升平之子）環視遼闊壯美的一派北國風光，爽朗地說：「將來，你們就替我們來建設這個

333　閻長貴。2011 年。「究竟誰利用誰？——對《決議》中關於文革定義的評析」。《記憶》第 78 期。

334　宋宏亮。1998 年。「三十年前的溫州武鬥」。《華夏文摘增刊》第 158 期（1998 年 11 月）。

國家吧！」宋海泉（修正主義苗子、反動學生之一）不解地瞥他一眼。袁東平氣派大方地拍拍老同學的肩，把話說得更加明確：「中間派沒什麼大出息，你們井岡山的行，但你們一般出身于知識份子和平民家庭，你們距離權力太遠。而我們『老兵』離權力很近，我們和權力有天然的聯繫。所以只能是這樣了：由我們來掌權，你們來給我們好好建設！……別不服氣，不信再過二十年看看！[335]」文革最後的結局印證了王福堂和袁東平的預言。總而言之，文革是一場不對稱的博弈。

---

[335]　鄭義。1996 年。「清華附中、紅衛兵與我」。《北京之春》第 42 期（1996 年 11 月）。

第 2 章　附錄

附錄 2.1 建國以來的運動及運動分類指標

附錄表 2.1 運動與測量運動指標

運動 \ 指標	Z1	Z2	Z3	Z4	Z5	Z6	Z7
X1	是	是	否	是	是	否	是
X2	否	是	否	是	否	否	是
X3	否	是	否	是	否	否	否
X4	否	是	否	是	是	否	是
X5	否	是	否	是	是	否	是
X6	是	是	否	是	否	否	否
X7	否	是	否	是	否	否	否
X8	否	是	否	是	否	否	是
X9	否	是	否	是	否	否	否
X10	否	是	否	是	否	否	否
X11	否	是	否	是	否	否	否
X12	否	是	否	是	否	否	否
X13	否	是	否	是	是	否	否
X14	否	是	否	是	否	否	否

X15	否	是	否	否	是	否	是
X16	否	是	否	是	否	否	否
X17	否	是	否	是	是	否	是
X18	否	是	否	是	否	否	否
X19	否	是	否	是	否	否	否
X20	否	是	否	是	否	否	否
X21	否	是	否	是	否	否	否
X22	否	是	否	是	否	否	否
X23	否	是	否	是	否	否	否
X24	否	是	否	是	否	否	否
X25	否	是	否	否	是	否	是
X26	否	是	否	是	是	否	是
X27	否	是	否	是	是	否	是
X28	否	是	否	是	是	否	是
X29	否	是	否	是	否	否	是
X30	否	是	否	否	否	否	是
X31	是	否	是	否	否	是	否
X32	否	否	是	否	是	是	是
X33	是	否	是	否	否	是	否
X34	是	否	是	否	否	是	否
X35	是	否	否	否	否	是	否
X36	是	否	否	否	否	是	否
X37	是	否	否	否	否	是	否
X38	是	否	是	否	否	是	否
X39	是	否	是	否	否	是	否

聚類分析和隱類別分析均基於以上表格中的數據。

附錄 2.2 聚類分析模型

聚類分析模型可以使用多種數據形式[1]。由於本文的分析中採用的是二值變數[2]，計算兩個運動間的相似度採用傑卡德係數[3]。該係數的定義如下：

$$J(A,B) = \frac{|A \cap B|}{|A \cup B|} \qquad (2.2.1)$$
$$0 \le J(A,B) \le 1$$

傑卡德距離（即兩個運動間的距離）則為：

$$d_J(A,B) = 1 - J(A,B) = \frac{|A \cup B| - |A \cap B|}{|A \cup B|} \qquad (2.2.2)$$

本文採用 SAS[4]軟體計算。SAS 手冊（第 8 版）第 23 章聚類分析程式的第 23.5 例介紹了與本文相似的聚類分析實例[5]。

---

[1]　Anderberg, Michael R. 1973. *Cluster Analysis for Applications*, New York: Academic Press.

　　Sneath, Peter. H. A. and Sokal, Robert R. 1973. *Numerical Taxonomy*. San Francisco, CA: W. H. Freeman.

[2]　二值變數（Binary-valued variable），即「是」和「非」，0 和 1。

[3]　傑卡德係數（Jaccard Coefficient）。Anderberg, Michael R. 1973. *Cluster Analysis for Applications*, New York: Academic Press, pp. 89, 115, 117.

[4]　SAS (Statistical Analysis System)是統計分析系統軟體，廣泛運用於教學、科研、企業和政府部門等。

[5]　*Cluster SAS procedure Doc.* http://v8doc.sas.com/sashtml/stat/chap23/sect28.htm
　　http://v8doc.sas.com/sashtml/stat/chap24/index.htm
　　http://support.sas.com/documentation/onlinedoc/stat/131/cluster.pdf

聚類方法採用中心法[6]，該方法由索卡爾和米切納提出[7]，兩類間的距離定義如下：

$$D_{KL} = \| \bar{x}_K - \bar{x}_L \|^2 \qquad (2.2.3)$$

以下是聚類分析的歷史：

附錄表 2.1 聚類分析歷史

1	2		3	4	5
類別數	合併類		運動數量	偽 F 統計量	偽 t^2 統計量
6	CL11	Cl12	8	96.7	.
5	CL7	F13	17	105.0	17.0
4	F01	Cl8	13	**119.0**	**4.6**
3	CL4	CL5	30	49.2	71.4
2	CL6	F33	9	**77.2**	**20.0**
1	CL3	CL2	39	.	77.2

第 4 和 5 列是兩個可以用來確定類別數的統計量。偽 F 統計量相對大表示類別數量較好，偽 t^2 突然增加，表示不好，應該保持在前一個分類上[8]。從上表可以看出，把運動分為 2 類或 4 類比較好。

---

[6] 中心法（Centroid method）。

[7] Sokal, Robert and Michener, Charles D. 1958. "A Statitistical Method for Evaluating Systematic Relationships," *University of Kansas Science Bulletin*, 38, pp. 1409-1438.

[8] SAS. Chapter 33: The Cluster Procedure, pp. 2060-2061.
http://support.sas.com/documentation/onlinedoc/stat/131/cluster.pdf

附錄 2.3 隱類別分析模型

　　隱類別分析的基本模型是多個顯變數(即可以直接觀察到的變數，如測量運動的 7 個指標）和一個隱變數（即無法直接觀察到的變數，如運動的類別）。顯變數被認為是隱變數的表現。我們假設顯變數分別為 $Y_1, Y_2, Y_3, \cdots\cdots Y_L$，隱變數為 X，有 C 類。本文採用賓州州立大學研究方法中心提供的 SAS 隱類別分析軟體插件進行分析計算[9]。為方便理解，我們用多位學者對普遍主義和特殊主義價值觀研究的經典例子來解釋這一問題[10]。有學者在 1950 年對 216 位哈佛大學和拉德克利夫學院的本科生進行了問卷調查[11]。以下是其中 4 個問題的分

[9]　Lanza, S. T., Collins, L. M., Lemmon, D. R., and Schafer, J. L. 2007. PROC LCA: A SAS Procedure for Latent Class Analysis. *Structural Equation Modeling*, 14 (4), pp. 671-694.

The Methodology Center, Penn State. SAS Procedure LCA & Procedure LTA. http://methodology.psu.edu/

[10]　Lazarsfeld, Paul F., and Henry, Neil W. 1968. *Latent Structure Analysis*. Boston: Houghton Mill.

Goodman, Leo A . 1974. "Exporatory Latent Structure Analysis Using Both Identifiable and Unidentifiable Models", *Biometrika*, 61, pp. 215-231.

Goodman, Leo A . 1975. "A New Model for Scaling Response Patterns: An An Application of the Quasi-Independence Concept", *Journal of the American Statistical Association*, 70, pp. 755-768.

Goodman, Leo A . 1979. "On the Estimation of Parameters in Latent Structure Analysis", *Psychometrika*, 44, pp. 123-128.

[11]　Stouffer, Samuel A., and Toby, Jackson. 1951. "Role Conflict and Personality". *American Journal of Sociology*, 56, pp. 395-406.

析：

附錄表 2.3.1 對哈佛大學和拉德克利夫學院本科生的問卷調查（1950 年）

顯變數					隱變數	
Y_1	Y_2	Y_3	Y_4	人數	$P(X=1|Y=y)$	$P(X=2|Y=y)$
1	1	1	1	42	0.9626	0.0374
1	1	1	2	23	0.5530	0.4470
1	1	2	1	6	0.5745	0.4255
1	1	2	2	25	0.0610	0.9390
1	2	1	1	6	0.5107	0.4893
1	2	1	2	24	0.0478	0.9522
1	2	2	1	7	0.0519	0.9481
1	2	2	2	38	0.0026	0.9974
2	1	1	1	1	0.4685	0.5315
2	1	1	2	4	0.0407	0.9593
2	1	2	1	1	0.0442	0.9558
2	1	2	2	6	0.0022	0.9978
2	2	1	1	2	0.0345	0.9655
2	2	1	2	9	0.0017	0.9983
2	2	2	1	2	0.0019	0.9981
2	2	2	2	20	0.0001	0.9999
合計				216	0.2943	0.7057

隱類別分析模型的基本概念是獲得回答 y（即 1 或者 2）

的概率[12]：$P(Y=y)$定義為：

$$P(Y = y) = \sum_{x=1}^{C} P(X = x)P(Y = y \mid X = x) \qquad (2.3.1)$$

其中，C 是隱類別數，$P(X=x)$是屬於某類的人數比例。隱類別分析的一個假設是局部獨立，即每一類之間獨立，所以有：

$$P(Y = y \mid X = x) = \prod_{l=1}^{L} P(Y_l = y_l \mid X = x) \qquad (2.3.2)$$

結合公式 2.3.1 和公式 2.3.2 得：

$$P(Y = y) = \sum_{x=1}^{C} P(X = x)\prod_{l=1}^{L} P(Y_l = y_l \mid X = x) \qquad (2.3.3)$$

上面的例子可以得到以下的結果：

附錄表 2.3.2 哈佛大學和拉德克利夫學院本科生分為普遍主義和特殊主義兩類的概率表

	$X=1$（普遍主義）	$X=2$（特殊主義）
$P(X=x)$	0.2943	0.7057
$P(Y_1=1\mid X=x)$	0.9862	0.7101
$P(Y_2=1\mid X=x)$	0.9217	0.3233
$P(Y_3=1\mid X=x)$	0.9104	0.3478
$P(Y_4=1\mid X=x)$	0.7498	0.1260

[12] Vermunt, Jeroen K., and Magidson, Jay. *Latent Class Analysis*.March 18, 2015 retrieved from http://www.statisticalinnovations.com/articles/Latclass.pdf

也有學者採用以下方式表示公式 2.3.3[13]：

$$\pi_{ijklt}^{Y_1Y_2Y_3Y_4} = \sum_{x=1}^{C} \pi_{ijklc}^{Y_1Y_2Y_3Y_4X} \qquad (2.3.4)$$

我們回到運動分類問題。首先，我們需要確定 39 個運動應分為幾類。隱類別分析模型對這一問題有比較成熟的統計指標，較常用的有 AIC[14]，CAIC[15]，BIC[16]和調整 BIC[17]（BIC_{adj}）。它們各自的定義如下：

$$AIC = -2\log L + 2p \qquad (2.3.5)$$

$$CAIC = -2\log L + p(\log(n) + 1) \qquad (2.3.6)$$

[13] Hagenaars, Jacques A. 1990. *Categorical Longitudinal Data: Log-Linear Panel, Trend, and Cohort Analysis*. Newbury Park, CA: Sage Publications, Inc., p. 98.

[14] Akaike, Hirotugu. 1973 "Information Theory and an Extension of the Maximum Likelihood Principle". *Second International Symposium on Information Theory*, ed., by Petrov, B. N., Csaki, F. Akademiai Kiado, Budapest, pp. 267-281.

[15] Haughton, D. 1988. "On the Choice of a Model to Fit Data from an Exponential Family". *Annals Statistics*, 16, pp. 342-355.
Bozdogan, H. 1987. "Model Selection and Akaike's Information Criterion (AIC): The General Theory and its Analytic Extension". *Psychometrika*, 52, pp. 345-370.

[16] Schwartz, G. 1978. "Estimating the Dimension of a Model". *Annals Statistics*, 6, pp. 461-464.

[17] Sclove, L. S. 1987. "Application of Model-Selection Criteria to Some Problems in Multivariate Analysis". *Psychometrika*, 52, pp. 333-343.

$$BIC = -2\log L + p\log(n) \qquad （2.3.7）$$

$$BIC_{adj} = -2\log L + p\log(\frac{n+2}{24}) \qquad （2.3.8）$$

其中，p 是自由度，n 是樣本數量。有學者證明 BIC_{adj} 是選擇隱類別數量的最有效的指標[18]。下表是隱類別分析法對 39 個運動分為 1 類到 4 類的各項指標：

附錄表 2.3.3 運動分類的隱類別統計指數表

類別	自由度	G^2	AIC	BIC	BIC_{adj}
1	120	160.33	174.33	185.97	164.08
2	112	40.98	70.98	95.94	49.02
3	104	17.83	**63.83**	102.09	**30.15**
4	96	17.09	79.09	130.66	33.69

根據 AIC 和調整 BIC_{adj}（表中粗體數字），39 個運動分為 3 類最為合適。參考聚類分析法的結果，運動分為 3 類為最佳方案。兩個不同分析模型只是在「紅八月」的分類上有差別。聚類分析傾向把該運動單獨分為一類，而隱類別分析法則傾向於把該類運動歸為民主運動一類。

隱類別分析法對樣本數量有一定的要求。總的來說，樣本是多多益善，越大越好，最好能至少達到 100。顯變數也是越

---

[18] Yang, Chih-Chien. 2006. "Evaluating Latent Class Analysis Models in Qualitative Phenotype Identification". *Computational Statistics & Data Analysis*, 50(2006), pp. 1090-1104.

多越有利於分類。顯變數的品質也很重要，品質越高越有利於分類。而且顯變數的品質可以彌補樣本小的不足[19]。如果有的類別內的成員較少，需要的樣本就越大[20]。樣本小造成的一個重要問題是產生大量的空格。如我們進行的運動分類有 7 個運動指標，理論上有 $2^7=128$ 個組合。而實際數據只有 11 種組合，91%以上的組合均為零。這些運動數為零的空格有兩種可能，一種是抽樣零，一種是結構零[21]。抽樣零表示理論上可能存在但是由於樣本太小沒有出現，結構零則表示理論上根本不可能出現。

　　例如，中國沒有發生過一種由各級黨組織高效控制而且運動中民眾還可以成立草根組織的運動。有了黨的高效控制就沒有必要再由草根組織來配合行動（黨也不會充許草根組織的存在）。中國也沒有發生過一種由各級黨組織高效控制而運動的積極分子受到迫害的運動。如果運動是由黨組織操縱，運動的

---

[19] Samuelsen, Karen and Raczynski, Katherine. 2013. "Latent Class/Profile Analysis". *Applied Quantitative Analysis in the Social Sciences*, ed., by Petscher, Yaacov, Schatschneider, Christopher, and Compton, Donald. New York: Routledge, p. 307.

Wurpts, Ingrid C., and Geiser, Christian. 2014. "Is Adding More Indicators to a Latent Class Analysis Beneficial to Detrimental? Results of a Monte-Carlo Study". *Frontiers in Psychology*. (2014-08-21)

http://journal.frontiersin.org/article/10.3389/fpsyg.2014.00920

[20] Samuelsen, Karen and Raczynski, Katherine. 2013. "Latent Class/Profile Analysis". *Applied Quantitative Analysis in the Social Sciences*, ed., by Petscher, Yaacov, Schatschneider, Christopher, and Compton, Donald. New York: Routledge, p. 307.

[21] 抽樣零（Sampling zero）結構零（Structural zero）。

積極分子只會受益不會受害。儘管樣本小會導致許多組合的數量稀疏，但是不會影響參數的計算，最大期望演算法仍有效[22]。

聚類分析對於樣本的要求與隱類別分析正相反，前者對於小樣本並不忌諱。本文採用兩種方法旨在相互彌補。前者可以彌補樣本小的缺點，後者可以彌補確定分類類別數量的問題。從兩種不同方法得出的結果來看，將運動分為 3 類的分析是可靠的，也符合直感的分析。

附錄 2.4 建國以來政策分期統計分析

附錄表 2.4.1 建國以來政策分期基準模型

運動類型 / 分期	文革前 （1949-66）	文革前三年 （1966-68）	文革後七年 （1969-76）	文革後 （1976-2015）	總計
非鬥爭運動	8	3	1	12	24

---

[22] Biemer, Paul P. 2011. *Latent Class Analysis of Survey Error*. Hoboken, NJ: Wiley, p. 188.

Langeheine, R., Pannekoek, J., van de Pol, F. 1996. "Bootstrapping Goodness-of-fit Measures in Categorical Data Analysis." *Sociological Methods and Research*, 24(4), pp. 492-516.

Collins, L. M., Fidler, P. L., Wugalter, S. E., J. D. 1993. "Goodness-of-fit Testing for Latent Class Models." *Multivariate Behavioral Research*, 28(3), pp. 375-389.

鬥爭運動	5（38%）	2（40%）	4（80%）	2（14%）	13
總計	13	5	5	11	37

　　附錄表 2.4.1 中括弧內的百分數是各時期鬥爭運動的比例。可以看出，文革前鬥爭運動占總運動數量的近 40%，文革後則只占約 14%，僅有文革前的三分之一。文革前三年與後七年的比例是各時期中最高的。由於樣本很小，通常的 χ^2 和 L^2 不宜作為依據，本節採用費雪爾精確檢定[23]。結果告訴我們，四個時期的鬥爭運動出現的不同頻率並非出於偶然。直觀地說，文革前和文革十年比文革後的鬥爭運動要多得多。

　　我們對四個時期進行檢驗，試圖發現某些時期是否可以合併作為一個時期。用通俗的話來說，這一檢驗是合併同類項。在使用對數模型[24]分析時，研究人員時常會遇到合併類別的問題。如研究宗教時我們有天主教、基督教、猶太教、佛教、儒教、道教、伊斯蘭教等等。為了簡化或者由於樣本太小，不得不把有些宗教合併為一項。如佛教、儒教和道教在中國比較流行，可以考慮合併成東方人的宗教，而把天主教和基督教合併為西方宗教。研究人員在合併類別變數時常犯的一個錯誤是主觀地決定合併哪些項。鄧肯提出了一種與因變數綜合考慮的檢驗方法[25]。我們採用鄧肯提出的方法對三個假設進行檢驗。以下是檢驗三個假設的結果。

---

[23]　費雪爾精確檢定（Fisher's exact test）。

[24]　對數模型（Log Linear Model 也寫作 Loglinear Model）。

[25]　Duncan, Otis Dudley. 1975. "Partitioning Polytomous Variables in Multiway Contigency Analysis". Social Science Research 4(3), pp. 167-182.

附錄表 2.4.2 檢驗三個假設的統計結果

	χ^2	L^2	費雪爾精確檢定 P 值	自由度
基準模型	7.20	7.43	0.06	3
假設 1	5.45	5.71	0.06	2
假設 2	4.30	4.65	0.07	1
假設 3	0.10	0.10	1.00	1

　　費雪爾精確檢定 P 值說明，我們有 93%以上的把握說基準模型、假設 1 和假設 2 模型中鬥爭運動在不同時期的頻率變化現象並非出於偶然。假設 1 與基準模型之間的 χ^2 差=1.75[26]，L^2 差=1.72（自由度=1），假設 2 與假設 1 之間的 χ^2 差=1.15，L^2 差=1.06（自由度=1）。鑑於此，假設 1 和假設 2 無法拒絕。假設 3 與假設 1 的 χ^2 差=5.35，L^2 差=5.61（自由度=1）表明假設 3 必須拒絕，文革 10 年與文革結束後的 30 年有著顯著的區別，不可混為一談。

---

[26]　χ^2 差=7.20（基準模型）－5.45（假設 1）=1.75。

第 3 章 文革的暴力、真相與和解

3.1 王金事件和卞仲耘案的異同

南京外國語學校紅衛兵打死工人王金事件是文革中典型的貴族紅衛兵打人事件，通過王金事件我們可以對文革中貴族紅衛兵的暴行窺見一斑。我們不妨比較王金事件和卞仲耘案件，以便更深入地瞭解貴族紅衛兵暴行的特點。王案和卞案有以下多處相同之處。

第一，上級不作為是導致悲劇發生的重要原因之一。1966年 9 月 28 日下午 5 時，南京市委駐南京外國語學校的聯絡員孫桂生和一些教師從大華電影院聽完報告回到學校，聽校長陳鳳肖說學生抓來了一個人。6 時左右，他向市委教育小組秘書組的朱興祥做了彙報。可是嚴重的事態沒有引起市委的重視。在王金被殘酷拷打的當晚，511 廠工人杜書寶將情況告訴了近

在外國語學校咫尺的市委聯絡站，李秋陽轉告了市委書記高黎光。可是，高黎光正在睡覺，醒來後才不耐煩地吩咐南京紅衛兵總部去處理。駐外國語學校的市委聯絡員、校長陳鳳肖、副校長華業蔭知道有人被打卻不敢勸阻。

　　卞案的發生地北師大女附中的情況也是如此。北師大女附中副校長胡志濤 8 月 4 日下午被打後，當晚她便去了位於學校馬路對面的西城區委。她明確地說，學校領導人的人身安全沒有保障了。接待人員只是簡單地把她的話記錄下來。她仍不甘心，第二天早上登門造訪北京市委和北京市負責中學文革的辦公室。在市委沒有人聽取她的求救呼聲。在北京市中學文革辦公室，她被告知機構剛成立，提供不了幫助[1]。北京市、區兩級負責文革的機構在工作組撤離以後不作為是卞案發生的原因之一。

　　第二，受害者死了以後，上級的態度一致，默許了紅衛兵的暴行。根據北師大女附中劉進的回憶，當她們向時任北京第二書記的吳德彙報死人事件時，吳面無表情，停頓了一陣子才說，「像文化大革命這樣的運動，死人的事是不可避免的。她（卞仲耘）已經死了，死了就死了。」[2]謝富治在紅八月中舉行的一次公安幹部會議上說：「紅衛兵打了壞人不能說不對，在氣憤之下打死他就算了。如果說不對就給壞人撐了腰，壞人

[1] 啟之。2013 年。《故事不是歷史：文革的紀實與書寫》。要有光出版社，第 33 頁。

[2] 啟之。2013 年。《故事不是歷史：文革的紀實與書寫》。要有光出版社，第 40 頁。

嘛打死了就算了嘛。」[3]

南外的紅衛兵打死王金以後，省委書記許家屯也說，「在這麼大的運動裏，群眾發動起來以後，在沒有經驗的情況下，犯這樣那樣的錯誤是不可避免的，這同平常時候打死人的事情是不同的。」他還說，「這不是敵我矛盾，是像打仗一樣發生了誤傷。我們打仗也是這樣，掛花、犧牲的是不是都是敵人打的呢？不是的。也有自己人的槍走火，誤傷的。」「你怎麼能把走火誤傷的人當敵我矛盾對待呢？你能都抵命嗎？這是不可能的。」[4]這就是當時上層的態度。

第三，受難者是被紅衛兵你一拳我一腳打死的。1966 年 9 月 28 日晚，南外的紅衛兵開始對王金施暴，第 X 號兇手奪了第 X 號兇手手中的鐵條，猛抽了王金兩下，接著第 X 號、第 4 號、第 20 號、第 5 號兇手等人一擁而上，毒打了一頓。晚上 10 時左右，王金又被拉出來，拖到廁所裏。第 X 號兇手首先對王金的太陽穴猛擊兩拳，接著第 7 號兇手用木棍狠搗王金的腹部四、五下，打斷了三根體操棒，而第 6 號兇手的體操棒在毒打王金時斷為三截。第 15 號兇手更狠毒地把皮帶蘸水狠抽王金，29 日上午 8 時，第 X 號、第 7 號、第 10 號、第 5 號、第 6 號兇手等叫王金出來，王金已經癱在血泊中爬不起來

---

[3] 郎鈞。2012 年。「佇視王晶垚—宋彬彬對簿歷史的公堂—《宋彬彬談話紀要》的解讀及其它」《北京之春》（2012 年 8 月號）。

[4] 江蘇省革命造反派炮轟省委聯合會、江蘇省省級機關革命造反總部、江蘇省省級機關革命造反總部省委辦公廳分部。1967 年。《打倒反革命修正主義分子許家屯》（1967 年 3 月 14 日聯合編印）。「中國文革研究網」。http://www.wengewang.org/read.php?tid=5800。

了，幾個紅衛兵又打了一陣。

在卞案中，很難估計北師大女附中參與打人和其他形式體罰的有多少人。有人認為人數不多，只有 10 多人，也有人認為學生們就像一大群暴徒。按照一位同學的說法，參與打人的人圍著校領導，「你一下」「我一下」地打[5]。

第四，施暴者多為革軍和革幹子弟。南外的 31 名兇手中，除 2 人出身工人，4 名情況不明，其餘 25 人均為革軍或革幹子弟。北師大女附中的情況也是如此，雖然可能有些「非紅五類」家庭的同學也動了手，但施暴者的骨幹始終是出身革幹或革軍家庭的人[6]。

第五，高中的學生相對溫和一些。南外高中的楊姓同學挺身而出對初中的紅衛兵進行勸阻，雖然未能奏效，但是在當時的氣氛下實屬難能可貴。北師大女附中的幾位高中學生（時年 19 歲）對積極活躍的低年級學生說，「不要強迫她們（校領導）擔這麼重的東西了。」可惜她們的勸阻也像南外一樣無人理睬[7]。「一般來說，高年級的學生相對溫和一些」的說法在兩所學校裏得到證實。

第六，事情發生後，紅衛兵負責人的態度不約而同。王金死了以後，南外的紅衛兵關閉了學校的大門，不許任何人進出。

5　啟之。2013 年。《故事不是歷史：文革的紀實與書寫》。要有光出版社，第 35
　頁。

6　啟之。2013 年。《故事不是歷史：文革的紀實與書寫》。要有光出版社，第 36
　頁。

7　啟之。2013 年。《故事不是歷史：文革的紀實與書寫》。要有光出版社，第 35
　頁。

下午紅衛兵第一臨時負責人（即第 1 號兇手）回到學校，對大家說，「此事到此為止，不要說。」下午很晚時刻，校門才打開，人們可以離開學校。根據北師大女附中宋淮雲 1967 年 4 月 23 日的回憶，劉進在卞仲耘死後第二天通過學校的廣播向全校宣佈，「昨天發生了武鬥，是為了殺卞仲耘的威風，因為她有心臟病、高血壓，死了。毛主席說：好人打壞人，活該。大家不要因為發生這件事，就縮手縮腳，不敢幹了。這件事，任何人都不許向外面講，否則就按破壞文化大革命處理。」[8]負責人均要求大家保密，不得外傳。

　　第七，本校的同學中知情人不少，但是對外三緘其口。如南外的第 4 號兇手是位女生與我同班，在南外的同學中小有「名氣」。近 50 年後，還有人清楚地記得她當時的惡行。這位女生對王金不僅動手還動口。她對王金罵罵咧咧，一直跟著王金進了男廁所，結果被其他男紅衛兵「趕」了出來。第 5 號兇手也是位女生，一擁而上把王金壽打了一頓的紅衛兵中有她的一份。她後來發展得不錯，有同學對此頗有微詞。但是這些情況僅限於本校同學中流傳，不會對外說。南外同學在「西祠胡同」網站有一個網頁，在那兒大家絕口不談王金事件。卞仲耘案件中，北師大女附中的目擊者有幾十人，他們都認識兇手。瞭解情況的人守口如瓶，都怕捅破那層窗戶紙[9]。尤其是當年的施暴者和幹部子弟對凶案諱莫如深。北師大女附中的幹部家

---

[8] 雷一寧。2012 年。「為什麼當年北京最出色的女校學生會做出如此傷天害理的事情？」《華夏文摘增刊》第 858、860 期。

[9] 馮翔。2014 年。「王晶垚：『我，沒有忘記歷史』」。《南方週末》（2014 年 3 月 13 日）。

庭出身的同學極少有人支持馮敬蘭等人調查卞案的行為，她們要麼婉言相勸，過去的事情不要提了；要麼乾脆拒絕，甚至反問：你要幹什麼[10]？！

第八，受害人死後，紅衛兵向「有問題的」人發出警告，如果不老實也會遭受同樣下場。王金死了以後，南外的紅衛兵指派吳玉璋和凌介平兩位老師去抬屍體。一位女紅衛兵高舉著帶血的鞭子，沖吳老師吼道，「你不老實，王金就是你的下場！」（這位紅衛兵後來做了不小的官，由於誤傳，有些同學以為她也是打死王金的兇手之一。）北師大女附中有同學回憶，劉進宣佈卞之死的同時對「狗崽子」發出警告，說她們如果不老實，也會遭到同樣的下場[11]。

第九，兩校的學生核心人物具有較高的威信和權威。南外紅衛兵打死王金後，紅衛兵臨時負責人（第 1 號兇手）從校外執行任務回來後馬上發佈命令：此事到此為止，不要說。紅衛兵開介紹信到火葬場也是他和其他兩位紅衛兵所為。北師大女附中在卞仲耘被打死後，劉進在校廣播裏宣佈了死訊[12]。需要提醒讀者注意的是，無論是過去還是現在，不是任何人能隨意進入學校廣播站宣佈事情的。

第十，兩所學校的學生也有相同之處。南外當時的招生非常嚴格，一般人不得自由報考，需經所在學校的推薦才能取得

---

[10]　馮翔。2014 年。「宋彬彬的符號人生」。《南方週末》（2014 年 3 月 13 日）。

[11]　啟之。2013 年。《故事不是歷史：文革的紀實與書寫》。要有光出版社，第 33-41 頁。也有人說沒有這一印象。

[12]　啟之。2013 年。《故事不是歷史：文革的紀實與書寫》。要有光出版社，第 40 頁。

考試資格。錄取的學生中革軍和革幹子弟為多數。北師大女附中更是聚集了中央一級的權貴子弟，她們有父母作為靠山可以「通天」。

王案和卞案也存在以下多個相異之處。

首先，受害人的身份不同。卞仲耘於 1941 年加入了中國共產黨。1945 年，她和丈夫一起去了解放區。1949 年，卞仲耘調北師大女附中工作，歷任校教導員，副教導主任、主任，校黨總支副書記、書記，副校長。當時該校沒有校長，在文革開始時，卞仲耘實際上是北京師大女附中的最高負責人。卞仲耘是文革初期劉鄧為了自保被拋棄的棋子。而王金則是普通民眾，因為有歷史問題又曾犯過錯被打入另冊，生活在社會底層，屬於邊緣人物，長期以來一直受到歧視。

第二，受害者與兇手的關係不同。卞案中受害者是兇手的老師，打她的紅衛兵是她教育出來的學生。兇手對她如此仇恨與多年的教育不無關係。王金是兇手的衣食父母。王金與千千萬萬百姓用辛勤的勞動養活了官僚和他們的子弟。王金被打死在南外的新宿舍樓裏。這座大樓正是王金與他的工友曾揮汗如雨建造起來的。相比之下，王金死得更冤。

第三，王金案調查及時，真相沒有被歲月遺忘；而卞仲耘案的調查卻由於許多人為的原因，真相至今未能公佈。王金被打死的消息一傳到生前所在單位，王金的同事們頂著壓力，立即行動起來。10 月 2 日，南京百姓得知王金的死訊，一場疾風暴雨式的群眾抗議風潮隨之席捲全城。10 月 3 日，王金的 3 個同事和華東水利學院的 7 名學生成立了調查小組赴南外進行調查，10 月 16 日由 40 多個單位的工人和學生組成的聯合

調查團成立。龐大的調查團一方面製造輿論，一方面與當局交涉。文革的開展使當權階級內部出現裂隙，南京市委和玄武區委工作人員于順良、張國義（南京市公安局第五處的一位科長）、徐俊良和孫勳等人為調查團提供了極為重要的信息和線索。調查團不僅接觸到了公安局內部的材料（如更改過的法醫鑒定），而且還把省、市委秘密開會商議對策的會議記錄公佈於眾。

　　卞案的調查卻遇到了來自多方面的巨大阻力。卞仲耘遇難後，王晶垚得知噩耗趕到醫院，看到的是妻子卞仲耘血跡斑斑的屍體。第二天，他用幾個月的工資買了一部昂貴的照相機，給妻子照了許多張照片。在接下來的每一個步驟，清洗、換衣、火化、殯葬皆有照片記錄。之前女學生們上門鬧事，貼在家門口的標語、大字報，全部被他攝入鏡頭。全中國的文革受難者中，像卞仲耘這樣留下如此之多的影像記錄者屈指可數[13]。宋彬彬曾向王晶垚先生講述了一些與卞仲耘之死有關的情節。王晶垚先生及其子女立即進行了追記。在這份絕無僅有的歷史檔中，宋彬彬以那個時代特有的話語系統和冷酷的口氣，講述了她本人在卞仲耘遇害前後的所作所為。紅八月的恐怖氛圍沒有震懾住王晶垚先生為妻子申冤的決心。字字為據，句句為證，王晶垚將宋彬彬的話統統記錄在案。紅八月中，有多少人被紅衛兵活活打死。但是很少有死難者家屬敢於記錄紅衛兵的暴行。只有王晶垚先生保留了卞仲耘的血衣，用照相機拍攝了妻子遍

13　馮翔。2014年。「王晶垚：『我，沒有忘記歷史』」。《南方週末》（2014年3月13日）。

體鱗傷的遺體，用筆記錄下了與諸多女附中師生的談話內容。這些談話記錄以真實的語境和不同的視角再現了卞仲耘被害前後的很多細節。最早接觸到這批材料的是北師大女附中的學生王友琴博士。時間是在 1993 年 9 月中旬。王友琴對這些資料進行了抄錄和複印。她那篇著名的文章「學生打老師的革命」中關於卞仲耘挨打和倒下的描述源于王晶垚先生的這些珍貴材料[14]。在經歷了整整 27 個年頭以後，卞仲耘慘案才為世人所知。

　　第四，王金案和卞仲耘案的家屬的態度截然不同。王金被打死後，省市委認為家屬不起來鬧，事情就好辦了，因此採取了「加速處理、穩住一頭」的方針。他們親自派人 24 小時地看守住家屬，以安慰照顧為名，行看守隔離之實。不僅如此，當權者利用權力為家屬調換住房，連夜偷偷摸摸地將家屬搬了家，使外人無法與家屬聯繫。在撫恤上，省市委對家屬實行經濟收買。市委區委決定，除三個月的安葬費外，還每月發給王金的養母和養子生活費 30 元，養母到去世，養子到 16 周歲；家屬還享受國營工廠的勞保待遇。所有這些大大超過了集體所有制單位的撫恤標準，甚至超過了國營企業和機關幹部的撫恤待遇。當權者還批准將王金的妻妹一家調進南京工作。這樣的處理確實達到了「穩住家屬一頭」的目的。王金的家屬自始至終沒有站出來為王金討個說法，為王金討還公道。50 年來，從未見到或聽到王金的家屬及後人公開提及王金和王金事件。

14　郎鈞。2012 年。「佇視王晶垚—宋彬彬對簿歷史的公堂—《宋彬彬談話紀要》的解讀及其它」。《北京之春》（2012 年 8 月號）。

從家屬的態度上看，王金是可悲的。但是王金又是幸運的，他的同事們勇敢地站起來為他討還公道，起到了家屬無法起到的作用。

卞案的家屬王晶垚老先生自始至終堅持不懈地為卞討回公道。王晶垚不滿當局將卞仲耘之死歸結於「資產階級反動路線」和林彪、「四人幫」。從 1978 年到 1989 年，王晶垚連續告了 12 年。狀告的對象是一個名叫袁淑娥的女人。此人曾寫信誣告卞仲耘，直接導致後者被批鬥。但是北京西城區檢察院 1981 年認定，被告人借文革之機，捏造事實，誹謗他人，情節嚴重，已構成誹謗罪。但是根據《刑事訴訟法》之規定，被告人的犯罪行為已過追訴時效期限，故決定不予起訴。

王老先生又在 1983、1985、1987 年先後向西城區委、北京市委、中共中央政治局常委胡啟立以及最高人民檢察院檢察長楊易辰提出申訴。王晶垚還曾於 1989 年請求全國第一位律師出身的人大代表王工在七屆全國人大二次會議上提出第 3433 號建議重審此案。當年年底，最高檢察院回復：袁淑娥不是捏造足以使他人受到刑事追訴的犯罪事實的問題，不具備誣告、陷害罪的構成要件，不符合中央關於處理文革期間遺留問題的政策規定精神。不過，王老先生沒有要求追究那些揪鬥、毆打、虐待卞仲耘，直接導致她死亡的女學生。他對這些學生還是挺寬容的，認為她們都是被唆使的[15]。

第五，王金案中紅衛兵負責人直接參與了毆打，而卞仲耘

---

[15]　馮翔。2014 年。「王晶垚：『我，沒有忘記歷史』」。《南方週末》（2014 年 3 月 13 日）。

案中的核心人物宋彬彬和劉進沒有直接參與打人。南外紅衛兵臨時負責人第 1 號和第 2 號兇手不僅主持了所謂的「審問」，還動手打了王金。雖然他們不是打得最凶的，但是他們是眾多的兇手之一。宋和劉與南外的負責人不同，她們並沒有直接參與打人。不過，她們對卞仲耘的死仍有不可推卸的責任。

第六，由於南京市民的強烈反彈，政府不得不在死人事件發生後的 3 個月後追究兇手的責任。南外的 3 名紅衛兵被抓，儘管並沒有判刑，但是他們在監獄裏被關了近 2 年，也算是受到了法律的制裁。而北師大女附中的兇手卻因真相遲遲未能揭開，直至死者已經死去近 50 年後的今天，兇手們仍然逍遙法外，沒有人為卞仲耘的慘死付出代價。

第七，王金案和卞仲耘案在時間上的錯位。南外打死王金事件在 50 年前鬧得滿城風雨，不僅本市甚至周邊城市都受到震動，成為南京地區（甚至江蘇省）無人不知無人不曉的轟動事件。時隔幾十年之後，該事件似乎被人們遺忘，現在很少有人提及此事件。而卞仲耘案在當時的京城並不出名，連近在咫尺的學生和民眾均不知情。但是現在卻轟動多年，自從王友琴博士在她的 1993 年的書中提及卞案後，20 多年來追查卞案真相的呼聲不絕於耳。

3.2 歷史故事化和故事歷史化

王金事件和卞仲耘案的最重要區別在於案情的真相。圍繞著卞仲耘一案的真相，華人圈分為兩大陣營：一方以王友琴博士和受害人家屬王晶垚老先生為代表（以下簡稱「王王陣營」），

孜孜不倦追尋和揭露卞仲耘之死的真相；另一方以當年的紅衛兵宋彬彬和劉進為代表（以下簡稱「宋劉團隊」），對卞仲耘一案做「另一種陳述」。「王王陣營」20 多年來一直努力挖掘真相，但是真相的揭露與該陣營的領軍人物並無直接的利害關係。他們不會因為真相的揭露和兇手的制裁受到直接的利益和好處，最多只是精神上的安慰。但是真相的揭露對「宋劉團隊」的領軍人物卻有著直接的利害關係。如果事實證明宋、劉二人與卞案無關，她們沒有任何責任，那麼她們的名譽將得以保全，否則她們的個人名譽將受到嚴重損害。

　　兩個陣營的調查結果有許多差異。究其原因，首先是證據來源存在問題。雙方在調查真相過程中不僅依賴有形的證據（如王晶垚老先生保留的血衣、照片以及案發以後第一時間王老先生進行的調查筆錄：《宋彬彬談話記錄》，《胡志濤談話補記》，《王永海談話記錄》，《宋淮雲、劉秀瑩談話記錄》等[16]），而且依賴受訪者在事發數十年後進行的回憶。

　　人的記憶力的可靠性問題是心理學研究的一個重要課題。有不少人以為人的記憶如同錄影機和攝像機，可以精確地記錄經歷的事件。該認識誤區是受佛洛伊德等人的觀點的影響。佛洛伊德認為遺忘的記憶（通常是創傷性的記憶）存在於朦朧的無意識之中，不會因時間的逝去而改變，也不會與其他記憶產生競爭爭奪腦力資源。然而事實卻正相反，人的記憶並不能複

16　郎鈞。2012 年。「佇視王晶垚—宋彬彬對簿歷史的公堂—《宋彬彬談話紀要》的解讀及其它」。《北京之春》（2012 年 8 月號）。

製過去的經歷[17]。人的記憶並不精確而且並不可靠，這一結論並不是什麼新發現。早在 19 世紀末，與佛洛伊德同時期的心理學家詹姆斯曾說過，錯誤的記憶並不少見，人們可能看到了某些東西，可能說了某些話，可能做了某些事，也有可能他們只是在夢裏或者在想像中看到、說了或做了某些事[18]。大量的研究表明，人的記憶不是永久性地銘刻在腦子裏的，我們不應把記憶看作是錄影機或攝像機，我們應該把記憶看作是不斷變化的媒介，能夠體現人對過去和將來具有驚人的創造力[19]。馬克·吐溫曾說過，我記住的事情不如記不住的事情多，這一點也不奇怪[20]。文革中上海沒有實行過肉票制。有學者做調查竟然發現許多上海人都記錯了[21]。心理學家沙克特總結了記憶七罪：健忘、失神、空白、錯認、暗示、偏頗、糾纏[22]，排在第

[17] Clifasefi, Seema. L., Garry, Maryanne, and Loftus, Elizabeth F. 2007. "Setting the Record (or Video Camera) Straight on Memory: The Video Camera Model of Memory and Other Memory Myths". *Tall Tales about the Mind and Brain: Separating Fact from Fiction*, ed., by Sala, Sergio Della, pp. 60-75.

[18] James, William. 1890. *The Principles of Psychology*. Cambridge, MA: Harvard University Press, p. 373.

[19] Lilienfeld, Scott O., Lynn, Steven J., Ruscio, John, and Beyerstein, Barry L. 2010. *50 Great Myths of Popular Psychology: Shattering Widespread Misconceptions about Human Behavior*. Malden, MA: Wiley-Blackwell.

[20] Myers, David G. 2001. *Psychology*, 6th edition. New York: Worth Publishers, p. 346.

[21] 金大陸、啟之。2012 年。「一個研究『文革』的新思路新方法——金大陸教授訪談錄」。《社會科學論壇》2012/2，第 144-156 頁。

[22] Schacter, Daniel L.. 1999. 「The Seven Sins of Memory: Insights from Psychology and Cognitive Neuroscience」. *American Psychologist*, Vol. 54, No. 3, pp. 182-203.

一位的是健忘。

　　其次，兩個陣營不同的調查結果還源於自利性偏差。自利性偏差是需要保持或提升自尊時人們歪曲記憶或感覺的現象。人拒絕接受負面回饋的正確性，只注重自身的強處或成績而忽略自身的缺點和失敗，以保護自我不受威脅或傷害[23]。心理學家發現，人總是力圖擴大自己的正面經歷而縮小負面經歷，這是一條最基本的永恆不變的定理[24]。自利性偏差說白了就是「見榮譽就上、見責任就讓」[25]。自利性偏差還表現在選擇性記憶。為了保持形象[26]，人只記成功不記失敗[27]，過濾並壓制不利的記憶[28]，選擇性忘卻以保護自己[29]。自我欣賞、自我能

---

[23] Forsyth, Donelson R.. 2008. "Self-Serving Bias". International Encyclopedia of the Social Sciences, 2nd edition, ed., by Darity, William. Detroit: Macmillan, p. 429.

[24] Alicke, Mark D., and Sedikides, Constantine. 2009. "Self-Enhancement and Self-Protection: What They and What They Do". European Review of Social Psychology, 20, pp. 1-48.

[25] Brown, Jonathan. 1998. The Self. New York: Routledge, Chapter 7.

[26] Benabou, Roland and Tirole, Jean. 2002. "Self-Confidence and Personal Motivation". The Quarterly Journal of Economics, pp. 871-915.

[27] Benabou, Roland and Tirole, Jean. 2000. "Self-Confidence: Intrapersonal Strategies". Psychology and Economics, ed., by Tirole, Jean. European University Institute.

[28] Hoffman, David D. and Wolman, Richard N. 2013. "The Psychology of Mediation". Journal of Conflict Resolution, Vol. 14, pp. 759-806.

[29] Green, Jeffrey D., Sedikides, Constantine, Pinter, Brad, and Tongeren, Daryl R. Van. 2009. "Two Sides to Self-Protection: Self-Improvement Strivings and Feedback from Close Relations Eliminate Mnemic Neglect". Psychology Press, pp. 233-250.

力在有關自己的信息方面體現出明顯的選擇性記憶[30]，甚至自我欺騙[31]，自欺欺人[32]，最後連自己也相信了[33]。人不僅有選擇性記憶，而且對有關信息也採取選擇性攝取。由於人存在自利偏差傾向，所以渴望得到正面的回饋，歸屬感對社會信息的選擇性有很大的影響[34]。記憶的另一個特點是，壞的事情比好的事情對人的印象深、影響大[35]。人們常說，人的一生苦樂參半，人們總是苦時記在心，樂時不經意。這也是為什麼當人們回憶文革時，總是以受害者身份出現，很少想到自己不僅是受害者也同樣是害人者的原因。

　　自利性偏差還與人和人之間的關係有關。關係親近的人之間互相推諉責任的較少，而關係疏遠的人之間相互指謫推諉責

[30] Tafarodi, Romin W., Tam, Janice and Milne, Alan B.. 2001. "Selective Memory and the Persistence of Paradoxical Self-Esteem". *PSPB*, Vol. 27, No. 29, pp. 1179-1189.

[31] Balcetis, Emily. 2008. "Where the Motivation Resides and Self-Deception Hides: How Motivated Cognition Accomplishes Self-Deception". *Social and Personality Psychology Compass*, pp. 361-381.

[32] Hippel, William van and Trivers, Robert. 2011. "The Evolution and Psychology of Self-Deception". *Behavioral and Brain Sciences*, 34, pp. 1-56.

[33] Tversky, Barbara and Marsh, Elizabeth J. 2000. "Biased Retellings of Events Yield Biased Memories". *Cognitive Psychology*, 40, pp. 1-38.

[34] Gardner, Wendi L., Pickett, Cynthia L., and Brewer, Marilynn B.. 2000. "Social Exclusion and Selective Memory: How the Need to Belong Influences Memory for Social Events". *PSPB*, Vol. 26, No. 4, pp. 486-496.

[35] Baumeister, Roy F., Bratslavsky, Ellen, Finkenauer, Cartin, Vohs, Kathleen D.. 2001. "Bad Is Stronger than Good". *Review of General Psychology*, Vol. 5, No. 4, pp. 323-370.

任的較多[36]。劉進能主動為宋彬彬承擔部分責任說明了這一點。與自利性偏差有關的是另一種常見的偏差叫做確認偏差。人會先入為主，面對證據時總是尋找和解釋對自己有利的方面[37]，人更易於達到所希望的結論[38]。

　　健忘和自利性偏差是重塑歷史的過程中時常出現的問題。心理醫生根據實際工作發現，人類創造故事，並生活在創造出來的故事之中。麥克亞當斯對這一問題研究了 20 多年，發現人在自傳中常常重塑過去，解釋現在，想像將來，把自己的一生裝扮成有意義、有目的[39]。有理論認為自傳性記憶有服務於自我和社會的功能[40]。當然人不會憑空臆造歷史，人在講述自己的過去時緩和自相矛盾的地方，激化對比，美化自己，引進戲劇性的情節、緊張、衝突、高潮、結局以及其他好故事所需

[36] Sedikides, Constantine, Campbell, Keith W., Reeder, Glenn D. and Elliot, Andrew J. 1998. "The Self-Serving Bias in Relational Context". *Journal of Personality and Social Psychology*, vol., 74, No. 2, pp. 378-386.

[37] Nickerson, Raymond S.. 1998. "Confirmation Bias: A Ubiquitous Phenomenon in Many Guises". *Review of General Psychology*, Vol. 2, No. 2, pp. 175-220.

[38] Kunda, Ziva. 1990. "The Case for Motivated Reasoning". *Psychological Bulletin*, Vol. 108, No. 3, pp. 480-498.

[39] McAdms, Dan P. 1985. *Power, Intimacy, and the Life Story*. New York: Guilford Press.

McAdms, Dan P. 1993. *The Stories We Live By*. New York: Morrow.

McAdms, Dan P. 2001. "The Psychology of Life Stories". *Review of General Psychology*, 5, pp. 100-122.

McAdms, Dan P. 2006. The Redemptive Self. New York: Oxford Univesity Press.

[40] Bluck, Susan, Alea, Nicole, Habermas, Tilmann, and Rubin, David C.. 2005. "A Tale of Three Functions: The Self-Reported Uses of Autobiographical Memory". *Social Cognition*, Vol. 23, No. 1, pp. 91-117.

要的特點。人把對過去的記憶與自己對現時的理解和對將來的
期望結合起來。所以人的自述或自傳不是人的完整的對過去的
講述，是經過高度選擇的、重新組織的記憶，以便服務於人的
現在和將來[41]。格林沃德提出人在編造和改寫個人歷史時的三
個偏差[42]。佛洛伊德早就說過，自我拒絕不可忍受的想法以及
與想法有關的影響和行為，似乎從來沒有發生過[43]。當然，如
果涉及歷史的大事件或重要人物，由於影響太大，編造的變化
稍小一些[44]。

　　人不僅重寫和重塑歷史，而且對歷史進行重新解讀。同樣
一件歷史事件在不同的時間會有不同的解讀。以 1966 年 8 月
18 日宋彬彬為毛戴紅衛兵袖章一事為例，在當時能給全民擁
戴的領袖戴上紅袖章是件很榮幸的事。北師大女附中分到 40
個名額上天安門。宋彬彬挑選了 40 個人，出發點名時，因多

---

[41] McAdams, Dan P., and Adler Jonathan M.. 2010. "Autobiographical Memory and the Construction of a Narrative Identity: Theory, Research, and Clinical Implications". "Social Psychological Foundations of Clinical Psychology", ed., by Maddux, James E., and Tangney, June Price. New York: The Guilford Press.

[42] Greenwald, Anthony G.. 1980. "The Totalitarian Ego: Fabrication and Revision of Personal History". *America Psychologist*, Vol. 35, No. 7, pp. 603-618.

[43] Freud, Sigmund. 1894/1959. "The Neuro-Psychoses of Defence". *Sigmund Freud: Collected Papers,* Vol. 1, trans., by Riviere, Joane. New York: Basic Books, p. 72.

[44] Zhang, Tong and Schwarts, Barry. 1997. "Confucius and the cultural Revolution: A Study in collective Memory". *International Journal of Politics, Culture and Society*, Vol. 11, No. 2, pp. 189-212.

出一個，第 41 個人沒有上去，當場就哭了[45]。這位女生當時的心情不言自明。可是到了近 50 年後的今天，為毛戴紅袖章一事卻成了宋彬彬的魔咒。諂媚權貴的母校把宋與毛的照片拿出來炫耀導致惡評如潮。毛當年建議宋彬彬改名為「宋要武」，新聞報導鋪天蓋地，宋要武在很長一個時期內是如雷貫耳的名字。當年的紅衛兵都以見到毛為光榮，給毛戴袖章何其光榮，毛是紅衛兵中的一員了，他（她）們連做夢都會樂醒的[46]，更何況領袖親自為紅衛兵更改姓名。可是到了 40 多年後，如此榮耀的事件卻被淡化成是毛的一個「玩笑」，領袖的恩寵被淡漠到近乎大不敬[47]。宋彬彬因「袖章門」和「冠名門」受盡困擾，千方百計地重塑和重新解讀無法否認的歷史事件。

　　兩大陣營的鬥爭表面上看是圍繞著歷史，試圖搞清歷史的真相，但是真實意義是為了將來，而決定這場鬥爭勝負的卻是現在。「宋劉團隊」的努力是頗有成效的，至少她們搞清了兩件重要的史實：1.宋彬彬沒有直接參與毆打卞仲耘；2.宋彬彬在文革中沒有殺過人。對於這兩個定性問題的回答很簡單，要麼是肯定，要麼是否定。調查結論相對容易些。但是對宋劉是否在卞案中負有責任的問題，「宋劉團隊」遇到了麻煩。宋劉既不是一點責任也沒有，但也不是需要負完全的責任。她們的責任是在零到百分之百之間的某個點上。對於這一定量的問題，

---

[45] 周至美、蔣晨悅。2014 年。「宋彬彬的三個名字」。《南都週刊》2014 年第 4 期（1 月 2 日）。

[46] 朱曉茵、劉進等。2014 年。「劉秀瑩老師談女附中文革」，《記憶》第 108 期（2014 年 2 月 15 日）。

[47] 華新民。2014 年。「卞仲耘命案爭論拾遺」。《華夏文摘增刊》第 956 期。

仁者見仁智者見智，無法得出令人滿意的一致意見。「宋劉團隊」為宋劉解脫責任的努力不僅沒有達到預期的效果，反而遭到質疑和責難[48]。而「宋劉團隊」講述的宋劉曾力主搶救卞仲耘的故事則近乎神話，受到更多的批駁和詬病[49]。

其實，將故事歷史化並不是稀罕事。歷史為現實服務的例子比比皆是。例如，中國的抗日戰爭史有多種版本。只是到了近年，國人才有幸知道一些被掩蓋了幾十年的真相。原來國民黨和蔣介石不是躲在重慶的峨眉山上等著下山的「摘桃派」。事實上，故事和歷史一直在互相轉換著。

電影界（如美國的好萊塢）善於把歷史故事化。他們採取兩種方法來再現歷史：現實主義和浪漫主義。浪漫主義手法表現在以當今的觀點描寫某段歷史。導演和編劇通過道具和演員的表演向觀眾傳遞某些深刻的政治寓意。例如在德國電影《瑪

<hr>

[48] 王容芬。2013 年。「一層終於捅破了的窗戶紙—紀念紅八月受難者卞仲耘老師和證人林莽（陳洪濤）老師」。《縱覽中國》2013-8-4.

徐賁。2014 年。「宋彬彬的『錯』和『罪』」。《華夏文摘增刊》第 927 期。

裕雄。2014 年。「再談良知與責任—評宋彬彬道歉」。《華夏文摘增刊》第 929 期。

王晶垚。2014 年。「關於宋彬彬劉進虛偽道歉的聲明」。《縱覽中國》2014-1-27.

朱學勤。2014 年。「吐盡狼奶、開口奶：從宋彬彬道歉說起」。《華夏文摘增刊》第 932 期。

馮翔。2014 年。「王晶垚：『我，沒有忘記歷史』」。《南方週末》2014-3-13。

王友琴。2014 年。「回應宋彬彬等」。《共識網》（2014-3-25）。

[49] 郎鈞。2012 年。「佇視王晶垚—宋彬彬對簿歷史的公堂—《宋彬彬談話紀要》的解讀及其它」。《北京之春》（2012 年 8 月號）。

餘不潔。2014 年。「拒絕接受道歉恰當嗎？」《華夏文摘增刊》第 956 期。

華新民。2014 年。「卞仲耘命案爭論拾遺」。《華夏文摘增刊》第 956 期。

麗·布朗的婚姻》[50]裏，有一段鏡頭表現女主人公瑪麗·布朗身穿裘皮大衣，頭戴毛皮帽，腳蹬高跟鞋，出現在廢墟之中。德國剛剛戰敗，影片呈現出一片狼籍滿目瘡痍的慘狀。從寫實的角度，這樣的場景是不可能的。她身上的服裝要到 10 多年之後才在市場上出現。即使當時能夠買到，像女主人公那樣的經濟條件未必買得起。如果布朗穿著軍裝戴著頭巾的話，從現實主義的角度也許是真實的。導演甯那·華納·法斯賓德讓影片中的女主人公穿著不現實的服裝出現，有著獨具匠心的深刻含義：精心製作的服裝體現了人民對未來德國繁榮的期望[51]，它像一面旗幟、一盞明燈預示著未來的光明。

　　而現實主義的手法則以真實的細節重現歷史。李安電影受到普遍稱讚的特點是精細至微。在《冰風暴》一片中，李安對那個時代生活的還原非常準確，使美國觀眾驚歎不已。該片所處的時代是上世紀的 70 年代。西方社會在文化觀、生活觀念、道德觀念以及政治理念等等方面經歷劇烈震盪。水門事件和越戰在美國是揮之不去的陰影。在那個特殊的年代，整個美國處於困惑迷失狀態，總統形象和社會權威受到嚴重的挑戰。李安對時代的挖掘細緻到當時使用的地毯、襪子和電視機裏播放的電視廣告。《冰風暴》成功地喚起了美國觀眾對那個時代的回

50　《瑪麗·布朗的婚姻》（The Marriage of Maria Braun, 1979）。

51　Hole, Kristin. 2011.　"Does Dress Tell the Nation's Story? Fashion, History, and Nation in the Films of Fassbinder". *Fashion in Film,* ed., by Munich, Adrienne. Bloomington, IN: Indiana University Press, p. 289.

憶[52]。

　　即使在虛構類電影中，編劇、導演和演員的發揮空間比較大，真實性的要求並不太高，但是為了使此類電影述說的故事令人信服，編劇和導演在許多細節上仍然會力求真實。影片講述的故事，無論發生在現在、過去還是將來，無論發生在近在咫尺的城市還是遠在天邊的鄉村，電影服裝設計師和化妝師會與導演、攝影師、場景設計師通力合作，設計出能夠傳遞電影主題、背景和情緒的電影服裝和道具。為達此目的，服裝設計師在充分理解電影劇本後會走訪圖書館、資料室、檔案館，研究與電影劇情時代有關的報紙、雜誌、產品目錄等，以便更深刻地瞭解當時的社會。對於歷史學者來說，電影是研究當時民眾的生活、心理、政治態度等方面的重要資料之一[53]。

　　筆者曾客串好萊塢，在一部影片中擔任過群眾演員。好萊塢導演的細緻作風令人嘆服。拍攝的影片中有一個橋段需要用幾天時間來拍攝。演員們的髮型和著裝必須完全一致以免留下破綻。每天拍攝結束後，攝製組的助手給每位群眾演員拍照留檔，以便第二天對照。作為群眾演員，我們出現在鏡頭裏的機會很少，充其量不過是一晃而過。有一天我無意間在上衣口袋裏多放了一支筆，立即被發現。我在後排就座，那支筆被電影觀眾注意到的可能幾乎為零。但是工作人員仍不放過。情節可以編，但是細節要真實。沒有真實的細節，很難成為大片好片。

[52] 張程、喬晞華。2015.《多棱鏡下：中國電影與時裝、時尚》。北京：人民日報出版社。
[53] George Mason University Web.
http://historymatters.gmu.edu/mse/film/socialhist.html

　　「宋劉團隊」(包括中國的電影界)在這方面還缺乏經驗，儘管情節不錯，但是存在著許多經不起推敲的細節[54]，影響了可信度。故事歷史化採用浪漫主義的手法顯然行不通。巴厘特說過，歷史與個人和團體一樣被不斷地重寫和重塑，目的是為現時服務[55]。人改寫過去，重塑歷史的原因和意義在於：誰控制了歷史，誰就控制了將來，而誰控制了現在，誰就控制了歷史[56]。在這場控制戰中，代表平民一方的「王王陣營」似乎不敵有背景的「宋劉團隊」，平民處於弱勢。正像胡平說的，卞案成為懸案的原因在於兇手們的特殊身份（高幹子女），這也是犯罪者始終不被追究不受懲罰的原因[57]。這又是一場不對稱的博弈。

3.3 文革暴力的研究綜述

　　文革開始至今已有近 50 年了，學術界對文革的研究已經發生重心轉移，從毛為什麼要發動文革轉移至群眾暴力的解釋[58]。個人或組織訴諸暴力的目的主要是為了保持權力以便保護

---

[54] 雷一寧。2012 年。「為什麼當年北京最出色的女校學生，會做出如此傷天害理的事情？」《華夏文摘增刊》第 858、860 期。

　　華新民。2014 年。「卞仲耘命案爭論拾遺」。《華夏文摘增刊》第 956 期。

[55] Bartlett, Frederic C. 1932. *Remembering: A Study in Experimental and Social Psychology*. London: Cambridge University Press, p. 309.

[56] Orwell, George. 1949. *1984*. New York: Harcourt Brace & Co., p. 32.

[57] 胡平。2014 年。「為什麼卞仲耘之死成了懸案」。《中國人權雙週刊》第 124 期（2014 年 2 月 7 日—2 月 20 日）。

[58] 關向光。2006 年。「文革再認識」。《展望與探索》2006 年 6 月 4:6 期。

自身的利益[59]。貴族紅衛兵打人、對「黑五類」或「黑七類」政治賤民的暴力、最後發展成為武鬥的造反派之間的派別鬥爭[60]無一不是為了爭奪或保持權力，保護自身的利益。

按照暴力的方向，暴力可以分為兩種：一種是對衝擊、批判、專政對象的單方面施暴，另一種是造反派別組織間的相互（雙向）暴力。而單向暴力貫穿 10 年文革。文革初期學生對老師的暴力，紅八月期間紅衛兵對社會的暴力，67、68 年間群眾專政對黑五類的暴力，革委會成立後歷次黨的運動對所謂壞人的暴力都是單向暴力[61]，受害者大多是無故的百姓。

暴力也可以分為垂直暴力和平行暴力。垂直暴力指的是一個集團對另一集團的控制，可以是自上而下壓制或防止被統治者的反抗，也可以是自下而上用武力改變不公平的統治。平行暴力指的是兩個平等的集團因爭奪經濟或政治的資源而產生的抗爭[62]。文革中後期的多次黨的運動屬於垂直暴力，是統治階級對「黑五類」和所謂壞人的鎮壓。文革中造反派之間的衝突則屬於平行暴力。

---

[59] Straus, Scott. 2012. "Retreating from the Brink: Theorizing Mass Violence and the Dynamics of Restraint". Perspectives on Politics, 10, No. 2, pp. 343-362.

[60] Hinton, William. 1984. *Shenfan: The Continuing Revolution in a Chinese Village*. New York: Vintage Books, p. 521.

[61] 阿陀。2013 年。「文革的十年，武鬥的十年──為紀念文革四十七周年而作」。華夏知青網：http://www.hxzq.net/

[62] Harrell, Stevan. 1990. "Introduction". *Violence in China: Essays in Culture and Counterculture*, ed., by Lipman, Jonathan N., and Harrell, Stevan. Albany, New York: State University of New York Press, p. 2.

　　有學者[63]根據安・諾頓[64]的分析模式對文革中的暴力進行分析，提出文革的暴力可以分為非建制性群體暴力和建制性群體暴力[65]。「建制性」指的是暴力行為在現行的法律秩序內被允許存在。建制性群體暴力的典型表現是戰爭。非建制性群體暴力在民主國家是不允許存在的，只會發生在專制國家裏。文革造反運動中的暴力（如貴族紅衛兵的暴力，造反派武鬥等）屬於非建制性群體暴力。非建制性群體暴力與國家機關暴力之間的關係錯綜複雜。1966 年夏貴族紅衛兵的暴力屬於非建制性群體暴力，是反體制、游離於現行法律秩序之外的群體暴力，但是它又同時有著諸多建制性群體暴力滲透的特徵[66]。

　　暴力又分為直接暴力、結構性暴力和文化暴力三種形式。直接暴力的形式（如殺戮、殘害、肉體折磨等以及與此有關的監禁、管制、奴役）是最赤裸裸、最野蠻的形式。結構性暴力通過現代社會的政治、社會和經濟體制起作用，並不需要直接針對肉體，表現為剝削、滲透、分裂和排斥。目的只有一個，就是實現壓迫。剝削採用經濟手段，使受害者在經濟上受損。滲透使用的是思想控制手段，使統治者佔據中心位置，受害者處於從屬地位。分裂用的是政治手段，把受害者分而治之。排

63　關向光。2006 年。「文革再認識」。《展望與探索》2006 年 6 月 4：6 期，第 7-11
　　頁。徐賁。2004 年。「文革政治文化中的恐懼和暴力」。《愛思想網》2004-8-7。

64　安・諾頓（Anne Norton）美國政治學和比較文學教授，現為賓夕法尼亞大學
　　政治學系主任。

65　非建制性群體（Informal collective，也譯為形式性群體、集體），建制性群體
　　（Formal collective，也譯為形式性群體、集體）。

66　張晨晨。2008 年。「文革初期的集體暴力」。《二十一世紀》網路版，2008 年
　　12 月號，第 52-61 頁。

斥用的是社會手段，使受害者處於社會邊緣地位。文化暴力則採用確立文化的方法使統治者的地位合法化，鞏固其統治地位，為直接暴力和結構性暴力辯護[67]。

　　對文革暴力分析最多的是暴力的根源和原因。中國人歷來講「君子動口不動手」，為什麼文革中的中國人不僅動口還大打出手呢？首先，文革中的暴力有其源遠流長的歷史原因和文化原因。儒家的「天命觀」指上天所主宰的命運。朝代的興衰、君主的更替都是上天的命令，不是人類所能控制的。這種觀念與歐洲的王權天授不同。在中國的歷史中，無論誰奪得皇位都可以獲得儒家「天命觀」的認可，正像中國的俗語說的，「成者王、敗者寇」。該詞在中國常用來解釋新政權的合法性。從陳勝、吳廣到孫中山、毛澤東都是使用暴力進行反抗的[68]。部落家族間的械鬥[69]，民族之間的血腥衝突[70]，黨的歷次運動中

---

[67]　徐賁。2004 年。「文革政治文化中的恐懼和暴力」。《愛思想網》2004-8-7。

[68]　Perry, Elizabeth J. 2001. "Challenging the Mandate of Heaven: Popular Protest in Modern China". *Critical Asian Studies*, Vol. 33, No. 2, pp. 163-180.

[69]　Lamley, Harry J. 1990. "Lineage Feuding in Southern Fujian and Eastern Guangdong under Qing Rule". *Violence in China: Essays in Culture and Counterculture*, ed., by Lipman, Jonathan N., and Harrell, Stevan. Albany, New York: State University of New York Press, pp. 27-64.

[70]　Lipman, Jonathan N. 1990. "Ethnic Violence in Modern China: Hans and Huis in Gansu, 1781-1929". *Violence in China: Essays in Culture and Counterculture*, ed., by Lipman, Jonathan N., and Harrell, Stevan. Albany, New York: State University of New York Press, pp. 65-86.

Shek, Richard. 1990. "Sectarian Eschatology and Violence". *Violence in China: Essays in Culture and Counterculture*, ed., by Lipman, Jonathan N., and Harrell, Stevan. Albany, New York: State University of New York Press, pp. 87-114.

的殘酷鬥爭[71]（如延安整風，四清[72]）都是文革暴力的前奏。中國的古典文學也充斥著暴力（如《西遊記》）[73]。

其次，仇恨是暴力的重要原因[74]。長期的革命傳統教育、階級鬥爭教育和反修防修教育使民眾的價值觀、審美觀、思維方式日益扭曲畸形。毛的鬥爭哲學深入人心，愛與仇的最終界限是以階級劃線[75]。紅衛兵是在一種野蠻的制度和教育之下長大，它崇尚暴力、培養仇恨、鼓勵殘忍、縱容無情，教給孩子們一種從娘胎裏帶出來的不拿人當人的殘暴兇狠。正如劉曉波所說，這是一個視生命如草芥的時代[76]。「狼奶」教育使得文革中的紅衛兵在打、殺階級敵人時毫不手軟也沒有罪惡感[77]。

[71] White, Lynn T. 1989. *Policies of Chaos: The Organizational Causes of Violence in China's Cultural Revolution*. Princeton, NJ: Princeton University Press.

[72] 阿陀。2013 年。「文革的十年，武鬥的十年——為紀念文革四十七周年而作」。華夏知青網：http://www.hxzq.net/
White, Lynn T. 1989. *Policies of Chaos: The Organizational Causes of Violence in China's Cultural Revolution*. Princeton, NJ: Princeton University Press.

[73] Brandauer, Frederick. 1990. "Violence and Buddhist Idealism in the Xiyou Novels". *Violence in China: Essays in Culture and Counterculture*, ed., by Lipman, Jonathan N., and Harrell, Stevan. Albany, New York: State University of New York Press, pp. 115-148.

[74] Straus, Scott. 2012. "Retreating from the Brink: Theorizing Mass Violence and the Dynamics of Restraint". Perspectives on Politics, 10, No. 2, pp. 343-362.

[75] 何蜀。2007 年。「論造反派」。《文化大革命——歷史真相和集體記憶》。宋永毅主編。香港：田園書屋，第 492 頁。

[76] 劉曉波。2001 年。「從娃娃抓起的殘忍——為文革 35 年而作」。《民主中國》2001 年 4 月號。

[77] 關向光。2006 年。「文革再認識」。《展望與探索》2006 年 6 月 4:6 期，第 7-11 頁。

文革也是相互報復[78]。仇恨教育完全是政治精英們出於經濟或政治的原因玩弄的陰謀，目的是通過編造面臨的威脅操控民眾[79]。

第三，文革的暴力還源於人性和母愛的缺失。人性論和人道主義被當成資產階級和修正主義思想，母愛、溫情、憐憫被視為革命意志的腐蝕劑。人與人之間關係以階級劃線，要麼是同志要麼是敵人[80]。教育界甚至出現過對母愛教育的批判。文革前，南京師範學院附小教師斯霞精心培育學生，以「愛心」愛「童心」。有文章介紹了她的事蹟，並提出兒童不僅需要老師的愛，還需要母愛。然而教育界卻掀起了一場對「母愛教育」的批判，認為所謂的「母愛教育」是資產階級的「愛的教育」，愛的教育沒有階級性，失去了無產階級方向。結果把普遍存在的人性愛的教育扭曲為憎恨教育，漠視人與人之間的愛，漠視師生之間的愛[81]。

---

[78] Madsen, Richard. 1990. "The Politics of Revenge in Rural China during the Cultural Revolution". *Violence in China: Essays in Culture and Counterculture*, ed., by Lipman, Jonathan N., and Harrell, Stevan. Albany, New York: State University of New York Press, pp. 175-202.

丁學良。2013 年。「『文化大革命』就是形形色色的人相互報復的革命」。《革命與反革命追憶：從文革到重慶模式》。臺灣聯經出版社，第 170-194 頁。

[79] Parikh, Sunita and Cameron, Charles. 2000. "Riot Games: A Theory of Riots and Mass Political Violence". *The Wallace Institute Conference on Political Economy*, University of Rochester.

[80] 徐友漁。1999.《形形色色的造反：紅衛兵精神素質的形成及演變》。香港：中文大學出版社，第 34 頁。

[81] 李輝。2003 年。「紅衛兵：從母愛教育的失落開始」。《粵海風》2003 年第六期。

　　第四，不知妥協的鬥爭哲學。文革中的紅衛兵和造反派的突出特徵是偏激、好鬥。他們決不容忍異己之見，少有作出妥協的，他們不會適可而止，不搞到你死我活決不甘休。這種思維方式來源於毛的「與天鬥其樂無窮，與地鬥其樂無窮，與人鬥其樂無窮」的鬥爭哲學。提倡鬥爭、批判、分裂，反對調和、妥協說到底是馬克思主義的傳統[82]。造反派把權力看成是最終的目的，無休止地追求權力，結果兩敗俱傷而自毀[83]。

　　第五，文革發生暴力更重要的原因是得到政府的支持或默許。毛在八屆十一中全會結束後舉行的中央領導人的工作會議上說，「北京太文明了！」公開縱容和支持紅衛兵的暴力[84]。「紅八月」中貴族紅衛兵任意對市民進行抄家和殺戮不但沒有被政府阻止，相反還得到了公安局的大力支持。公安部長謝富治公開要求公安幹警不要阻攔紅衛兵，還要為紅衛兵當參謀、提供情報[85]。王金被打死後，南京市公安局派出警察去進行調查。警察和兇手們握手言歡，並且看了打人行兇的器械。警察向兇手們傳授多長的鞭子打人最合手，還誇獎其中的一位兇手的鞭

82　徐友漁。1999. 《形形色色的造反：紅衛兵精神素質的形成及演變》。香港：中文大學出版社，第 37-38 頁。

83　Madsen, Richard. 1990. "The Politics of Revenge in Rural China during the Cultural Revolution". *Violence in China: Essays in Culture and Counterculture*, ed., by Lipman, Jonathan N., and Harrell, Stevan. Albany, New York: State University of New York Press, pp. 175-202.

84　羅德里克·麥克法誇爾、沈邁克。2008 年。《毛澤東的最後革命》網路下載版，第 89 頁。

85　宋永毅。2002 年。「『文革』中的暴力與大屠殺」。《當代中國研究》2002 年第 3 期。

子編得好。所謂的調查體現出當局對兇手的縱容和寬恕。文革
期間，廣東、廣西和湖北三省發生大規模的集體屠殺事件。施
害者是地方官員及其追隨者，具有明顯的政治性質。國家是集
體屠殺的宣導者，至少對集體屠殺起了推波助瀾的作用。悲劇
的根源在於國家鼓勵和國家權力失靈[86]。也有學者認為，政府
的政策不明確性和雙重標準是導致民眾思想混亂出現暴力的
原因[87]。

　　第六，以上幾點原因均為宏觀因素，微觀層面的個人因素
也不可忽略。文革中並不是每個中國人都參加了暴力。是否進
行暴力行為取決於個人。年青人較之年紀大的人來說更易於介
入暴力[88]。有的人把文革暴力歸咎於人類天生的攻擊性和從眾
性，西方學者持人類有攻擊天性觀點的還不少，如諾貝爾獎獲
得者康拉德・洛倫茲[89]，但是這一說法卻無法解釋為什麼中國
人只是在文革中出現大規模暴力現象[90]。

　　綜上所述，文革的暴力有宏觀（社會、文化、歷史等）的

---

[86] 蘇陽。2006 年。「『文革』中的集體屠殺：三省研究」。《當代中國研究》2006
　　年第 3 期。

[87] Lu, Xiuyuan. 1994. "A Step toward Understanding Popular Violence in China's
　　Cultural Revolution". Pacific Affairs, Vol. 67, No. 4, pp. 533-564.

[88] Thurston, Anne F. 1990. "Urban Violence during the Cultual Revolution: Who is
　　to Blame?" *Violence in China: Essays in Culture and Counterculture*, ed., by
　　Lipman, Jonathan N., and Harrell, Stevan. Albany, New York: State University of
　　New York Press, pp. 149-174.

[89] Lorenz, Konrad. 1974. On Aggression, trans., by Wilson, Marjorie K.. San Diego,
　　CA: Hartcourt Brace & Company.

[90] White, Lynn T. 1989. *Policies of Chaos: The Organizational Causes of Violence in
　　China's Cultural Revolution*. Princeton, NJ: Princeton University Press.

原因也有微觀（個人）的原因。它們之間的關係如何，孰重孰
輕？

3.4 人為什麼會犯罪

　　文革中出現的暴力行為是犯罪行為。為什麼文革中人們犯
下如此殘忍的罪惡？我們可以從犯罪學的角度對文革的暴力
行為做進一步的研究。犯罪學研究「人為什麼會犯罪」,「是什
麼原因使罪犯走上犯罪的道路」的問題[91]，目的是為了防止更
多的人犯罪。

　　中國的夏、商、周時代奉行「代天行罰」的理念。該理念
與同時代的西方人的想法不謀而合。很長一段時間來，西方人
認為，犯罪是由超自然的力量引起的。他們通過「神裁法」決
定是否有罪。所謂的神裁法是讓嫌犯經歷折磨和刑法。如果嫌
犯熬過來了，那麼證明嫌犯無罪[92]。這就為酷刑提供了正當的
理由。對犯罪的懲罰最早的理由是為了報復或者復仇，這一觀
念基於把社會看成是一個道德平衡的系統，懲罰是社會的報復。
由於犯罪破壞了平衡，懲罰必須恢復道德秩序[93]。中國人叫做
「一報還一報」,「以牙還牙」，西方人叫做「以眼還眼」。所以

---

[91] Siegel, Larry J. 2011. *Criminology*, 11th ed. Belmont, CA: Wadsworth, Preface, xvii.

[92] Willson, David H. 1967. *A History of England*. New York: Holt, Rinehart, and Winston, p. 93.
Tuchman, Barbara W. 1978. *A Distant Mirror: The Calamitous 14th Century*. New York: Knopf, p. 141.

[93] Macionis, John J.. 1991. *Sociology*, 3rd ed., Englewood Cliffs, New Jersey, p. 227.

在古代，無論在中國還是在西方，酷刑和輕罪重罰相當普遍。

　　18 世紀的西方進入啟蒙時期，人類進入了一個理性和崇尚邏輯的時代。哲學上的發展使早期的犯罪學家提出了比較理性的觀念。古典犯罪學理論的核心思想是，罪犯是通過理性的思維選擇犯罪的。該觀點基於兩個假設：1.人有自由意識；2.人受享樂主義影響（使享樂最大化，痛苦最小化）。該理論受西薩爾‧貝卡裏亞[94]和傑瑞米‧邊沁[95]的影響。貝卡裏亞提出罰為防的觀念[96]。懲罰是一種有效的威懾，為了防止今後的犯罪，不是為了報復。所以懲罰必須迅速、確定和嚴厲並且與所犯的罪行相當[97]。

　　有的學者從生理學角度來分析犯罪的原因。被稱為犯罪學之父的切薩雷‧隆布羅索[98]通過分析罪犯發現，人的頭顱體現了罪犯的本質，罪犯是原始人的返祖現象。雖然罪犯生在現代，但是他們的一切仍生活在原始社會中，所以他們會像原始人和食人族那樣殘酷地殺人。這些人是「天生的罪犯」，他們的頭

---

[94]　西薩爾‧貝卡裏亞，（Cesare Beccaria,1738－1794，也譯為貝加利亞），義大利法學家、哲學家、政治家。他的著作《論犯罪與刑罰》（1764 年）成為現代刑法學的奠基之作。

[95]　傑瑞米‧邊沁（Jeremy Bentham, 1748－1832），英國哲學家、法學和社會改革家。

[96]　Walklate, Sandra. 2007. *Understanding Criminology: Current Theoretical Debates*, 3rd ed. New York: Open University Press, p. 19.

[97]　Akers, Ronald L., and Sellers, Christine S. 2013. *Student Guide for Criminological Theories: Introduction, Evaluation, Application*, 6th ed. New York: Oxford University Press.

[98]　切薩雷‧隆布羅索（Cesare Lombroso 1836－1909），義大利犯罪學家、精神病學家、犯罪人類學創始人。

顴骨厚、下巴突出、額頭低而傾斜、耳朵大、頭髮密而卷、下巴鬍鬚稀少[99]。隆布羅索把罪犯分為四類：天生罪犯（返祖人），精神失常罪犯（包括患有不同程度精神病的人），偶爾罪犯（由於具有內質偶爾犯罪），激情罪犯（由於不可控制的力量犯罪）。這些人犯罪是因為他們身體中無法控制的變異和不可控制的力量，不是自由選擇決定的結果[100]。曾有人對雙胞胎進行研究，發現犯罪率的差別與遺傳基因有關[101]。

　　上世紀的 60 年代起，心理學家試圖用條件反射的原理來解釋人的行為。心理學家首先問的問題是，為什麼大多數人不犯罪。在很多情況下，犯罪不一定被抓到。所以大多數人不犯罪是出於良知。良知不僅告訴我們什麼是錯的，更重要的是會激起人們的內疚和負罪感。人在成長過程中，受到周圍環境的教育，產生了自動的反應，這一教育的影響在很長一段時間內會起作用。但是有的人卻對教育反應遲鈍，所以沒有產生這樣的條件反射。罪犯一般不容易被社會調教出來，因為他們對於社會給予的回饋反應比較遲鈍。心理學家認為這是一種病態，叫做「反社會性格症」。這些罪犯的犯罪原因在於，他們的內心世界不受外界環境的影響，造成他們犯罪的心理始於他們的

---

[99] Lombroso, Cesare. 1911/1972. *Criminal Man*. Montclair, NJ: Patterson Smith, pp. 6-7.

[100] Walklate, Sandra. 2007. *Understanding Criminology: Current Theoretical Debates*, 3rd ed. New York: Open University Press, p. 21.

[101] Christiansen, Karl O. 1977. 「A Preliminary Study of Criminality Among Twins」. *Biosocial Bases of Criminal Behavior*, ed., by Mednick, Sarnoff A., and Christiansen, Karl O.. New York: Gardner Press.

童年。研究者甚至進而稱他們為「罪犯兒」[102]。

　　生理學家和心理學家從個人的角度尋找犯罪原因，而社會學家則試圖從社會環境中尋找犯罪原因。社會學家認為，無論個人的個性、生理或心理有什麼不同，總會有一些外部的原因導致人犯罪。個人的行為方式因人、因時、因地等眾多的原因會有很大的變化，很難事先預測，但是整個社會的行為方式卻是相對穩定的，是可以預測的。即使有變化，變化也是相對緩慢的。我們舉謀殺為例。殺人犯何時、何地、因何原因、殺何人很難預料。一般情況下，殺人犯不太可能一而再、再而三地殺人。很多殺人犯做一次案後就被抓獲，不再有犯罪的機會。但是從整個社會的角度來看，一個國家或一個地區的謀殺率卻是相對穩定的。犯罪問題有一個超越個人因素的原因在起作用[103]。

　　「社會壓力理論[104]」主要基於羅伯特・默頓的著作[105]。從犯罪統計上看，窮人比較容易犯罪。這是為什麼呢？社會學家試圖從經濟成功與合法手段達到成功之間的關係來解釋犯罪問題。人人都有發財成為富人的夢想。但是社會的資源和機會有限，不可能滿足大家的願望。成功與合法手段之間的關係變

---

[102] Livingston, Jay. 1992. *Crime & Criminology*. Englewood Cliffs, NJ: A Simon & Schuster Company, pp. 341-344.

[103] 喬晞華、張程。2014 年。《西方社會學面面觀》。北京：人民日報出版社。

[104] 社會壓力理論（Social strain theory, 也譯為社會緊張理論）。

[105] Merton, Robert K. 1938. "Social Structure and Anomie". *American Sociological Review* 3, pp. 672-682.
　　Merton, Robert K. 1968. "Social Structure and Anomie". *Social Theory and Social Structure*. New York: Free Press, pp. 185-214.

得緊張了。面對壓力和緊張的關係，人們會有 5 種表現。第一種是「順從型」占大多數，屬於遵紀守法類。第二種是「革新型」，為了實現成功，不惜採用非法的手段，如偷竊、搶劫、貪污。第三種是「儀式型」，比較傳統寧可守住道德底線也不觸犯法律。這樣的人多半屬於社會的中下層。因為他們沒有更多的辦法使自己富起來，又不願做違法的事，所以比較貧窮。第四種人是「退縮型」，面對著成功與合法手段之間的困難，他們乾脆選擇退縮，放棄追求成功的努力，破罐子破摔。他們開始吸毒、酗酒、甚至行乞。第五種人是「反叛型」，他們與第四種人一樣放棄追求。但是他們卻組織起來，尋求改變社會、改變法律。「社會壓力理論」把研究的重點放在社會結構上，並不責備罪犯，而是將罪犯視為社會的正常部分，與其他人沒有什麼兩樣。該理論擯棄了「邪惡導致邪惡」的模式，認為最成功的企業家與最兇狠的罪犯同出一個來源，都是社會造成的[106]。

　　「社會解組理論[107]」認為社會解組與犯罪有密切的關係。社會解組指的是社會規範與制度對個人的約束力處於瓦解削弱的狀態。這種情況會產生大量的犯罪行為。在工業化和都市化的過程中產生了大量的新社區，傳統的規範和價值觀受到挑戰，混亂的社會導致犯罪率大大上升。該理論把犯罪的根源歸

---

[106] Livingston, Jay. 1992. *Crime & Criminology*. Englewood Cliffs, NJ: A Simon & Schuster Company, pp. 370-371.

[107] 社會解組理論（Social disorganization theory）。

咎於混亂的社會而不是個人[108]。

「差別接觸理論[109]」認為，一個人在某種特定的情況下決定違法犯罪，是因為罪犯把特定的情況看作是一個機會，犯罪與其他行為一樣是學來的[110]。許多罪犯第一次犯罪時非常害怕，由於在很多情況下犯罪是團夥犯罪，所以身經百戰的老牌罪犯起到了示範的作用。經過幾次鍛煉以後，新手成熟了成為老手。蘇哲蘭反對罪犯天生有缺陷或者不正常的觀點，他認為犯罪不是先天的本能而是後天學習得來的。遵紀守法的行為，街頭犯罪的行為，白領犯罪的行為都是後天學習獲得的[111]。

「社會控制理論[112]」是由赫胥[113]提出的。該理論認為，人來到世上並不是天生就知道社會的種種規範，也不知道人應該遵守這些規範。如果社會不能及時地進行教育，小孩子長大後會惹事生非。該理論與其他犯罪學理論不同的是，它認為對於大多數犯罪行為來說，世上有明確的是與非的界線。那些犯罪的人們清楚地知道他們所做的事是不對的。搶劫、偷竊、打人

---

[108] Walklate, Sandra. 2007. *Understanding Criminology: Current Theoretical Debates*, 3rd ed. New York: Open University Press, p. 23.

[109] 差別接觸理論（Differential Association Theory，也譯為異質接觸理論，異質交往理論，差別連結理論）。

[110] Sutherland, Edwin H. and Cressey, Donald R. 1992. *Principles of Criminology, 11th ed.,* Lanham, MD: AltaMira Press.

[111] Livingston, Jay. 1992. *Crime & Criminology*. Englewood Cliffs, NJ: A Simon & Schuster Company, pp. 377-378.

[112] 社會控制理論（Social Control Theory）。

[113] Hirschi, Travis. 1969. *Causes of Delinquency*. Berkeley: University of California Press.

等行為，無論誰都會知道是錯誤的。人不犯罪是因為有社會的束縛。當這一束縛減弱或失效時，人就會違反社會規範進而犯罪。社會的束縛可以分為四個方面，即「情感」、「認知」、「行為」和「信念」。「情感」主要指對父母的依戀、與同代齡人的關係和與學校的關係。這些關係如果比較密切，社會的束縛強一些，犯罪的可能少一些。孤僻的人比合群的人更容易犯罪。「認知」指的是人生目標和目前行為之間的關係。如果一個人有比較高的人生目標，違反規定和法律的可能少一些。一個有著崇高理想目標的人，不會去幹雞鳴狗盜的事情。「行為」指的是人平時的行為。一個人如果幹正事的時間多，犯法的事就會少一些。如果一個人閑得無事可做，有可能幹壞事。「信念」涉及信仰問題。如果一個人的腦子裏面正常的信念少，滿腦子歪門邪道，犯罪的可能自然大一些。總之，人類必須用社會控制的機制，通過運用社會的力量，對人們的行動實行制約和限制，使社會規範保持一致，從而維持社會秩序[114]。

　　發生犯罪事件，必須有兩個條件。第一是事先有制定的法律。第二是有人違反了法律。以上提到的各種理論大多注重犯罪，或者注重哪類人會犯罪。貝克爾[115]提出「標籤理論[116]」，與傳統理論反其道而行之。該理論認為，世上沒有什麼事情生來是「對的」或「錯的」，沒有什麼事情生來就是「合法的」

114　Livingston, Jay. 1992. *Crime & Criminology*. Englewood Cliffs, NJ: A Simon & Schuster Company, pp. 413-420.

115　Becker, Howard S. 1963. *Outsiders: Studies in the Sociology of Deviance*. New York: The Free Press.

116　標籤理論（Labeling Theory）。

和「不合法的」。犯法和不犯法都是相對的，完全依賴別人的看法。該理論對社會為什麼制定某些法律提出了質疑[117]。最有說服力的例子是美國在上世紀20年代到30年代期間的禁酒令。我在《傲慢與偏差—66個有趣的社會問題》[118]一書做了論述。美國國會1920年定了個法，規定私自喝酒是犯罪行為。可是過了10年，國會又定了個法，告訴大家可以喝酒了。「有罪」和「無罪」就像兩張標籤，被美國的國會貼上又揭下沒個譜。

與「標籤理論」觀點相似的還有「馬克思主義犯罪理論」，「激進犯罪理論」和「批判犯罪理論」[119]。這些理論探索的問題是，誰有權力來制定和執行法律？這些法律為誰服務？這些犯罪理論的矛頭直指資本主義社會的根基，即生產力和生產關係。這些理論對資本主義社會不抱任何希望，認為只有徹底改變社會，才能大幅度減少犯罪。資本社會中有不可調和的階級矛盾，而法律是不可調和的階級矛盾的產物。統治階級通過立法，把挑戰統治階級的行為定為非法，從而使自己處於非常有利的地位。所以這些犯罪理論對誰犯了法和為什麼犯罪不感興趣，它更感興趣的是誰制定了法和為什麼制定這些法[120]。

上世紀的70年代中期，「日常活動理論」和「生活方式暴

---

[117] Livingston, Jay. 1992. *Crime & Criminology*. Englewood Cliffs, NJ: A Simon & Schuster Company, pp. 402-405.

[118] 喬晞華、張程。2015年。《傲慢與偏差—66個有趣的社會問題》。北京：新華出版社。

[119] 馬克思主義犯罪理論（Marxist Criminology），激進犯罪學理論（Radical Criminology），批判犯罪理論（Critical Criminology）。

[120] Walklate, Sandra. 2007. *Understanding Criminology: Current Theoretical Debates*, 3rd ed. New York: Open University Press, pp. 29-36.

露理論」[121]在美國的犯罪學界獨樹一幟。這兩個理論是「機會理論」的衍生理論。「日常活動理」源於柯享和費爾遜的一篇論文[122]。「生活方式暴露理論」是由享德廉等人提出來的[123]。這兩個理論從受害人的角度來解釋犯罪現象，研究人們的日常生活規律和生活方式是否會對受害人帶來危險。如果夫妻倆是雙職工，家裏沒有老人和孩子在家看家，他們家遭竊的可能性比家裏有老人和小孩的要高。一個夜間時常出沒酒吧和娛樂場所的人，比晚上總待在家裏的人，受害的可能性要高。這是因為受害者無形中給罪犯造成了機會。從幾個西方國家（主要是美國）的犯罪資料中可以看出，年輕的、收入低的、少數族裔的男性更容易受到傷害。犯罪學家認為，不能說這些人生來就該比別人更容易受傷害。他們推斷也許是他們的生活方式和日常活動，導致他們更多地暴露在罪犯面前，使得他們比別人更加容易成為罪犯的獵物[124]。

犯罪學理論的研究與政府的政策密切相關。犯罪學研究的一個重要問題是採取什麼樣的措施和政策可以減少犯罪。基於

---

[121] 日常活動理論（Routine Activity Theory），生活方式暴露理論（Lifestyle Theory）。

[122] Cohen, Lawrence E. and Felson, Marcus. 1979. "Social Change and Crime Rate Trends: A Routine Activity Approach". *American Sociological Review,* 44(4): pp. 588-608.

[123] Hindelang, Michael J., Gottfredson, Michael R. and Garofalo, James. 1978. *Victims of Personal Crime: An Empirical Foundation for a Theory of Personal Victimization.* Cambridge, MA: Ballinger.

[124] Zhang, Joshua. 1996. An Examination of the Routine Activities/Lifestyle Explanation of Criminal Victimization. Tulane University. PhD. Dissertation.

古典犯罪學理論的觀點，既然罪犯是選擇犯罪，那麼通過嚴厲懲罰罪犯達到威懾阻嚇其他可能的罪犯是理所當然的手段。該派的理論代表人物邊沁曾設計了圓形監獄[125]。這是一種環形建築，分隔成一個個囚室，囚室的一端面向外界用於採光，另一端面向中間一座用於監視的高塔，高塔中的監視人員可以時刻監視到任何一間囚室，而囚室中的犯人因為逆光，無法看到監視人員，擔心自己時刻受到監視，惶惶不可終日[126]。英國保守黨提出口號：「監獄有效！」，工黨則提出口號：「嚴懲罪犯」[127] 均體現了這一思想。可是嚴厲的懲罰似乎並不起作用，西方社會的犯罪率仍然不斷上升。

　　基於罪犯天生有生理缺陷的理論使得人們對罪犯另眼相看。既然人是否犯罪與他的生理有關，那麼罪犯本人所負的責任就應該減輕一些。這些人生來就容易成為罪犯，所以他們犯罪不完全是個人的過失。美國已經發生過這樣的案例。2006年10月16日，沃德洛普的妻子帶著他們的四個孩子來過週末。他和妻子之間的關係已經亮起了紅燈。沃德洛普一直在喝酒。當他的妻子要和她的朋友一同離開時，三個人打了起來。沃德洛普朝妻子的朋友開了 8 槍，用尖物敲開了她的腦袋。他又拿起大砍刀，切斷了妻子的手指，在她身上砍了數刀。辯護律師請了專家對兇犯進行評估。專家發現兇犯攜帶有高危版本的基因。專家說，沃德洛普的基因構成加上他童年被虐待的經歷，

---

[125] Panopticon（也譯為環形監獄、全景監獄）。

[126] Wikipedia. http://en.wikipedia.org/wiki/Panopticon.

[127] Walklate, Sandra. 2007. *Understanding Criminology: Current Theoretical Debates*, 3rd ed. New York: Open University Press, p. 12.

造成了他的暴力傾向。一個人無法選擇自己的基因，一個人也無法選擇自己的童年是否遭受虐待。專家認為，兇犯殺人並不是預謀的，沃德洛普受基因和童年經歷的影響，情緒失控犯了罪，因此在量刑的時候應該考慮到這一點。陪審團接受了專家的看法，判決兇犯為非預謀故意殺人，法官判了沃德洛普 32年徒刑[128]。該結果為利用基因缺陷為由減輕殺人犯的罪行開了先河。從政策意義上講，司法部門應該考慮罪犯先天的生理問題，為他們提供治療使他們不再成為社會的禍害[129]。

　　社會解組理論強調社區對罪犯的影響，把犯罪的原因歸咎於外部影響，其政策意義非同凡響。該理論促使政府在重組和改善社區方面下功夫，減少社會外部對可能的罪犯的不利影響，從而減少犯罪。例如，英國的工黨政府於 1997 年建立了「社會排斥防止局[130]」就是這一指導思想的產物。

　　然而標籤理論、馬克思主義犯罪理論、激進犯罪理論和批判犯罪理論把研究的重點放到了權力和與權力的關係上。這些理論源於衝突理論，與和諧理論相對立。衝突理論認為，社會的穩定是由一個階級統治另一階級維持的。社會的秩序是由統治階級操縱和掌握的。要使社會變革，只有通過被統治階級推

---

[128] Barber, Nigel. 2010. "Pity the Poor Murderer, His Genes Made Him Do It". ttps://www.psychologytoday.com/blog/the-human-beast/201007/pity-the-poor-murderer-his-genes-made-him-do-it

[129] Walklate, Sandra. 2007. *Understanding Criminology: Current Theoretical Debates*, 3rd ed. New York: Open University Press, p. 21

[130] 社會排斥防止局（The Social Exclusion Unit，也譯為社會排除防止局，社會排斥單位等），成立於 1997 年，後更名為社會排斥特別工作組，隸屬副首相辦公室，該單位於 2010 年撤銷，其工作由公民社會辦公室接管。

翻統治階級，因此變革是強烈的和劇烈的。與衝突理論對立的理論是和諧理論（也叫作共識理論）。和諧理論認為，共同道德的準則和價值觀是社會穩定的基礎。該理論強調建立在默契上的秩序，所以變革是緩慢而又有序。這兩種對於社會秩序的截然不同的觀點，始於西方哲學界裏的分歧。和諧派的代表是柏拉圖，衝突派的代表是亞里斯多德。兩派理論爭論了 2000多年，誰是誰非尚無定論[131]。以衝突論為基礎的犯罪學理論把注意力放在了統治階級身上，研究統治者是如何充分利用手中掌握的資源維護他們的統治地位。也就是說，統治者制定的法律和執法系統是如何把社會上的一部人定為罪犯，從而維護他們的政權。法律和執法機關是國家合法權力的象徵，是以階級劃線的[132]。要想減少犯罪，必須從國家政權著手。

　　日常活動理論和生活方式暴露理論認為犯罪需有三個因素同時出現在一個時空：一是有犯罪動機的罪犯，二是潛在的受害者，三是沒有保護。這些因素存在於人們的日常活動和生活方式之中，不同的生活方式和日常活動可以改變犯罪的發生。這兩個理論的基點是：罪犯也是平常百姓，他們犯罪只不過是對有利犯罪的時間和地點做出反應。相應的政策應該是使犯罪機會更加困難些，讓犯罪分子沒有機會犯罪[133]。改變人們的日

---

[131] 喬晞華、張程。2015 年。《傲慢與偏差－66 個有趣的社會問題》。北京：新華出版社，第 45-46 頁。

[132] Walklate, Sandra. 2007. *Understanding Criminology: Current Theoretical Debates*, 3rd ed. New York: Open University Press, p. 29.

[133] Walklate, Sandra. 2007. *Understanding Criminology: Current Theoretical Debates*, 3rd ed. New York: Open University Press, p. 44.

常活動和生活方式比較困難，百姓不能因為怕家裏遭竊不去上班，年輕人不能因為害怕成為罪犯的目標沒有夜生活，所以政府加強警力，為民眾提供全方位的保護成了必不可少的措施。可是這一措施說起來容易做起來難。

為了應對犯罪不斷地上升，人類經歷了 4 個階段，從復仇一報還一報到威懾，從威懾到醫治，最後到為民眾提供保護。但是犯罪問題仍未解決，也許犯罪的存在本身就是人類社會中不可缺少的一部分。研究文革中暴力的原因可以從暴力是如何停止的來進行分析。儘管文革中怨怨相報的事並不少，但是怨怨相報的結果是無休無止的仇殺，就像現在西方社會與伊斯蘭極端分子之間的衝突。顯然，文革的暴力並沒有因為怨怨相報一直持續下去。文革的暴力也不是因為兇手受到嚴懲以後更多的可能的罪犯受到威懾而停止了暴力。文革中部分兇手受到懲罰是文革結束多年後的事，有的兇手至今未受到懲罰。那麼文革中發生的暴力（尤其是貴族紅衛兵的暴力）是什麼原因呢？

3.5 三個著名的心理學實驗

在繼續討論文革暴力之前，本節先介紹 3 個著名的心理學試驗。第一個是阿希實驗[134]。這是研究從眾現象的經典的心理學實驗。自願者被告知，實驗的目的是研究人的視覺情況。當實驗者走進實驗室的時候，他發現已經有 7 個人先坐在那裏了。

---

[134] 阿希從眾實驗（Asch Conformity Experiments 也稱為 Asch Paradigm）指的是上世紀 50 年代心理學家所羅門·阿希（Solomon Asch）在實驗室裏做的一系列從眾實驗。

其實這 7 個人是跟研究人員串通好了的「托兒」。研究人員要大家做一個非常容易的判斷，比較線段的長度。他拿出一張卡片，上面畫著一條豎線，然後讓大家比較這條線和另一張卡片上的 3 條線，從 3 條線中找出與這條線一樣長的那條線。這些線條的長短差異很明顯，正常人很容易做出判斷。但是在兩次正常判斷之後，7 個「托兒」故意異口同聲地說出一個錯誤答案。於是實驗者開始迷惑了，他應該堅持自己的意見，還是附合別人呢？研究結果發現，平均有 37%的人判斷是從眾的，有 75%的人至少做了一次從眾的判斷。而在正常的情況下，人們判斷錯的可能性還不到 1%[135]。

為什麼人會從眾呢？首先是社會規範的影響。遵循社會規範可以得到褒獎，違背社會規範會受到懲罰，所以人們盡力與社會的多數人保持一致。其次是社會信息的影響。一個人與眾人保持一致，他與眾人的關係就會密切，眾人可以給他提供有價值的信息。如果一個人與眾人對著幹，人家就不會為他提供信息，包括小道消息。最後是當判斷有難度時，人們更容易聽取旁人的意見。從眾心理在很大程度上影響個人和民眾的正確判斷能力。成語「人云亦云」非常貼切地描述了從眾現象。

從眾心理的作用大小取決於 3 個因素。參與的人數越多，人們越容易從眾。如果線段實驗不是 7 個人而是 70 個人，那麼實驗者從眾的可能更大。參與的團隊對於個人的重要性也很重要。在線段實驗中，如果 7 個托兒是自己尊敬的人（如老師和長輩），從眾的可能越大。參與的人關係越密切，影響力也

135　Wikipedia. http://en.wikipedia.org/wiki/Milgram_experiment

越大。如果小組中的人是自己的好朋友，從眾的可能也會大一些。

　　第二個實驗是米爾格拉姆實驗（也稱為權力服從研究）[136]。該實驗開始於1961年7月，也就是納粹黨徒阿道夫·艾希曼[137]被抓回耶路撒冷開始審判的 3 個月後。米爾格拉姆設計該實驗，是為了測試艾希曼以及其他參與了猶太人大屠殺的納粹追隨者，有沒有可能只是單純地服從了上級的命令，也是為了測試受測者在面對違背良知的命令時，人性能發揮多少作用[138]。

　　實驗的參與者被告知，這是一項關於「體罰對於學習行為的效用」的實驗。參與者扮演老師的角色，負責教導一位學生。事實上學生是實驗人員（即「托兒」）。老師和學生分處不同的房間，他們無法看到對方，但是能夠隔著牆壁通過聲音進行溝通。老師有一個電擊控制器，能使隔壁的學生受到電擊。如果學生回答正確，老師會繼續測驗。如果學生答錯了，老師會對學生施以電擊，電擊的電壓隨著學生錯誤的增加而升高。當學生被電擊後，會大喊大叫，甚至敲打牆壁。當參與者試圖停止實驗時，實驗人員會依照以下順序這樣命令他：一。繼續；二。這個實驗需要你繼續進行；三。你繼續進行是必要的；四。你

---

[136] 米爾格拉姆實驗（The Milgram Experiment on Obedience to Authority Figures 也譯為米爾葛蘭實驗）是美國耶魯大學心理學家斯坦利·米爾格拉姆（Stanley Milgram）在上世紀 60 年代做的非常有名的社會心理學實驗。

[137] 阿道夫·艾希曼（Otto Adolf Eichmann, 1906-1962），納粹德國前高官，猶太人大屠殺中的主要負責人，二戰後逃到阿根廷，1961 年被捕受公審，1962 年被絞死。

[138] Milgram, Stanley. 1963. "Behavioral Study of Obedience". *Journal of Abnormal and Social Psychology*, 67, pp. 371－378.

沒有選擇，你必須繼續。如果聽到 4 個命令後，參與者仍然希
望停止，實驗便停止。否則，直到參與者施加的懲罰電壓提高
到 450 伏特並持續 3 次後實驗才停止[139]。

　　在進行實驗之前，心理學家米爾格拉姆以為只有少數人會
狠下心來繼續懲罰，直到最大電壓。他還對 14 名高年級的本
科生和他的同事進行民意調查。受訪者與米爾格拉姆一樣都以
為只有少數人會狠心用高電壓懲罰。實驗的結果令人大跌眼鏡。
在實驗中，65% 的參與者都達到了最大的 450 伏特的懲罰極限
[140]。後來米爾格拉姆和其他心理學家做了類似的實驗，結果都
差不多[141]。這位心理學家認為，在法律和哲學上有關服從的爭
論很重要，但是法律和哲學很少談及人們在遇到實際情況時會
採取如何行動。以上的實驗告訴我們，當普通人面臨良知和命
令相悖的窘境時，人們會選擇聽從命令，而不是抗拒命令跟著
良知走。

　　心理學的研究與法律和道德有聯繫但並不是一回事。以下

---

[139]　Wikipedia. http://en.wikipedia.org/wiki/Milgram_experiment

[140]　Milgram, Stanley. 1963. "Behavioral Study of Obedience". *Journal of Abnormal and Social Psychology*, 67, pp. 371–378.

[141]　Blass, Thomas. 1991. "Understanding Behavior in the Milgram Obedience Experiment: The Role of Personality, Situations, and Their Interactions". *Journal of Personality and Social Psychology*, Vol. 60, No. 3, pp. 398-413.

Blass, Thomas. 1999. "The Milgram Paradigm After 35 Years: Some Things We Now Know about Obedience to Authority". Journal of Applied Social Psychology, 25, 5, pp. 955-978.

Burger, Jerry M. 2009. "Replicating Milgram: Would People Still Obey Today?" *American Psychologist*, Vol. 64, No. 1, pp. 1-11.

的事例說明了心理學與法律和道德的區別。1989 年 2 月 5 日
深夜和 6 日凌晨，東德人克裏斯‧格夫洛伊和他的好友克裏斯
汀‧高定試圖翻越柏林牆逃往西德。不幸的是，他們被東德的
邊防軍發現了。因格‧亨裏奇與另外三名衛兵開槍射殺了格夫
洛伊，並打傷了高定。高定受傷後被捕判了刑。四名衛兵因功
獲獎。誰知天有不測風雲，柏林牆很快倒塌了。兩年後，衛兵
們因為殺人罪而受到審判。因格‧亨裏奇因射殺受害者被判了
刑。亨裏奇的律師辯稱，他僅僅是執行命令，根本沒有選擇的
權利，罪不在己。法官則指出：東德的法律要你殺人，可是你
明明知道這些逃亡的人是無辜的，明知他無辜而殺他，就是有
罪。後來亨裏奇上訴，獲得緩刑[142]。警察不執行上級命令是有
罪的，但是打不准是無罪的。作為一個心智健全的人，警察有
把槍口抬高一寸的能力，這是他應該主動承擔的良心義務。對
法院的判決持批評意見的人士認為，衛兵因格‧亨裏奇只是東
德指揮系統裏的最底層，放著上層負有更大責任的頭目不抓，
只抓下層士兵顯然是「只打蒼蠅，不打老虎」。正像德國諺語
說的，「小人物絞死，大人物逍遙法外[143]」。

---

[142] Kinzer, Stephen. 1992. "2 East German Guards Convicted of Killing Man as He Fled to West". *The New York Times*. (1992-1-21)
http://www.nytimes.com/1992/01/21/world/2-east-german-guards-convicted-of-killing-man-as-he-fled-to-west.html

[143] New York Times News Service. "2 Border Guards at Berlin Wall Guilty in Slaying". *Chicago Tribune* (1992-1-21).
http://articles.chicagotribune.com/1992-01-21/news/9201060750_1_chris-gueffroy-judge-theodor-seidel-ingo-heinrich

第三個實驗是斯坦福監獄實驗[144]。該實驗由美國心理學家菲力浦‧津巴多[145]主持，於設立在斯坦福大學心理學系大樓地下室的模擬監獄內進行。這是一項關於人類對囚禁的反應以及囚禁對監獄中的權威和被監管者行為影響的心理學研究。志願者每天能得到 15 美元的報酬。有上百名應徵者被招到斯坦福大學面試，接受一系列心理測試。24 名健康、正常的人被選中。他們絕大部分來自中產階級，部分是斯坦福大學的學生。從 24 人中間隨機抽出 15 人，讓他們飾演監獄的看守，餘下的 9 人飾演囚犯。志願者們被告知，如果飾演囚犯，他們可能會被剝奪公民權利，只能得到最低限度的飲食和醫療護理。飾演囚犯的人在某個周日等在家裏。令他們感到吃驚的是，他們被真的警察「逮捕」了，隨後被帶到斯坦福大學心理學系地下室的模擬監獄[146]。

囚犯和看守很快適應了自己的角色，一步步地超過了預設的界限。「囚犯」第二天發起了一場暴動，撕掉囚服上的編號、拒絕服從命令、取笑看守。津巴多要求看守們採取措施控制住局面，他們照著做了。採取的措施包括強迫囚犯做俯臥撐、脫光他們的衣服，拿走他們的飯菜、枕頭、毯子和床、讓他們空

---

[144] 斯坦福監獄實驗（Stanford Prison Experiment），於 1971 年 8 月 14 日至 20 日在斯坦福大學內進行。

[145] 菲力浦‧津巴多（Philip Zimbardo）。

[146] 菲力浦。津巴多。2008.《路西法效應》孫佩妏、陳雅馨譯。臺北：商周出版社，第 51-63 頁。

著手清洗馬桶[147]。

實驗中三分之一的看守顯示出虐待狂傾向，許多囚犯在情感上受到創傷，有 2 人不得不提前退出實驗。這類性格變化被稱為「路西法效應」[148]。上帝最寵愛的天使路西法後來墮落成了魔鬼撒旦[149]。當津巴多的同事克莉絲汀娜受邀來到實驗場所進行觀察時，她對實驗的道德進行了質疑。津巴多提前終止了僅進行了 6 天的實驗。

該實驗顯示出惡劣的系統與環境所產生的潛在毒害，能夠讓好人做出有違本性的病態行為。一個平凡、正常且心智健全的年青人會被誘惑幹出可怕的事情。在同樣的環境下，任何人都有可能做出不可思議的壞事。善與惡之間的界線原本被認為是牢不可破的，但是斯坦福監獄實驗卻向人們證明，這條界線其實相當脆弱[150]。

3.6 是天使還是魔鬼？

我們以王金事件為例，繼續討論紅衛兵的暴力問題。王金事件中的兇手是什麼樣的人呢？文革前，南京外國語學校共招收了 3 屆（63、64、65 屆）9 個年級（高三，高二，高一，初

---

147 菲力浦。津巴多。2008.《路西法效應》孫佩妏、陳雅馨譯。臺北：商周出版社，第 85-113 頁。
148 路西法效應（Lucifer Effect）。
149 Wikipedia. http://zh.wikipedia.org/wiki/斯坦福監獄實驗.
150 菲力浦。津巴多。2008,《路西法效應》孫佩妏、陳雅馨譯。臺北：商周出版社，第 257 頁。

三，初二，初一，小五，小四，小三）23 個班級，其中高中 7
個班，初中 8 個班，小學 8 個班，共有學生約 880 人。由於學
生全部住校，所以學生之間互動較多，彼此相互認識。不僅同
年級的同學相互認識，不同年級的同學也相互認識。考慮到新
生、老生、年齡大、年齡小的差別，學生的住宿安排很特別：
高年級學生與低年級學生混住。更有個性的是，高年級女生與
低年級男生混住。高年級的同學睡上鋪，低年級的同學睡下鋪。
我所在的初一英班的男生與比我們高兩級的初三英班的男生
同住一間大宿舍。小學部的小男生有幸與高中部的大姐姐同住
一間宿舍，其間發生過不少令人值得回味和尷尬的笑話。

　　儘管文革前我在學校中並非活躍分子，但是對學校裏的學
生還算了解。在參與打死王金事件的紅衛兵中，有幾位男紅衛
兵屬於比較調皮搗蛋（或者屬於愛「動手」）一類的學生。說
他們參與打人事件應該不出預料。幹部子弟（尤其是軍隊幹部
子弟）也許繼承了父輩好鬥性格的基因，有不少同學愛打架。

　　例如，與我同班且與我關係挺好的一位軍隊幹部子弟就是
一例。因我當時膽小懦弱常受到這位同學的保護。他在小學時
就以愛打架出名。文革期間，有一天我們在學校裏相見，多日
不見老朋友份外親切。讓我想不到的是，他見到我穿了一條呢
料褲（其實是我父親工作單位發的鐵路制服）不以為然竟然飛
起一腳向我踢來，在我的褲子上留下了一個大腳印。邊踢邊對
我說道，「你怎麼穿這種褲子！」對自己要好的朋友尚能如此，
別說對所謂的階級敵人了。幸好發生王金事件時他不在學校，
否則十有八、九他也會成為兇手。

　　但是第 1 號和第 2 號兇手卻並不屬於此類調皮搗蛋的學生。

尤其是第 1 號兇手。我的妻子與他曾在同一所小學就讀，他的名字在該小學如雷貫耳，一直是同學們學習的榜樣。他對自己要求非常嚴格。有一位曾與他同宿舍的高中同學回憶說，文革前他每天早晨堅持鍛煉身體，並用冷水沖澡，在同學們眼中儼然是一個標準的共產主義接班人的形象。幹部子弟中，有一些人傲慢自大甚至飛揚跋扈，但是第 1 號和第 2 號兇手也不屬於這一類人。他們謙虛謹慎、待人平和、少有幹部子弟的優越感，給師生留下較好的印象。

那麼是什麼原因使他們一夜之間變成殘害工人王金的兇手呢？這裏不妨講述筆者在文革初期做的一件荒唐事來分析這一問題。文革開始時，我是初一的學生。學校停課了，我和我們班的男生無所事事，想著法子惡作劇，目標選中了我們的近鄰──單身教師宿舍。大家決定晚上睡覺時輪流派人出去叫罵我們討厭的老師。首先被選中的是管鈞老師。管老師畢業於南京大學中文系，筆桿子挺好，常寫一些文章投到報刊上發表。不知為什麼，我們不喜歡他。先有兩名同學自告奮勇，到他門口叫罵了一番。等他穿衣開門，我的同學早已不見蹤影。接著，又有兩人主動請纓，如法泡制。他又撲了空，大家樂不可支。經過幾番出征，漸漸地主動請戰的人少了。那些出征過的「將士」開始發號施令，指派其他人出戰。

我極不情願幹這種惡作劇的事，主要的原因並不是因為我當時已經認識到這種作法不好，而是我生性膽小，但凡有冒險的事，無論是好事還是壞事，我都不敢做。終於有人點派我了。我以沒有電筒為由找了個藉口。頓時，我的床頭送來了七、八隻手電筒。平時要借用他們的手電筒挺難的，此刻大家顯得異

常慷慨。我又以必須有人陪伴作為藉口拖延。大家立刻推選了一位出征過的老將陪同保駕。我再也沒有什麼藉口了，只好硬著頭皮爬起身，拿起手電筒走了出去。

我邊走邊問那位有經驗的小夥伴罵什麼。他告訴我說，「就罵：管鈞，你老子我來了！」我遠遠地觀察了一下地形，選取了一條離管老師的屋子較遠的路線，以確保安全。我剛一張口，只見從黑暗中衝出一個矯健的身影，以百米衝刺的速度向我奔來。我一下子驚呆了，兩腳像灌鉛似的無法挪動。與我同行的小夥伴比我反應快，撒腿就跑。他邊跑邊對我喊道：「快跑！」

管老師的體育很好，在讀大學時是短跑名將，跑起來的話，我們絕對不是他的對手。他通過三番五次地被罵和撲空，找到了我們的行動規律。我們發出一波出擊以後，要經過 10 來分鐘時間才派出下一波次的出擊。在這 10 來分鐘裏，開始由「凱旋歸來」的將士介紹經過，大家慶賀一番，之後再醞釀下一批出征將士的名單，然後作好準備再出擊。管老師摸到了這一規律，決心認真地反擊一次。他算准了時間，提前埋伏在我們的必經之道上。不幸的是，我撞了個正著。

如果我不是膽小怕事，也許早就出征過了，就不會遇上管老師的埋伏。我越怕越是躲在後面，運氣就越不好。我沒跑出幾步，只覺得腳下一滑摔倒在地上。手電筒早已不知去向。我想爬起來卻又不能，低頭一看嚇壞了，左膝蓋上出現了一個 10 多釐米長的 C 字形大傷口，鮮血順著傷口向外流著。及時趕來的管老師也慌了神，背起我跑到學校的醫務室，又和學校的校醫一同送我到醫院動了手術。這段佚事使我成為我班男生的笑料。近 50 年後，我的同學在網上是這樣風趣而又戲謔地

敘述此事的：

> 文革後停課，大家還住校，小年輕精力旺盛，閒來無事
> 便要撩事了。那時年輕沒結婚的男老師和我們住在一塊，
> 在三排平房。平時老實、膽小的 X 同學居然也撩性大
> 發，在漆黑的晚上跑到管均老師宿舍門口大喊「管均，
> 你爸爸我來了」，喊完立馬躲起。一遍居然沒有反應，
> 再撩，又如法炮製。不想還沒轉過神來，早有準備的管
> 老師奪門而出，伸手便抓，原來老管搞了個欲擒故縱。
> X 同學矮下身子，撒丫子就跑，沒跑幾步，一個馬趴跌
> 倒在地上，膝蓋掀掉一大塊皮。接踵而至的管老師也慌
> 了，趕緊抱起他的小「爸爸」找車送醫院，留了不少血，
> 縫了不少針，直到把小「爸爸」交給小「爸爸」的爸爸
> 才算完。此後，X 同學的膝蓋上留下個大疤，一直被大
> 家作為笑談。

現在的問題是，為什麼向來聽話、膽小的筆者會做出罵老
師如此出格的事情來。我的父母親不明白生來老實、聽話、膽
小的兒子為什麼一夜之間演變成如此調皮搗蛋的孩子。其中的
原因只有我知道：從眾和服從權威！由於膽小，我常在我們班
男生的團隊中受到嘲笑，成為團隊中的邊緣人物。為了使自己
不孤立，我必須努力使同伴們改變對我的印象。生怕落後、生
怕孤立、失群的心理會驅動人做出不可理喻的事情來。這就是
人們常說的「同儕壓力」。正如克利夫・斯特普爾斯・路易士
在《核心集團》中說的，「想打進某個核心的渴望有被排除在
圈外的恐懼，會佔據所有人一生中的某些時期，甚至許多人從

嬰兒時期到垂垂老矣，終其一生都被這些念頭佔據。……在所有熱情之中，成為圈內人的熱情最擅於讓本質還不壞的人做出罪大惡極的事[151]。」處在群體中時，我們會作出獨處時不會做的事情。群體的影響往往並非是直接的，而是通過建立榜樣實現的。更重要的是權威的影響。當一個權威角色下令傷害無辜時，一般善良的人是抗拒還是服從呢？米爾格拉姆的實驗告訴我們，普通百姓十有八、九會服從權威而放棄良知。儘管當時我膽小懵懂，但是對於「罵老師是不對」這一是非觀念還是有的。為什麼當一位有威信的小夥伴讓我去罵老師時我就聽從呢？因為服從權威比良知的影響更大。

　　筆者在此並非為自己罵老師一事解脫責任。罵老師一事與文革中批鬥殘害老師相比不知輕多少倍，充其量只是個惡作劇而已，絲毫沒有政治色彩，且後果也不嚴重，受害的老師沒有受傷，反倒是害人者的我受傷落下疤痕[152]。

　　那麼王金事件中的兇手們的變化又是什麼原因呢？首先是外界環境的影響。他們的行為是被誘發的，產生作用的則是文革施加在他們身上的環境力量。在受到強烈滲透影響之前，每個人可以說都是一張白紙，沒有人一開始就是壞的。正如津

---

[151] Lewis, Clive Staples. 1944. The Inner Ring. 轉摘自菲力浦。津巴多。2008。《路西法效應》孫佩妏、陳雅馨譯。臺北：商周出版社，第 329 頁。

[152] 我慶幸老師沒有因我受到傷害。從現在的角度來看，我的受傷反倒是好事，使壞事成為笑話，使我少了一份內疚。更重要的是，由於我腿部受傷，在家休養多日，直到 9 月下旬才返回學校，沒有幹出更多的壞事。王金事件發生後，一位老師和幾位「主義兵」動員我們班的同學回家躲一躲，所以我們在省、市委轉移外語學校學生去農村之前已經離開學校逃回家中。

巴多所說，人若處在某種強大的社會環境中，本性會出現戲劇
性的變化。好人會突然變成斯坦福監獄實驗裏的獄卒般邪惡的
加害者，或如囚犯般病態的消極被害者。通過引導、誘使或者
傳授的方式就可以讓好人為非作歹。當好人沉浸在整體環境時，
環境力量會挑戰我們的人格、個性和道德觀的穩定性及一致性，
從而影響人性的表現，引導人做出非理性、愚蠢、自毀、反社
會、不計後果的行為。斯坦福監獄實驗向我們顯示了環境的重
要性，社會環境在個人和群體的行為和心智上產生的巨大作用
力。其作用力的巨大足以使我們做出不曾而且不可預測的可怕
行為[153]。從表面上看，我們每個人在許多事情上可以自由地做
出決定。但是事實上，社會才是真正的主使。我們每一個人都
自覺地或不自覺地受到社會的控制。社會對我們行為的影響，
就像氣候影響我們穿衣一樣。我們可以選擇穿紅色的內衣或者
黑色的外套，但是季節和氣候卻決定著我們是穿夏裝還是冬服。
一位美國社會學家說過，在生活遊戲中我們可以決定出什麼牌，
可是把牌發到我們手中的卻是社會[154]。

　　外界環境與社會制度無關。類似文革暴力事件的惡行不僅
僅發生在專制國家，也會發生在民主國家。這是因為外界環境
是由系統創造的。系統提供制度性的支援、權威和資源，使系
統能夠順利運作。那麼誰要為系統負責呢？在斯坦福監獄實驗
裏，發生的一切惡行應該由實驗的領導者津巴多教授負責。是

---

[153] 菲力浦。津巴多。2008。《路西法效應》孫佩妏、陳雅馨譯。臺北：商周出版
社，第 276-278 頁。

[154] Macionis, John. 1991. *Sociology,* 3rd Edition. Englewood Cliffs, NJ: Prentice-hall,
Inc., p. 11.

他使獄卒擁有無限的權力，可以虐待囚犯。如果是一個龐大的系統，問題可能複雜一些，不是一個人的責任，而是集團的責任。系統權力是授權，是制度化許可，規定哪些事可以做，違背規定會受到哪些處罰。這些規定帶有意識形態色彩，所以系統常被視為是合理和正確的[155]。

　　美國軍隊虐俘和警察虐囚事件是最好的例子。2004 年 4 月 28 日，美國哥倫比亞廣播公司揭露駐伊拉克美軍虐待戰俘事件。美軍憲兵勒令伊拉克戰俘站在箱子上，戰俘被蒙上頭，手上連著電線。憲兵威脅說，如果戰俘從箱子上倒下，就會被電死。戰俘還被迫進行人體堆疊，組成金字塔。2015 年 4 月 12 日，美國馬里蘭州巴爾的摩市的黑人青年佛萊迪・葛瑞在沒有理由的情況下被警察拘捕。在運送過程中，警察沒有給他系上安全帶，用手銬將他的手和腿鎖在一起，並多次拒絕給他提供醫療護理。葛瑞的脊椎受到嚴重損傷，於一周後死亡。葛瑞的死引發了該市大規模的黑人抗議活動，最後成為大暴亂。

　　虐俘事件暴露後，美國軍方高層立即定調說，超過百分之九十九點九的海外美軍是模範生，犯下虐俘的敗類不到百分之一。參與虐行的人只不過是少數流氓軍人。巴爾的摩的警察暴力事件被媒體揭露後，6 位警察立即受到起訴。事件看起來只是個別人所為，但是津巴多教授提出不同的觀點。他認為，發生虐俘事件倒楣的只是低階的憲兵，而創造出政策的高官們、

---

[155] 菲力浦。津巴多。2008。《路西法效應》孫佩妏、陳雅馨譯。臺北：商周出版社，第 296 頁。

提供意識形態並批准虐行發生的上層人物卻能全身而退[156]。美
國警察的過度暴力臭名昭著。這些都與系統有關，軍隊和警察
擁有一般人沒有的權力，濫用權力成為這些系統的傳統。

　　現在的問題是：如果是整個系統本身出了問題，處於系統
內的個人應該負責任嗎？如果在一個歷來沒有人權的文化，在
一個充斥著暴力的文化，在一個以向當權階級獻媚為榮的文化
中，把暴力的責任歸咎於個人是否合理？在一個是非顛倒的社
會裏，年青人是否要對被強行灌輸價值觀所作出的惡行負責？
如果群體行為是環境的產物，個人是否要為沒有對抗環境而負
責？[157]

　　斯坦福監獄實驗還說明，我們以為人有基本不變的善性，
能夠抵抗外在的壓力，並以理性的方式評判和抗拒環境的誘惑。
我們以為在善惡之間有一道堅實的圍牆，「我們」是在善的一
邊，而「他們」、「別人」、「另類」是在惡的一邊。其實，由於
我們以為自己可以不受環境力量的影響，我們會對環境力量失
去警覺，從而開啟墮落的大門。我們都會置身事外地想像自己
的可能行為，但是如果我們進入社會力量的網路中，想像的行
為表現與實際能做的卻相差十萬八千里！斯坦福監獄實驗告
訴我們，我們應該拋棄「善良的自我」能夠抵禦「惡劣環境」

---

[156] 菲力浦。津巴多。2008。《路西法效應》孫佩妏、陳雅馨譯。臺北：商周出版
　　社，第 472 頁。

[157] Thurston, Anne F. 1990. "Urban Violence during the Cultural Revolution: Who
　　is to Blame？" *Violence in China: Essays in Culture and Counterculture*, ed., by
　　Lipman, Jonathan N., and Harrell, Stevan. Albany, New York: State University of
　　New York Press, pp. 170-171.

的幼稚想法。環境能夠影響別人，同樣也會影響我們自己。歷史上出現的暴行、世界各地發生的暴行、斯坦福監獄實驗無不說明：人類的人性和仁心會屈服於社會的力量。無論人類曾犯下多麼恐怖的暴行，只要處在一些環境中，這些惡行就有可能出現在我們任何人身上。這一結論並非為邪惡開脫，而是讓一般的行為者共同承擔邪惡的責任，讓我們意識到邪惡不是暴君和惡棍的專利，邪惡不僅僅屬於「他們」，而且還屬於「我們」[158]。只有當我們認識到，所有的人都不能免於受到環境的影響，謙虛的態度永遠比毫無理由的驕傲更好，才有可能承認我們在環境力量面前不堪一擊[159]。美國加州帕洛阿圖市的一所高中歷史老師和愛荷華州萊斯市的一位小學三年級老師做的實驗也證明了這一點[160]。

　　前面我們討論了好人變惡的原因：一是外界環境的影響，二是善惡之間並沒有不可逾越的界線。那麼，人的本性是善還是惡呢？也就是說，「人之初」是「性本善」，還是「性本惡」呢？三字經開頭兩句是「人之初，性本善。」中國人相信這一點。我們常認為人生來是天真無邪的，有的人變壞是因為在成長過程中受到了社會上的歪風邪氣的不良影響。當然，荀子對「人之初，性本善」提出過不同的看法，他比較贊同「性本惡」

---

[158] 菲力浦。津巴多。2008。《路西法效應》孫佩妏、陳雅馨譯。臺北：商周出版社，第 277-278 頁。

[159] 菲力浦。津巴多。2008。《路西法效應》孫佩妏、陳雅馨譯。臺北：商周出版社，第 332 頁。

[160] 菲力浦。津巴多。2008。《路西法效應》孫佩妏、陳雅馨譯。臺北：商周出版社，第 349-351 頁。

的說法。不過，他的看法在中國行不通。中國人普遍贊同「性本善」的說法。西方人由於受基督教的影響，認為人來到世上帶著原罪，因此人的本性是惡的。

津巴多提出，在這場古老的辯論中，我們應該站在哪一方？人類是性本善但受到邪惡社會誘惑而墮落，還是性本惡因社會而得到救贖？他提出了第三種觀點，即我們每個人都有可能為善或為惡、利他或自私、善良或殘酷、支配或服從，每個人都有可能成為加害者或受害者。是社會環境決定我們哪種心理模式和潛能會得到發展。各種系統塑造著人，地理、氣候、歷史、文化、政治、宗教等支配著人，每天面對的特殊環境也在改造著人，這些力量與人的互動改變著人。人的墮落是人類心靈的一種可能，為惡和為善的衝動構成了人性中最根本的二元性[161]。許多研究殘酷暴行的學者認為我們人類身上仍存在著暴力的種子，這是深深紮根于人類本性的傷害別人的傾向。而國家的作用是阻止人類的這種害人傾向。有人評論法國人在盧頓女巫審判案[162]中表現出的瘋狂時說，人們做出惡行需要的只是當局的默許[163]。

換言之，我們每個人都是如此：一半是天使，另一半是魔

---

[161]　菲力浦。津巴多。2008。《路西法效應》孫佩妏、陳雅馨譯。臺北：商周出版社，第 368 頁。

[162]　盧頓女巫審判案（The Loudun Witch Trials），法國 1634 年。

[163]　Thurston, Anne F. 1990. "Urban Violence during the Cultural Revolution: Who is to Blame?" *Violence in China: Essays in Culture and Counterculture*, ed., by Lipman, Jonathan N., and Harrell, Stevan. Albany, New York: State University of New York Press, pp. 150-151.

鬼。文革的大環境使中國人的另一半得到了淋漓盡致的發揮，我們全都變成了魔鬼。南外的 31 名紅衛兵在王金事件中的表現固然可憎，但是我們不要忘了，無論誰處在他們的位子，表現不會好到哪兒去。

3.7 真相、和解與寬恕

　　「一半魔鬼，一半天使」的說法並非為文革中的害人者推卸責任。文革中的害人者應該怎樣面對過去的錯誤，他們是否應該道歉和懺悔的問題目前存在著爭論。余傑認為像余秋雨這樣的名人應該為文革中的所做所為而懺悔。也有人認為懺悔是個人的事，如果誰覺得需要，可以像教徒那樣在密室裏去懺悔[164]。而更多的人則認為，懺悔是必要的。不僅是名人，凡是做過壞事的人都應該懺悔。成千上萬的文革中傷害過他人的人都應該反躬自省，有所表示。懺悔說到底是為了過失者自己，雖然不能抵消過失，但是可以使人的道義立場發生轉變[165]。

　　北京外國語學校有 8 位同學在 44 年後寫信向他們的老師道歉，懺悔了當年參與暴力迫害的行為。從他們的懺悔和道歉可以看出，犯錯不大的人壓力輕一些，容易懺悔和道歉[166]。陳毅之子陳小魯的公開道歉和及時跟進的宋彬彬道歉又一次引

---

[164]　于堅。2000 年。「懺悔是個人的自由——為余秋雨一辯」。《華夏文摘增刊》第 224 期。

[165]　徐友漁。2000 年。「懺悔是絕對必要的」。《華夏文摘增刊》第 224 期。

[166]　王友琴。2010 年。「『帶了個好頭』：紅衛兵道歉」。《南方週末》2010 年 10 月 22 日。

發了爭論。陳小魯是文革中幹過壞事的幹部子女中第一個道歉者。他的道歉受到了普遍的歡迎，雖然仍有人認為還有不完備之處，不能洗清西糾的罪惡[167]。但是宋的道歉卻遭遇冰火兩重天的反應。有人稱之為「宋之一小步，中國一大步」[168]。但也有人對她的道歉進行譴責，主要的原因是她的道歉重心落在澄清和辯解上。人們對她的道歉的真誠性表示懷疑，從而不接受甚至責難她的道歉[169]。

在懺悔和道歉問題演變為當前的公共話題時，更有人把注意力放到了文革的責任和罪錯上面，因為目前的懺悔和道歉只是停留在個人層面上。根據沃爾德教授的調查，文革期間 75% 的死亡是按照官方意志執行的，如黨委、革委會或軍管會的命令。這類組織都有正式的領導人，如黨委書記、革命會主任、軍管會主任。為什麼鮮有應該對文革中大量的迫害事件負責的官僚出來懺悔和道歉？文革中許多著名的暴力屠殺案件完全是國家機器的行為，有些甚至是當局的決策。高層的決策人在領導國家機器吞噬無辜公民時是完全一致的[170]，無論是激進的毛林集團，還是文革中被清洗的劉鄧保守集團，或者是以周恩來為代表的溫和集團。因此有人提出，雖然懺悔和道歉並不是

---

[167] 杜鈞福。2014 年。「陳小魯的道歉不能洗清西糾的罪惡」。《華夏文摘增刊》第 926 期。

[168] 啟之。2014 年。「宋彬彬道歉之後」。《記憶》第 112 期。

[169] 徐友漁。2014 年。「文革只有宋彬彬們道歉不夠」。《騰訊文化》2014 年 1 月 15 日。

[170] 宋永毅。2002 年。「『文革』中的暴力與大屠殺」。《當代中國研究》2002 年第 3 期。

壞事（因為有罪才會有懺悔和道歉），但是我們必須首先搞清楚罪是怎麼犯的，誰是主謀，誰是協從，誰是追隨者，然後才能談懺悔和道歉。當年的紅衛兵和造反派固然應該懺悔他們那時在革命信仰支配下的行為，為他們的行為而道歉，但這種懺悔和道歉不是主要的，更應該懺悔和道歉的是製造當年的錯誤信仰、領袖崇拜和革命迷信的始作俑者[171]。

　　對陳小魯和宋彬彬道歉的不同反應折射出了中國社會的分裂狀況，文革之惡未得到清算，大量的紅二代、官二代獨佔資源、獨享特權，社會仇富仇官心理盛行，尤其是改革以來官權獨大，腐敗蔓延。而中共 30 多年來的政策造成了真相掩蔽，是非不清，文革遺留問題無法得到公正的處理[172]。中國的年青人需要從外國學者那裏才能夠知道文革中發生的事實真相。我們應該趁著迫害者和受害者們都還健在的時候講出真相，這才有可能達成社會的和解[173]和社會矛盾的緩和。隨著時間的推移，人們對文革中發生事情的記憶開始淡忘，知道真相的老一代人也逐漸凋零[174]，再不抓緊時間，文革中許多事情的真相可能會隨著他們的去世而成為永遠的迷。鑒於中國的政治狀況，目前最重要的事情不是追究責任，不是討論是否應該懺悔和道歉，當務之急是搞清真相，為後人研究文革留下寶貴的歷史資料。

---

[171]　單正平。2003 年。「文化大革命：神權政治下的國家罪錯」。《當代中國研究》總 82 期，第 23-37 頁。

[172]　啟之。2014 年。「宋彬彬道歉之後」。《記憶》第 112 期。

[173]　羅德里克·麥克法誇爾。2014 年。「懺悔吧」。《中國經濟報告》2014 年 5 月刊。

[174]　Unger, Jonathan. 2007. "The Cultural Revolution at the Grass Roots. " *The China Journal*, No. 57, (January 2007), pp 109-137.

　　而搞清歷史真相與消除怨恨、仇恨最終達到和解緊密相關。近 30 年來，世界上不少國家經歷體制轉型。這些國家均曾面臨舊政府犯下的暴行問題。如果暴行的終止和體制的轉型是由於軍事上的勝利，那麼勝利的一方往往以刑法審判解決歷史問題（如共產黨推翻國民黨統治後審判了內戰戰犯）。但是如果暴行是以和談而終止的，大多數國家以「真相與和解」的模式來解決歷史的遺留問題[175]。應運而生的新模式值得我們中國人借鑒。

　　「真相與和解」的模式基於一個假設：使民眾理解過去有助於曾經相互為敵的民眾之間的和解，瞭解過去能使民眾放下歷史的包袱輕裝邁向未來。有學者通過對南非進行的民意調查發現，民眾中接受過去事實真相的人更傾向於採取和解的態度，種族間互動的人群更容易達成和解[176]。

　　該模式需要解決兩個問題：1.如何處理負有責任的領導人和個人；2.如何面對有些負有責任的人員至今仍身居要職、手握大權的現實。解決的方案有三：1.全面赦免；2.對直接責任人進行審判；3.成立委員會負責發掘事實真相，找出受害者和

---

[175] Sooka, Yasmin. 2006. "Dealing with the Past and Transitional Justice: Building Peace Trough Accountability". *International Review of the Red Cross*, vol. 88, No. 862, pp. 311-325.

[176] Gibson, James L. 2004. "Does Truth Lead to Reconciliation? Testing the Causal Assumptions of the South African Truth and Reconciliation Process". *American Journal of Political Science*, vol. 48, No. 2, pp. 201-217.

害人者，給予有限的、有條件的赦免[177]。顯然，第三種方案更
受歡迎。該方案追求的不是懲罰性公義，而是修復性公義[178]。
懲罰性公義把罪行看成是國家與個人之間的衝突，而修復性公
義把罪行看成是個人之間的衝突[179]，通過改善個人之間的關係
達到和解。「真相與和解」的目的是為了防止將來再次出現類
似的暴力。

　　雖然同為「真相與和解」模式，由於各國的情況不同，採
用的具體方法是有差異的。有的國家對追訴的時間設定限制，
但也有國家不設限制（如乍得和烏干達）。有的國家對害人者
的身份加以保密（如智利和瓜地馬拉），有的國家卻公佈他們
的身份（如東帝汶），有的國家對幾十年來某種形式的暴力行
為進行調查（如智利和南非），有的國家動員廣大群眾參與（如
南非和塞拉里昂），有的則是小範圍內進行（如瓜地馬拉、斯
里蘭卡和海地）。相對於個人之間懺悔、道歉和寬恕，「真相與
和解」模式的好處是懺悔、道歉和寬恕是在非對抗性的和不具

---

[177] All Truth is Bitter. A Report of the Visit of Doctor Alex Boraine, Deputy
Chairman of the South African Truth and Reconciliation Commission, to
Northern Ireland. 1999.
http://www.healingthroughremembering.org/images/pdf/All_Truth_is_Bitter.pdf

[178] 懲罰性公義（Retributive justice），恢復性公義（Restorative justice，香港人譯
為複和性公義，臺灣人譯為修復性公義）。

[179] Gade, Christian B. N. 2013. "Restorative Justice and the South African Truth
and Reconciliation Process". *South African Journal of Philosophy*, 32(1), pp.
10-35.

危險的環境下進行的[180]。有的國家通過「真相與和解」模式並沒有完全解決問題，當權者至今不道歉，對受害者說對不起（如薩爾瓦多）[181]。

和解不僅包括真相的揭露，還包括受害方的寬恕。寬恕分為兩個層次[182]。第一層次沒有受害者和害人者之間的互動，可以說是單方向的。西方人叫做「恨罪惡，愛罪人[183]」。用中國人的話來說，叫做「對事不對人」。第二層次存在害人者與受害者之間的互動，涉及害人者的改造和救贖。和解最大的障礙是仇恨和報復心理。甘地曾說過，「以眼還眼會使世界都變瞎」[184]。

世界各地出現的「真相與和解」模式均在聯合國或本國政府的主導下開展的。而中國政府對文革的真相一直採取回避的政策，美其名曰「不糾纏歷史舊賬，一切向前看」，給文革研

---

[180]　Pascoe, Danial. 2007. "Are Truth and Reconciliation Commissions and Effective Means of Dealing with State Organized Criminality?" *Cross-sections*, vol. III, pp. 93-115.

[181]　Cuevas, Victor E., Rojas, Maria L. O., and Baesa, Paz Rojas. 2002. "Comparative Study of Truth Commissions in Argentina, Chile, El Salvador, Guatamala and South Africa From the Perspectives of Victims, their Relatives, Human Rights Organizations and Experts". *The Association for the Prevention of Torture*.

http://www.apt.ch/content/files_res/Truth%20Comm_Executive%20Summary.pdf

[182]　即憐憫（Mercy）和贖罪（Atonement）。

[183]　Hate the sin, but love the sinner.

[184]　Jakopovich, Dan. 2011. "A Humanist Defense and Critique of the South African Truth and Reconciliation Commission". Peace Studies Jounal, vol. 4(1), pp. 51-65.

究界探索真相帶來了難度。儘管探求真相的呼聲不絕，但是鮮有勇敢的害人者站出來吐露真情的。根據各國的經驗，沒有赦免就沒有真相，這是真相的代價[185]。

　　和解還分為自上而下、自下而上兩種[186]。從目前的形勢來看，文革的真相與和解只能在民間進行，只能是自下而上的和解。在沒有政府主導的情況下，尋求真相與和解雖然有很大的困難，但不是不可能的。有效的途徑是，我們應以真相為首要目標，通過妥協達到目的。既然民間無法追究害人者的責任，而政府也藉口追訴期已過不再追究，為什麼我們不能主動放棄追究責任呢？我們放棄追究、放棄譴責，目的是為了使真相浮現。沒有赦免，當年的害人者誰願意出來坦承事實的真相呢？宋彬彬等人主動出來道歉（儘管有澄清和辯解之嫌），相對於那些至今遮遮掩掩、默不作聲的大多數貴族紅衛兵來說是進了一大步。可是他們卻並未受到歡迎，反而受到更多的指摘。這樣的做法只會阻礙更多的人出來道歉，阻止更多的曾經的害人者站出來吐露真相。

　　這裏有必要提及美國聯邦航空管理局局長巴比特推行出臺的「倒獎勵」制度。該制度重金獎勵迅速上報自己在工作中

[185] All Truth is Bitter. A Report of the Visit of Doctor Alex Boraine, Deputy Chairman of the South African Truth and Reconciliation Commission, to Northern Ireland. 1999.
　　http://www.healingthroughremembering.org/images/pdf/All_Truth_is_Bitter.pdf
[186] Staub, Ervin. 2006. "Reconciliation after Genocide, Mass Killing, or Intractable Conflict: Understanding the Roots of Violence, Psychological Recovery, and Steps toward a General Theory". *Political Psychology*, vol. 27, No. 6, pp. 867-894.

犯了錯誤的飛行員、機械師、地面指揮等航空從業者，不僅免除本該對他們的處罰，而且還獎勵 200 到 1000 美元。該決策雖然遭到高層的強烈反對，但是在巴比特的堅持之下獲得通過。該措施極大地鼓舞了有關人員的「自我揭露」勇氣。據統計，截止 2013 年底，「倒獎勵」支出高達 6100 多萬美元，然而卻極大地降低了美國民航飛行的事故發生率，避免了近 3 億美元的損失[187]。

　　如果我們鼓勵那些敢於站出來懺悔、道歉、揭露自己惡行的害人者（哪怕他們的懺悔並不誠心，他們的道歉並不實意，他們的真相並不完全），對他們表示寬恕，那麼就會有更多的人出來講真話，使我們更加接近歷史真相。為了保護這部分人，我們還應該讓他們以匿名的形式道出真相，做到對事不對人。在本書第 1 章中，南外王金事件的論述採取了匿名的方式，絲毫沒有影響事件的真實性。

　　姓名只是一個符號。人的姓名是可以變更的。例如，宋彬彬已經改名為宋岩，南外的 31 名紅衛兵中也有多人更姓改名。一個姓名對於大多數人來說沒有多大的意義。例如，對於圈外人士來說，南京外國語學校的兇手名單中排在首位的三名兇手的名字僅僅是一個符號，與叫他們第 1 號、第 2 號和第 3 號兇手沒有什麼區別。王金事件中，第 4 號兇手是個女的，文革初期時是初一學生，幹部子女。她罵罵咧咧一直追到男廁所被其他紅衛兵趕了出來。第 7 號兇手用木棍狠搗王金的腹部四、五

---

[187] 徐競草。2014 年。「價值 3 億美元的『倒獎勵』」。《37° 女人》2014 年第 6 期。（轉引自《讀者》2014 年第？期）。

下，打斷了三根體操棒，第 6 號兇手的體操棒毒打王金時斷為三截。第 15 號兇手更狠毒地把皮帶蘸水狠抽王金。這樣的細節足以說明當時的暴行。我把這種真相叫做「南外模式」。卞仲耘案的真相可以參照「南外模式」進行揭露。如第 X 號兇手打了卞老師 n 拳，第 X 號兇手用穿著大皮鞋的腳踢了卞老師一腳，要了她的命。這樣的真相記載足以向我們的後人講述文革的暴行。

名字並不重要，懲罰並不重要，重要的是揭露暴行的真相細節。我們再不抓緊，真相將隨著我們這一代人的逝去而成為永遠的迷。如果是那樣的話，我們將一無所獲：既不能懲罰兇手，又沒有揭露暴行的真相。

政治是妥協。按照著名的政治學家拉斯韋爾[188]的說法，「政治決定何人在何時、何地、以何種方法得到何物。」換句話說，政治通過非暴力的方式達到我們的目的。因此，只有通過妥協、合作、協商來實現。由於種種原因，我們的願望不可能全部實現，因此在鬥爭中會有輸有贏。「妥協」和「勝負難料」是政治的兩大特點[189]。沒有「舍」就沒有「取」，沒有「失」就沒有「得」。

按照「南外模式」探尋真相，我們失去的是我們原本就得不到的，我們得到的卻是歷史真相，是可以永遠留存的歷史真相！

---

[188] 哈樂德・拉斯韋爾（Harold Lasswell, 1902-1978），美國著名的政治學家，社會學家、心理學家和傳播學者。

[189] 張程、喬晞華。2013 年。《總統制造：留美博士眼中的美國大選》。北京：人民日報出版社，第 1-2 頁。

結束語

　　文革結束至今已經有 40 年了。經歷文革的一代人大多進入垂暮之年。由於中國政府採取「不糾纏歷史舊賬，一切向前看」的政策，許多真相將隨著我們這代人的逝去而消失。僅僅經過短短的幾十年，我們的後代已經不知道 50 年前中國大地上到底發生了什麼樣的災難。不敢面對歷史的民族，是一個沒有希望的民族。一個人、一個民族犯錯誤不要緊，千萬不能不汲取教訓，一而再，再而三地犯錯誤。

　　但願本書能為我們直視我們犯過的錯誤，讓後代從我們的錯誤中汲取教訓做一點貢獻。這是筆者寫這本書的初衷。

　　最後，筆者想為南外當年的兇手說一句話：希望世人不要為難他們。當時涉案的兇手們都是未成年的小孩子，是當時的社會大環境使他們犯下了不可饒恕的罪過。他們已經為過錯付出過代價。我不希望因為本書他們已經平靜的生活受到打擾。拜託了！

參考資料

英文部分

Aberle, David. 1966. *The Peyote Religion Among the Navaho*.Chicago: Aldine.

Akaike, Hirotugu. 1973 "Information Theory and an Extension of the Maximum Likelihood Principle". *Second International Symposium on Information Theory*, ed., by Petrov, B. N., Csaki, F. Akademiai Kiado, Budapest, pp. 267-281.

Akers, Ronald L., and Sellers, Christine S. 2013. *Student Guide for Criminological Theories: Introduction, Evaluation, Application*, 6th ed. New York: Oxford University Press.

Aldenderfer, Mark and Blashfield, Roger. 1984. *Cluster Analysis*. Newbury, CA: Sage Publications, Inc.

Aliaga, M., & Gunderson, B. 2000. *Interactive Statistics*. Saddle River, NJ: Prentice-Hall.

Alicke, Mark D., and Sedikides, Constantine. 2009. " Self-Enhancement and Self-Protection: What They and What They Do" . *European Review of Social Psychology*, 20, pp. 1-48.

All Truth is Bitter. A Report of the Visit of Doctor Alex Boraine, Deputy Chairman of the South African Truth and Reconciliation Commission, to Northern Ireland. 1999. http://www.healingthroughremembering.org/images/pdf/All_Truth_is_Bitter.pdf

Anderberg, Michael R. 1973. *Cluster Analysis for Applications*. New York: Academic Press.

Andreas, Joel. 2002. "Battling over Political and Cultural Power during the Chinese Cultural Revolution" . *Theory and Society,* (Kluwer Academic Publishers), pp. 463-519.

Anjum, Tanvir. 2004. "Temporal Divides: A Critical Review of the Major Schemes of Periodization in Indian Hisory" . *Journal of Social Science,* pp. 32-50 http://www.academia.edu/6647852/Temporal_Divides_A_Critical_Review_of_the_Major_Schemes_of_Periodization_in_Indian_History.

Badiou, Alain. 2005. "The Cultural Revolution: The Last Revolution? " *Positions* 13:3, (2005), Duke University Press, pp. 485- 486.

Ball, D. W. 1972. "The Scaling of Gaming: Skill, Strategy, and Chance". *Pacific Sociological Review*, vol. 15., pp. 277-294.

Barber, Nigel. 2010. "Pity the Poor Murderer, His Genes Made Him Do It"
ttps://www.psychologytoday.com/blog/the-human-beast/201007/pity-the-poor-murderer-his-genes-made-him-do-it

Bartlett, Frederic C. 1932. *Remembering: A Study in Experimental and Social Psychology*. London: Cambridge University Press.

Batliwala, Srilatha. 2012. *Changing their World: Concepts and Practices of Women's Movements*, 2nd Edition. Toronto: AWID.

Baumeister, Roy F., Bratslavsky, Ellen, Finkenauer, Cartin, Vohs, Kathleen D.. 2001. "Bad Is Stronger than Good". *Review of General Psychology*, Vol. 5, No. 4, pp. 323-370.

Becker, Howard S. 1963. *Outsiders: Studies in the Sociology of Deviance*. New York: The Free Press.

Benabou, Roland and Tirole, Jean. 2000. "Self-Confidence: Intrapersonal Strategies". *Psychology and Economics*, ed., by Tirole, Jean. European University Institute.

Bentham, Jeremy. 1789. *Principles of Morals and Legislation*. http://www.earlymoderntexts.com/pdfs/bentham1780.pdf

Bentley, Jerry H. 1996. "Cross-Cultural Interaction and Periodization in World History". *The American Historical*

Review, Vol. 101, No. 3., pp. 749-770.

Benton, Gregor. 2010. "Dissent and the Chinese Communists before and since the Post-Mao Reforms". *International Journal of China Studies*, Vol. 1, No. 2, (October 2010), pp. 311-329.

Bhattacherjee, Anol. 2012. *Social Science Research: Principles, Methods, and Practices*. Textbooks Collection. Book 3. http://scholarcommons.usf.edu/oa_textbooks/3

Biemer, Paul P. 2011. *Latent Class Analysis of Survey Error*. Hoboken, NJ: Wiley.

Blass, Thomas. 1991. "Understanding Behavior in the Milgram Obedience Experiment: The Role of Personality, Situations, and Their Interactions". *Journal of Personality and Social Psychology*, Vol. 60, No. 3, pp. 398-413.

Blass, Thomas. 1999. "The Milgram Paradigm After 35 Years: Some Things We Now Know about Obedience to Authority". *Journal of Applied Social Psychology*, 25, 5, pp. 955-978.

Bluck, Susan, Alea, Nicole, Habermas, Tilmann, and Rubin, David C.. 2005. "A Tale of Three Functions: The Self-Reported Uses of Autobiographical Memory". *Social Cognition*, Vol. 23, No. 1, pp. 91-117.

Blumer, Herbert. 1946/1969. "Collective Behavior." *Principles of Sociology*, ed., by Lee, Alfred McClung. New York: Barnes and Noble Books, pp. 165-221.

Bozdogan, H. 1987. "Model Selection and Akaike 』s Information Criterion (AIC): The General Theory and its Analytic Extension". *Psychometrika*, 52.

Brandauer, Frederick. 1990. "Violence and Buddhist Idealism in the Xiyou Novels". *Violence in China: Essays in Culture and Counterculture*, ed., by Lipman, Jonathan N., and Harrell, Stevan. Albany, New York: State University of New York Press, pp. 115-148.

Brown, Jonathan. 1998. *The Self.* New York: Routledge, Chapter 7.

Burger, Jerry M. 2009. "Replicating Milgram: Would People Still Obey Today?" *American Psychologist*, Vol. 64, No. 1, pp. 1-11.

Byrne, Paul. 1977. *Social Movements in Britain.* New York, NY: Routledge.

Caillois, Roger. 1958/1961. *Man, Play, and Games.* New York: The Free Press.

Cell, Charles P. 1977. *Revolution at Work: Mobilization Campaigns in China.* New York: Academic Press.

Chan, Anita, Rosen, Stanley, and Unger, Jonathan. 1980. "Students and Class Warfare: The Social Roots of the Red Guard Conflict in Guangzhou (Canton)." *The China Quarterly*, No. 83, pp. 397-446.

Chan, Anita. 1992. "Dispelling Misconceptions about the Red Guard Movement: The Necessity to Re-Examine Cultural

Revolution Factionalism and Periodization". *Journal of Contemporary China*, 1992, Volume 1, Issue 1, pp. 61-85.

Christian, David. 2008. "Periodization in World History". *This Fleeting World: A Short History of Humanity*. Great Barrington, MA: Berkshire Publishing Group, LLC., pp. 97-106.

Christiansen, Jonathan. 2009. "Four Stages of Social Movements". *EBSCO Research Starters*. EBSCO Publishing Inc.

Christiansen, Karl O. 1977. "A Preliminary Study of Criminality Among Twins". *Biosocial Bases of Criminal Behavior*, ed., by Mednick, Sarnoff A., and Christiansen, Karl O. New York: Gardner Press.

CIA. *Intelligence Report: The Role of the Red Guards and Revolutionary Rebels in Mao's Cultural Revolution*. (Reference Title: POLO XXXIII). November, 1968. Memorandum.

Clifasefi, Seema. L., Garry, Maryanne, and Loftus, Elizabeth F. 2007. "Setting the Record (or Video Camera) Straight on Memory: The Video Camera Model of Memory and Other Memory Myths". *Tall Tales about the Mind and Brain: Separating Fact from Fiction*, ed., by Sala, Sergio Della, pp. 60-75.

Cohen, Lawrence E. and Felson, Marcus. 1979. "Social Change and Crime Rate Trends: A Routine Activity Approach".

American Sociological Review, 44(4): pp. 588-608.

Collins, L. M., Fidler, P. L., Wugalter, S. E., J. D. 1993. " Goodness-of-fit Testing for Latent Class Models ". *Multivariate Behavioral Research*, 28(3), pp. 375-389.

Collins, Linda M., Lanza, Stephanie T. 2010. *Latent Class and Latent Transition Analysis for the Social, Behavioral, and Health Sciences.* New York: Wiley.

Corbin, Juliet and Strauss, Anselm. 2008. *Basics of Qualitative Research. Techniques and Procedures for Developing Grounded Theory,* 3rd Edition. Thousand Oaks: Sage Publications.

Cox, Laurence and Nilsen, Alf Gunvald. 2005. "At the Heart of Society Burns the Fire of Social Movements: What Would a Marxist Theory of Social Movements Look Like? ", *Tenth International Conference on Alternative Futures and Popular Protest,* ed., by Barker, Colin and Tydesley, Mike, Manchester Metropolitan University, p. 1. http://eprints.nuim.ie/460/.

Cragun, Ryan, Cragun, Deborah, and Konieczny, Piotr. 2010. *Introduction to Sociology.* http://en.wikibooks.org/wiki/Introduction_to_Sociology

Creswell, John. 2003. *Research Design: Qualitative, Quantitative and Mixed Methods Approaches.* Thousand Oaks, CA: Sage Publications.

Cuevas, Bryan. 2013. "Some Reflections on the Periodization

of Tibet History". *The Tibetan History Reader*, ed., by Tuttle, Gray and Schaeffer, Kurtis. New York: Columbia University Press, pp. 49-63.

Cuevas, Victor E., Rojas, Maria L. O., and Baesa, Paz Rojas. 2002. "Comparative Study of Truth Commissions in Argentina, Chile, El Salvador, Guatamala and South Africa From the Perspectives of Victims, their Relatives, Human Rights Organizations and Experts". *The Association for the Prevention of Torture.* http://www.apt.ch/content/files_res/Truth%20Comm_Executive%20Summary.pdf

Currie, E and Skolnick, J K. 1970. "A Critical Note on Conceptions of Collective Behavior". *The Annuals of the American Academy of Political and Social Science*, 39: 1(1), pp. 34-35.pp.

Defay, Jason Bradley. 1999. *The Sociology of Social Movements.* UCSD. http://www.weber.ucsd.edu/~jdefey/sm.htm.

Deng, Fang. 2011. *Uninteded Outcomes of Social Movements.* New York, NY: Book Now, Ltd.

Diani, Mario. 2000. "Social Movement Networks Virtual and Real". *Information, Communication, and Society*, 3, pp. 386-401.

Dong, Guoqiang and Walder, Andrew W. 2001. "Factions in a Bureaucratic Setting: The Origins of Cultural Revolution in Nanjing". *The China Journal*, No. 65, pp. 1-26.

Duncan, Otis Dudley. 1975. "Partitioning Polytomous Variables in Multiway Contingency Analysis". *Social Science Research* 4(3).

Earle, Lucy. 2004. "Social movements and NGOs: A Preliminary Investigation". *INTRAC working paper*. http://www.intrac.org.

Edwards, Gemma. 2014. *Social Movements and Protest*. New York: Cambridge University Press.

Elster, Jon. 1986. "Introduction", *Rational Choice*, ed., by Jon Elster, Washington Square, New York: New York University Press, p. 1.

Fassinger, Ruth and Morrow, Susan L. 2013. "Toward Best Practices in Quantitative, Qualitative, and Mixed-Method Research: A Social Justice Perspective". *Journal for Social Action in Counseling and Psychology*, Vol. 5, (Number),

Fog, Agner. 1999. *Cultural Selection*. Norwell, MA: Kluwer Academic Publishers.

Forster, Keith. 1990. *Rebellion and Factionalism in a Chinese Province: Zhejiang, 1966-1976*. Armonk: ME: Sharpe.

Forsyth, Donelson R.. 2008. "Self-Serving Bias". International Encyclopedia of the Social Sciences, 2nd edition, ed., by Darity, William. Detroit: Macmillan, p. 429.

Freeman, J. and Johnson, V. 1999. *Waves of Protest: Social Movements since the Sixties*. Lanham, Maryland: Rowman and Littlefield.

Freud, Sigmund. 1894/1959. "The Neuro-Psychoses of Defence" . *Sigmund Freud: Collected Papers,* Vol. 1, trans., by Riviere, Joane. New York: Basic Books, p. 72.

Friese, Susanne. 2012. *Qualitative Data Analysis with ATLAS.ti.* London: Sage Publications.

Gade, Christian B. N. 2013. "Restorative Justice and the South African Truth and Reconciliation Process" . *South African Journal of Philosophy*, 32(1), pp. 10-35.

Gamson, William. 1975. *Strategy of Protest*. Homewood, IL: Dorsey Press.

Gardner, Wendi L., Pickett, Cynthia L., and Brewer, Marilynn B.. 2000. "Social Exclusion and Selective Memory: How the Need to Belong Influences Memory for Social Events" . *PSPB*, Vol. 26, No. 4, pp. 486-496.

George Mason University Web. http://historymatters.gmu.edu/mse/film/socialhist.html

Gibson, James L. 2004. "Does Truth Lead to Reconciliation? Testing the Causal Assumptions of the South African Truth and Reconciliation Process" . *American Journal of Political Science*, vol. 48, No. 2, pp. 201-217.

Gibson, W.A. 1959. " Three Multivariate Models: Factor Analysis, Latent Structure Analysis, and Latent Prole Analysis" . *Psychometrika* 24, pp. 229-252.

Goodman, Leo A . 1974. "The analysis of Systems of Qualitative Variables when Some of the Variables are

Unobservable. Part I: A Modified Latent Structure Approach". *American Journal of Sociology*, 79, pp. 1179-1259.

Goodman, Leo A . 1974. "Exporatory Latent Structure Analysis Using Both Identifiable and Unidentifiable Models", *Biometrika*, 61, pp. 215-231.

Goodman, Leo A . 1975. "A New Model for Scaling Response Patterns: An An Application of the Quasi-Independence Concept", *Journal of the American Statistical Association*, 70, pp. 755-768.

Goodman, Leo A . 1979. "On the Estimation of Parameters in Latent Structure Analysis", *Psychometrika*, 44, pp. 123-128.

Granovetter, mark. 1978. "Threshold Models of Collective Behavior". *American Journal of Sociology*, 83, pp. 1420-1443.

Green, Jeffrey D., Sedikides, Constantine, Pinter, Brad, and Tongeren, Daryl R. Van. 2009. "Two Sides to Self-Protection: Self-Improvement Strivings and Feedback from Close Relations Eliminate Mnemic Neglect". *Psychology Press*, pp. 233-250.

Greenwald, Anthony G.. 1980. "The Totalitarian Ego: Fabrication and Revision of Personal History". *America Psychologist*, Vol. 35, No. 7, pp. 603-618.

Groos, Karl. 1898. *The Play of Animals*, translated by Elizabeth L. Baldwin. New York: Appleton.

https://www.brocku.ca/MeadProject/Groos/Groos_1898/

Groos, Karl. 1901. *The Play of Man*, translated by Elizabeth L. Baldwin. New York: Appleton. https://www.brocku.ca/MeadProject/Groos/Groos_1901/

Guest, Greg, Namey, Emily, and Mitchell, Marilyn. 2013. *Collecting Qualitative Data: A Field Manual for Applied Research*. Newbury Park, CA: Sage Publication Inc.

Gurr, Ted. 1970. *Why Men Rebel*. Princeton, NJ: Princeton University Press.

Haberman, Shelby J. 1979. "Analysis of Qualitative Data", Vol 2, *New Developments*. New York: Academic Press.

Habermas, Jurgen. 1987. *The Theory of Communication Action*, 2 Vols. Vol. II. Cambridge: Polity Press.

Hagenaars, Jacques A. 1990. *Categorical Longitudinal Data: Log-Linear Panel, Trend, and Cohort Analysis*. Newbury Park, CA: Sage Publications, Inc.

Hammond, Ron. 2010. *Introduction to Sociology*. Smashwords.

Harding, Harry. 1969. "Maoist Theories of Policy-Making and Organization: Lesson from the Cultural Revolution". *A Report prepared for the United States Air Force Project Rand. Santa Monica*, CA: The Rand Corp.

Harrell, Stevan. 1990. "Introduction". *Violence in China: Essays in Culture and Counterculture*, ed., by Lipman, Jonathan N., and Harrell, Stevan. Albany, New York: State University of New York Press, p. 2.

Harsanyi, John C.. 1986. "Advances in Understanding Rational Behavior." *Rational Choice*, ed., by Elster, Jon. Washington Square, New York: New York University Press, pp. P83-84.

Haughton, D. 1988. "On the Choice of a Model to Fit Data from an Exponential Family". *Annals Statistics*, 16, pp. 342-355.

Heilmann, Sebastian. 1996. *Turning Away from the Cultural Revolution: Political Grass-Roots Activism in the Mid-Seventies.* Center for Pacific Asia Studies at Stockholm University (September, 1996).

Hindelang, Michael J., Gottfredson, Michael R. and Garofalo, James. 1978. *Victims of Personal Crime: An Empirical Foundation for a Theory of Personal Victimization.* Cambridge, MA: Ballinger.

Hinske, Steve, Lampe, Matthias, Magakurth, Carsten, and Röcker, Carsten. 2007. " Classifying Pervasive Games: On Pervasive Computing and Mixed Reality". *Concepts and Technologies for Pervasive Games: A Reader for Pervasive Gaming Research*, vol. 1, ed., by. C. Magerkurth, C. Röcker. Shaker Verlag, Aachen, Germany, pp. 11-38.

Hinton, William. 1984. *Shenfan: The Continuing Revolution in a Chinese Village.* New York: Vintage Books, p. 521.

Hirschi, Travis. 1969. *Causes of Delinquency.* Berkeley: University of California Press.

Hoffman, David D. and Wolman, Richard N. 2013. "The Psychology of Mediation". *Journal of Conflict Resolution*, Vol. 14, pp. 759-806.

Hole, Kristin. 2011. "Does Dress Tell the Nation's Story? Fashion, History, and Nation in the Films of Fassbinder". *Fashion in Film,* ed., by Munich, Adrienne. Bloomington, IN: Indiana University Press, p. 289.

Huizinga, Johan. 1938. *Homo Ludens (Man and Players)*, cited from Wikipedia.

Jakopovich, Dan. 2011. "A Humanist Defense and Critique of the South African Truth and Reconciliation Commission". Peace Studies Jounal, vol. 4(1), pp. 51-65.

James, William. 1890. *The Principles of Psychology*. Cambridge, MA: Harvard University Press, p. 373.Kerlinger, Fred N. 1979. *Behavioral Research: A Conceptual Approach*. New York: Holt, Rinehart and Winston.

Killian, Lewis. 1964. "Social Movements". *Handbook of Modern Sociology*, ed., by Farris, Robert E. Chicago: Rand McNally, pp. 426-445.

Kinzer, Stephen. 1992. "2 East German Guards Convicted of Killing Man as He Fled to West". *The New York Times*. (1992-1-21)
http://www.nytimes.com/1992/01/21/world/2-east-german-guards-convicted-of-killing-man-as-he-fled-to-west.html

Kornhauser, William. 1959. *The Politics of Mass Society*. New

York: Free Press.

Kunda, Ziva. 1990. "The Case for Motivated Reasoning". *Psychological Bulletin*, Vol. 108, No. 3, pp. 480-498.

Kura, Sulaiman Y. Balarabe. 2012. "Qualitative and Quantitative Approaches to the Study of Poverty: Taming the Tensions and Appreciating the Complementarities". *The Qualitative Report*, Vol. 17, Article 34, pp. 1-19.

Kurzman, Charles. 1996. "Structural Opportunity and Perceived Opportunity in Social-Movement Theory: The Iranian Revolution of 1979". *American Sociological Review*, Vol. 61, pp. 153-170.

Kurzman, Charles. 2004. *The Unthinkable Revolution in Iran*. Cambridge, MA: Harvard University Press.

Kurzman, Charles. 2008. "Meaning-Making in Social Movements". *Anthropological Quarterly*, Vol. 81, No. 1, pp. 5-16.

Lamley, Harry J. 1990. "Lineage Feuding in Southen Fujian and Eastern Guangdong under Qing Rule". *Violence in China: Essays in Culture and Counterculture*, ed., by Lipman, Jonathan N., and Harrell, Stevan. Albany, New York: State University of New York Press, pp. 27-64.

Lang, Kurt and Lang, Gladys. 1961. *Collective Dynamics*. New York: Crowell.

Langeheine, R., Pannekoek, J., van de Pol, F. 1996. "Bootstrapping Goodness-of-fit Measures in Categorical Data

Analysis". *Sociological Methods and Research*, 24(4), pp. 492-516.

Lanza, S. T., Collins, L. M., Lemmon, D. R., and Schafer, J. L. 2007. "PROC LCA: A SAS Procedure for Latent Class Analysis". *Structural Equation Modeling*, 14 (4), pp. 671-694.

Lazarfeld, Paul. F. 1950. "The Logical and Mathematical Foundation of Latent Structure Analysis and the Interpretation and Mathematical foundation of Latent Structure Analysis". *Measurement and Prediction*, ed., by Stouffer, Samuel, Guttman, Louis, and Suchman, Edward. Princeton, NJ: Princeton University Press, pp. 362-472.

Lazarsfeld, Paul F., and Henry, Neil W. 1968. *Latent Structure Analysis*. Boston: Houghton Mill.

Le Bon, Gustave. 2001/1895. *The Crowd: A Study of the Popular Mind*. Kitchener, Ontario: Batoche Books.

Lee, Hong Yung. 1978. *The Politics of the Chinese Cultural Revolution: A Case Study*. Berkeley, CA: University of California Press.

Lewis, Clive Staples. 1944. The Inner Ring. 轉摘自菲力浦。津巴多。2008。《路西法效應》孫佩姣、陳雅馨譯。臺北：商周出版社。

Leys, Simon. 1978. *The Chairman's New Clothes: Mao and the Cultural Revolution*. New York: St. Martin's Press, (First published in 1971).

Lichtmn, M. 2006. *Qualitative Research in Education: A User's Guide*. Thousand Oaks, CA: Sage Publications, Inc., pp. 7-8.

Lilienfeld, Scott O., Lynn, Steven J., Ruscio, John, and Beyerstein, Barry L. 2010. *50 Great Myths of Popular Psychology: Shattering Widespread Misconceptions about Human Behavior*. Malden, MA: Wiley-Blackwell.

Lipman, Jonathan N. 1990. "Ethnic Violence in Modern China: Hans and Huis in Gansu, 1781-1929". *Violence in China: Essays in Culture and Counterculture*, ed., by Lipman, Jonathan N., and Harrell, Stevan. Albany, New York: State University of New York Press, pp. 65-86.

Livingston, Jay. 1992. *Crime & Criminology*. Englewood Cliffs, NJ: A Simon & Schuster Company.

Lombroso, Cesare. 1911/1972. *Criminal Man*. Montclair, NJ: Patterson Smith.

Lorenz, Konrad. 1974. On Aggression, trans., by Wilson, Marjorie K.. San Diego, CA: Hartcourt Brace & Company.

Lu, Xiuyuan. 1994. "A Step toward Understanding Popular Violence in China's Cultural Revolution". *Pacific Affairs*, Vol. 67, No. 4, pp. 533-564.

Turner, Ralph and Killian, Lewis. 1987. *Collective Behavior*, 3rd edition. Englewood Cliffs, New York: Prentice Hall.

Turner, Ralph and Killian, Lewis. 1993. *Collective Behavior*, 4th edition. Englewood Cliffs, NJ: Prentice Hall.

Macionis, John. 1991. *Sociology*, 3rd Edition. Englewood Cliffs,

NJ: Prentice-hall, Inc.

Macionis, John. 2012. *Sociology*. 14th Edition. NJ: Pearson Education.

Madsen, Richard. 1990. "The Politics of Revenge in Rural China during the Cultural Revolution". *Violence in China: Essays in Culture and Counterculture*, ed., by Lipman, Jonathan N., and Harrell, Stevan. Albany, New York: State University of New York Press, pp. 175-202.

Marwell, Gerald and Oliver, Pamela. 1984. "Collective Action Theory and Social Movements Research". *Research in Social Movements, Conflicts and Change: A Research Annual*, ed., Kriesberg, Louis. Greenwich, CT: JAI Press Inc.

Marx, Karl and Engels, Friedrich. 1978. "Manifests of the Communist Party", *The Marx-Engels Reader*, 2nd Edition, ed., by Robert C. Tucker. New York: W. W. Norton and Company Inc., pp. 469-500.

Marx, Karl. 1847. Wage Labor and Capital. https://www.marxists.org/archive/marx/works/1847/wage-labour/ch06.htm

Mattelart, Amand and Mattelart, Michele. 1998. *Theories of Communication: A Short Introduction*. Thousand Oaks, CA: Sage Publications.

McAdam, Douglas. 1982. *Political Process and the Development of Black Insurgency, 1930-1970*. Chicago,IL: Chicago University Press.

McAdms, Dan P. 1985. *Power, Intimacy, and the Life Story*. New York: Guilford Press.

McAdms, Dan P. 1993. *The Stories We Live By*. New York: Morrow.

McAdms, Dan P. 2001. "The Psychology of Life Stories". *Review of General Psychology*, 5, pp. 100-122.

McAdms, Dan P. 2006. *The Redemptive Self*. New York: Oxford University Press.

McAdams, Dan P., and Adler Jonathan M.. 2010. "Autobiographical Memory and the Construction of a Narrative Identity: Theory, Research, and Clinical Implications". *Social Psychological Foundations of Clinical Psychology*, ed., by Maddux, James E., and Tangney, June Price. New York: The Guilford Press.

McCarthy, John D. and Zald, Mayer N. 1977. "Resource Mobilization and Social Movements: A Partial Theory." *American Journal of Sociology*, 82, pp. 1212-1241.

McCutcheon, Allan. 1987. *Latent Class Analysis*. Newbury, CA: Sage Publications, Inc.

McPhail, Clark. 1991. *The Myth of the Madding Crowd*. New York: Aldine de Gruyter.

Melucci, Alberto. 1980. "The New Social Movements: A Theoretical Approach." *Social Science Information*, Vol. 19 No. 2, pp. 199-226.

Melucci, Alberto. 1985. "The Symbolic Challenge of

Contemporary Movements". *Social Research*, 52, No. 4, pp. 789-816.

Merriam, Sharan. 2009. *Qualitative Research: A Guide to Design and Implementation*. San Francisco, CA: Jossey-Bass.

Merton, Robert K. 1938. "Social Structure and Anomie". *American Sociological Review* 3, pp. 672-682.

Merton, Robert K. 1968. "Social Structure and Anomie". *Social Theory and Social Structure*. New York: Free Press, pp. 185-214.

Milgram, Stanley. 1963. "Behavioral Study of Obedience". *Journal of Abnormal and Social Psychology*, 67, pp. 371–378.

Mill, John Stuart. 1950. *Utilitarianism*. New York: Oxford University Press.

Morris, Aldon and Herring, Cedric. 1987. "Theory and Research in Social Movements: A Critical Review". *Annual Review of Political Science,* 2, pp. 137-198.

Morrison, Denton. 1978. "Some Notes Toward Theory on Relative Deprivation, Social Movements, and Social Change." *Collective Behavior and Social Movements*, ed., by Genevie, Louis E. Itasca, IL: F. E. Peacock, pp. 202-209.

Muijs, Daniel. 2011. *Doing Quantitative Research in Education with SPSS*, 2nd ed. Newbury, CA: Sage Publications Ltd.

Muskat, M, Blackman, D and Muskat, B. "Mixed Methods: Combining Expert Interviews, Cross-Impact Analysis and

Scenario Development" *The Electronic Journal of Business Research Methods*, Vol. 10 No. 1 (2012), pp. 9-21. http://www.ejbrm.com.

Myers, David G. 2001. *Psychology*, 6th edition. New York: Worth Publishers.

Neumann, John von and Morgenstern, Oskar. 2007. *The Theory of Games and Economic Behavior*, 60th Anniversary Edition. Princeton, NJ: Princeton University Press.

New York Times News Service. "2 Border Guards at Berlin Wall Guilty in Slaying". *Chicago Tribune* (1992-1-21). http://articles.chicagotribune.com/1992-01-21/news/9201060 750_1_chris-gueffroy-judge-theodor-seidel-ingo-heinrich

Nickerson, Raymond S.. 1998. "Confirmation Bias: A Ubiquitous Phenomenon in Many Guises". *Review of General Psychology*, Vol. 2, No. 2, pp. 175-220.

Nkwi, Paul, Nyamongo, Isaac, and Ryan, Gery. 2001. "Field Research into Socio-Cultural Issues: Methodological Guidelines". *Yaounde, Cameroon, Africa: International Center for Applied Social Sciences, Research, and Training*/UNFPA.

Oberschall, Anthony. 1973. *Social Conflict and Social Movements*. Englewood Cliffs, NJ: Prentice Hall.

Offe, C. 1985. "New Social Movements: Challenging the Boundaries of Institutional Politics". *Political Science Review* 6(4), pp. 483-99。

Olsen, Wendy. 2004. "Triangulation in Social Research: Qualitative and Quantitative Methods Can Really Be Mixed". *Developments in Sociology*, ed., by Ormskirk, Holborn M. Causeway Press, 2004, pp. 1-30.

Olson, Mancur. 1965. *The Logic of Collective Action: Public Goods and the Theory of Groups*. Cambridge: Harvard University Press.

OpenStax College. 2012. *Introduction to Sociology*. http://cnx.org/content/col11407/latest/

Orr, Leonard. 2005. "Modernism and the Issue of Periodization". *CLCWeb: Comparative Literature and Culture,* Vol.7, Issue 1. http://docs.lib.purdue.edu/clcweb/vol17/iss1/3.

Orwell, George. 1949. *1984*. New York: Harcourt Brace & Co.

Parikh, Sunita and Cameron, Charles. 2000. "Riot Games: A Theory of Riots and Mass Political Violence". *The Wallace Institute Conference on Political Economy*, University of Rochester.

Park, Robert and Burgess, Ernest. 1921. *Introduction to the Science of Sociology*. Chicago: University of Chicago Press.

Pascoe, Danial. 2007. "Are Truth and Reconciliation Commissions and Effective Means of Dealing with State Organized Criminality?" *Cross-sections*, vol. III, pp. 93-115.

Perry, Elizabeth J. 2001. "Challenging the Mandate of Heaven: Popular Protest in Modern China". *Critical Asian Studies*,

33(2), pp 163-180.

Perry, Elizabeth J. 2007. "Studying Chinese politics: Farewell to revolution?" *China Journal*, 57, pp. 1-22.

Perry, Elizabeth J. and Li, Xun. 1997. *Proletarian Power: Shanghai in the Cultural Revolution*. Boulder, CO: Westview Press.

Perry, Elizabeth. 2002. "Moving the Masses: Emotion work in the Chinese Revolution". *Mobilization: An International Journal*, 7(2), pp. 111-128.

Pomeranz, Kenneth. 2013. "Teleology, Discontinuity and World History: Periodization and Some Creation Myths of Modernity". *Asian Review of World Histories*, 1:2, pp. 189-226.

Porta, Donatella D. And Diani, Mario. 2006. *Social Movements: An Introduction*, 2nd ed. Malden, MA: Blackwell Publishing.

Ramsay, Rebekah. 2014. *Cultural Revolution in Early Soviet Kazakhstan, 1921-1941*. American Councils for International Education 2013-2014 Title VIII Combined Research and Language Training Program.

Ritzer, George. 1988. *Contemporary Sociological Theory*, 2nd Edition. New York: Alfred A. Knopf, Inc.

Mead, Geoge Herbert. 1934/1962. *Mind, self and Society: From the Standpoint of a Social Behaviorist*. Chicago: University of Chicago Press.

Samuelsen, Karen and Raczynski, Katherine. 2013. "Latent

Class/Profile Analysis". *Applied Quantitative Analysis in the Social Sciences*, ed., by Petscher, Yaacov, Schatschneider, Christopher, and Compton, Donald. New York: Routledge.

SAS. *Chapter 33: The Cluster Procedure*, pp. 2060-2061. http://support.sas.com/documentation/onlinedoc/stat/131/cluster.pdf

SAS. *Cluster SAS procedure Doc*. http://v8doc.sas.com/sashtml/stat/chap23/sect28.htm

Schacter, Daniel L.. 1999. "The Seven Sins of Memory: Insights from Psychology and Cognitive Neuroscience". *American Psychologist*, Vol. 54, No. 3, pp. 182-203.

Schwartz, G. 1978. "Estimating the Dimension of a Model". *Annals Statistics*, 6, pp. 461-464.

Sclove, L. S. 1987. "Application of Model-Selection Criteria to Some Problems in Multivariate Analysis". *Psychometrika*, 52, pp. 333-343.

Shek, Richard. 1990. "Sectarian Eschatology and Violence". *Violence in China: Essays in Culture and Counterculture*, ed., by Lipman, Jonathan N., and Harrell, Stevan. Albany, New York: State University of New York Press, pp. 87-114.

Siegel, Larry J. 2011. Criminology, 11th ed. Belmont, CA: Wadsworth, Preface, xvii.

Sighele, Scipio. 1891. *The Criminal Crowd*. (1892 translated into French). (from Mattelart, Amand and Mattelart, Michele. 1998. Theories of Communication: A Short Introduction.

Thousand Oaks, CA: Sage Publications.)

Simmel, Georg. 1904. "Fashion". *International Quarterly*, No. 10. http://www.modetheorie.de

Smelser, Neil. 1962. *The Theory of Collective Behavior*. New York: Free Press.

Smith, Adam. 1910. *The Wealth of Nations*. London: J. M. Dent. http://en.wikisource.org/wiki/The_Wealth_of_Nations

Sneath, Peter. H. A. and Sokal, Robert R. 1973. *Numerical Taxonomy*. San Francisco, CA: W. H. Freeman.

Snow, D. A. and Benford, R. D. 1992. "Mater Frames and Cycles of Protest". *Frontiers in Social Movement Theory*, ed., by A. D. Moms and C. McClurg Mueller. New Haven, CT: Yale University Press.

Snow, D. A., Zurcher, L. A. And Ekland-Olson, S. 1986. " Frame Aligment Process, micro-mobilization, and Movement Participation". *American Sociological Review*, 37, pp. 520-532.

Sokal, Robert and Michener, Charles D. 1958. "A Statitistical Method for Evaluating Systematic Relationships ". *University of Kansas Science Bulletin*, 38, pp. 1409-1438.

Sokal, Robert and Sneath, Pepter. 1963. *The Principles of Numerical Taxonomy*. San Francisco, CA: W. H. Freeman.

Sooka, Yasmin. 2006. "Dealing with the Past and Transitional Justice: Building Peace Trough Accountability ". *International Review of the Red Cross*, vol. 88, No. 862, pp.

311-325.

Staub, Ervin. 2006. "Reconciliation after Genocide, Mass Killing, or Intractable Conflict: Understanding the Roots of Violence, Psychological Recovery, and Steps toward a General Theory". *Political Psychology*, vol. 27, No. 6, pp. 867-894.

Straus, Scott. 2012. "Retreating from the Brink: Theorizing Mass Violence and the Dynamics of Restraint". *Perspectives on Politics*, 10, No. 2, pp. 343-362.

Stevens, Stanley Smith. 1951. "Mathematics, Measurements and Psychophysics", *Handbook of Experimental Psychology*, ed., by Stanley S. Stevens. New York: Wiley.

Stouffer, Samuel A., and Toby, Jackson. 1951. "Role Conflict and Personality". *American Journal of Sociology*, 56, pp. 395-406.

Strauss, Julia. 2006. "Morality, Coercion and State Building by Campaign in the early PRC: Regime Consolidation and after 1949-1956". *The China Quarterly*, pp. 891-912.

Sutherland, Edwin H. and Cressey, Donald R. 1992. *Principles of Criminology, 11th ed.,* Lanham, MD: AltaMira Press.

Tafarodi, Romin W., Tam, Janice and Milne, Alan B.. 2001. "Selective Memory and the Persistence of Paradoxical Self-Esteem". *PSPB*, Vol. 27, No. 29, pp. 1179-1189.

Tan, Pang-Ning, Steinbach, Michael, and Kumar, Vipin. 2005. *Introduction to Data Mining*. Pearson Addison-Wesley.

Tarás, G. M. 1993. "The Legacy of Dissent". *Times Literary Supplement*, 14th May, pp. 14-19.

Tarrow, Sidney. 1998. *Power in Movement*. Cambridge, New York: Cambridge University Press (First Published in 1994).

The Methodology Center, Penn State. *SAS Procedure LCA & Procedure LTA*. http://methodology.psu.edu/

Thurston, Anne F. 1990. "Urban Violence during the Cultual Revolution: Who is to Blame? " *Violence in China: Essays in Culture and Counterculture*, ed., by Lipman, Jonathan N., and Harrell, Stevan. Albany, New York: State University of New York Press, pp. 149-174.

Tilly, Charles. 1978. *From Mobilization to Revolution*. New York: Mcgraw-Hill College.

Tilly, Charles. 1984. "Social Movements and National Politics". *State-making and Social Movements: Essays in History and Theory*, ed., by Charles Bright and Susan Harding. Ann Arbor, MI: University of Michigan Press, pp. 297-317.

Tökés, Rudolf L. 1974. "Dissent: The Politics for Change in the USSR". *Soviet Politics and Society in the 1970's*, ed., by Morton, Henry W., Tökés, Rudolf L. and Hazard, J. N..New York: The Free Press, pp. 3-59.

Tryon, K..1939. *Cluster Analysis*. New York: McGraw-Hill。

Tuchman, Barbara W. 1978. *A Distant Mirror: The Calamitous 14th Century*. New York: Knopf, p. 141.

Turner, Ralph and Killian, Lewis. 1972. *Collective Behavior,* 2nd

ed., Englewood Cliffs, NJ: Prentice-Hall.

Turner, Ralph and Lewis M. Killian. 1993. *Collective Behavior,* 4th ed. Englewood Cliffs, NJ: Prentice Hall.

Unger, Jonathan. 2007. "The Cultural Revolution at the Grass Roots." *The China Journal*, No. 57 (January 2007), pp. 109-137

Venkatesan, Hari. 2005. *Cultural Revolution and Collective Memory: The Case of Five Intellectuals.* A Thesis for the degree of doctor of philosophy. National University of Singapore。

Vermunt, Jeroen K. 1997. *Log-linear Models for Event Histories.* Thousand Oaks, CA: Sage Publications.

Vermunt, Jeroen K., and Magidson, Jay. *Latent Class Analysis.* March 18, 2015 retrieved from http://www.statisticalinnovations.com/articles/Latclass.pdf.

Walder, Andrew. 2006. "Factional Conflict at Beijing University, 1966-1968". *China Quarterly*, 188(I), pp. 1023-1047.

Walklate, Sandra. 2007. *Understanding Criminology: Current Theoretical Debates*, 3rd ed. New York: Open University Press.

Wang, Shaoguang. 2003. "The Structural Sources of the Cultural Revolution". *The Chinese Cultural Revolution Reconsidered: Beyond Purge and Holocaust*, ed., by Law, Kam-yee. Basingstoke, Hampshire: Palgrave Macmillan, pp. 58-91.

White, Lynn T. 1989. *Politics of Chaos: The Organizational Causes of Violence in China's Cultural Revolution*. Princeton, NJ: Princeton University Press.

White, Lynn T. and Law, Kam-yee. 2003. "Introduction: China's Revolution at its Peak". *Beyond a Purge and a Holocaust: The Cultural Revolution Reconsidered*, ed., by Kam-yee Law. New York: Palgrave Macmilla.

White, Lynn T.. 1989. *Politics of Chaos: The Organizational Causes of Violence in China's Cultural Revolution*. Princeton, NJ: Princeton University Press.

Willson, David H. 1967. *A History of England*. New York: Holt, Rinehart, and Winston.

Wilson, John. 1973. *Introduction to Social Movements*. New York: Basic Books Inc.

Wurpts, Ingrid C., and Geiser, Christian. 2014. "Is Adding More Indicators to a Latent Class Analysis Beneficial to Detrimental? Results of a Monte-Carlo Study". *Frontiers in Psychology*. (2014-08-21) http://journal.frontiersin.org/article/10.3389/fpsyg.2014.0092 0

Xavier University Library. *Qualitative versus Quantitative Research*. http://www.xavier.edu/library/students/documents/qualitative _quantitative.pdf

Yang, Chih-Chien. 2006. "Evaluating Latent Class Analysis

Models in Qualitative Phenotype Identification ". *Computational Statistics & Data Analysis*, 50(2006), pp. 1090-1104.

Zhang, Joshua. 1996. *An Examination of the Routine Activities/Lifestyle Explanation of Criminal Victimization*. Tulane University. PhD. Dissertation.

Zhang, Tong and Schwarts, Barry. 1997. "Confucius and the cultural Revolution: A Study in collective Memory". *International Journal of Politics, Culture and Society*, Vol. 11, No. 2, pp. 189-212.

Zhao, Dingxin. 2011. "State Legitimacy and Dynamics of the 1989 Pro-democracy Movement in Beijing". *East Asian Social Movements: Power, Protest and Change in a Dynamic Region*, ed., by Broabent, Jeffrey and Irockman, Vicky. New York: Springer Science and Business Media.

Zirakzaeh, Cyrus Ernesto. 1997. *Social Movements in Politics: A Comparative Study*. New York: Longma.

Wikipedia. http://en.wikipedia.org/wiki/

中文部分

阿陀。2013 年。「文革的十年，武鬥的十年──為紀念文革四十七周年而作」。華夏知青網：http://www.hxzq.net/

卜偉華。2009 年。「關於文革史研究的幾個問題」。《華夏文摘

增刊》第 724、727 期。

卜偉華。2014 年。「把史實搞清楚是最重要的」。《記憶》第 106
　　期（2014 年 1 月 15 日）。

蔡明芩。2009 年。《回憶文革：在超越與再現間的選擇視野》。
　　臺北：國立臺灣大學政治學系中國大陸暨兩岸關係教學
　　與研究中心。

陳益南。2006 年。「回憶湖南的批林批孔、批卜揭景運動－批
　　林批孔運動讓造反派第二次風光」。《青春無痕：一個造
　　反派工人的十年文革》第 25 章。香港：香港中文大學
　　出版社。

陳子明。2006 年/2014 年。「文革：一場遊戲一場夢──兼與
　　『人民文革』說商榷」。《今天》第 74 期 2006 年（秋季
　　號）。《昨天》第 28 期 2014 年 1 月。

程惕潔。2007 年。「四十餘年回首看內蒙文革」。《文化大革命：
　　歷史真相和集體記憶》。宋永毅主編。香港：田園書屋，
　　第 87-98 頁。

程曉農。2007 年。「中蘇『文化革命』的比較及其啟示」。《文
　　化大革命：歷史真相和集體記憶》，宋永毅主編，香港：
　　田園書屋，第 35-44 頁。

鄧小平。2006 年。「鄧小平同志關於如何劃分和清理『三種人』
　　的談話」，（1983 年 11 月 16 日）《動向》（2006 年 2 月
　　號）。

丁學良。2013 年。「『文化大革命』就是形形色色的人相互報
　　復的革命」《革命與反革命追憶：從文革到重慶模式》。
　　臺灣聯經出版社，第 170-194 頁。

董國強。2006 年。「大陸學界紅衛兵運動研究述評」。《二十一世紀》網路版(2006 年 7 月)第 50 期。

董國強。2009。「革命？還是帝王政治的迴光返照？──毛的最後革命評介」。《當代中國研究》(2009 年)第 3 期。

杜鈞福。2013 年。「文革造反派的市民背景和知識背景」。《共識網》（2013 年 3 月 19 日）。

杜鈞福。2014 年。「陳小魯的道歉不能洗清西糾的罪惡」。《華夏文摘增刊》第 926 期。

方圓。1997 年。「自由工人運動的先驅──獨立工會『全紅總』」。《北京之春》（1997 年 3 月號）第 46 期。

菲力浦。津巴多。2008.《路西法效應》孫佩姣、陳雅馨譯。臺北：商周出版社。

費正清。2000 年。《偉大的中國革命（1800-1985）》。世界知識出版社。

馮翔。2014 年。「王晶垚：『我，沒有忘記歷史』」。《南方週末》（2014 年 3 月 13 日）。

馮翔。2014 年。「宋彬彬的符號人生」。《南方週末》（2014 年 3 月 13 日）。

高皋、嚴家其。1986 年。《文化大革命十年史：1966-1976》。天津：天津人民出版社。

古斯塔夫· 勒龐。1999/1895 年。《烏合之眾：大眾心理研究》。北京：中央編譯出版社。

關向光。2006 年。「文革再認識」。《展望與探索》（2006 年 6 月）4:6 期，第 7-11 頁。

何明修。2004 年。「文化、構框與社會運動」。《臺灣社會學刊》，

第 33 期（2004 年 12 月），第 157-199 頁。

何蜀。2007 年。「論造反派」。《文化大革命──歷史真相和集體記憶》。宋永毅主編。香港：田園書屋，第 492 頁。

何蜀。2013 年。「對『文化大革命』歷史分期的思考」。《愛思想》|《中國數字時代》(2013 年 11 月 1 日)。

胡甫臣。2014 年。「對建國後歷次政治運動的認識」。《共識網》（2014 年 9 月 28 日)。

胡平。1996 年。「比賽革命的革命：文化革命的政治心理分析」。《北京之春》（1996 年 6 月號)。

胡平。2014 年。「為什麼卞仲耘之死成了懸案」。《中國人權雙週刊》第 124 期（2014 年 2 月 7 日—2 月 20 日)。

華新民。2014 年。「卞仲耘命案爭論拾遺」。《華夏文摘增刊》第 956 期。

黃長燁。2008 年。《黃長燁回憶錄》。北京：華夏出版社。

江蘇省革命造反派炮轟省委聯合會、江蘇省省級機關革命造反總部、江蘇省省級機關革命造反總部省委辦公廳分部。1967 年。《打倒反革命修正主義分子許家屯》（1967 年 3 月 14 日聯合編印)。「中國文革研究網」。http://www.wengewang.org/read.php?tid=5800

金大陸、啟之。2012 年。「一個研究『文革』的新思路新方法──金大陸教授訪談錄」。《社會科學論壇》2012/2，第 144-156 頁。

金春明。1995 年。《「文化大革命」史稿》。成都：四川人民出版社。

金春明。1998 年。「『兩個文革說』與『文化大革命』的定性

研究」。　《中共黨史研究》1998 年第 2 期。

柯德遠。2011　年。「憶查全華君」。《地方文革史交流網》。
　　　http://www.difangwenge.org/read.php?tid=6321

郎鈞。2012 年。「佇視王晶垚－宋彬彬對簿歷史的公堂―《宋
　　　彬彬談話紀要》的解讀及其它」。《北京之春》（2012 年
　　　8 月號）。

老田。2014。「對主流文革史寫法的知識社會學分析」。《共識
　　　網》（2014 年 4 月 10 日）。

雷一寧。2012 年。「為什麼當年北京最出色的女校學生會做出
　　　如此傷天害理的事情？」《華夏文摘增刊》第 858、860
　　　期。

李輝。2003 年。「紅衛兵：從母愛教育的失落開始」。《粵海風》
　　　2003 年第六期。

林偉然/李玉華譯。1996 年。《一場夭折的中國文化啟蒙運動：
　　　階級鬥爭理論和文化大革命》。威斯康星大學出版。

劉國凱。1997 年。「三年文革與兩條線索」。《中國之春》（1997
　　　年）第 2 期。

劉國凱。2006。「論人民文革――為文革四十周年而作」。《北
　　　京之春》(2006 年 1 月)第 152 期。

劉仰。2011 年。「文革――一個還是兩個，這是一個問題」。《共
　　　識網》（2011 年 11 月 3 日）。

劉曉波。2001 年。「從娃娃抓起的殘忍――為文革 35 年而作」。
　　　《民主中國》2001 年 4 月號。

麥克法誇爾，羅德里克，沈邁克。2008 年。《毛澤東的最後革
　　　命》網路下載版。

麥克法誇爾，羅德里克。2014 年。「懺悔吧」。《中國經濟報告》2014 年 5 月刊。

麥克倫尼, D. Q.。趙明燕譯。2007 年。《簡單邏輯學》北京：中國人民大學出版社。

啟之。2013 年。《故事不是歷史：文革的紀實與書寫》。要有光出版社。

啟之。2014 年。「宋彬彬道歉之後」。《記憶》第 112 期。

喬曉華、張程。2013 年。《西方社會學面面觀》。北京：人民日報出版社。

喬曉華、張程。2015 年。《傲慢與偏差—66 個有趣的社會問題》。北京：新華出版社。

任毅。1998 年。《生死悲歌：〈知青之歌〉冤獄始末》。北京：中國社會科學出版社。

單正平。2003 年。「文化大革命：神權政治下的國家罪錯」。《當代中國研究》總 82 期。

斯垂特菲爾德，多明尼克。2011 年。《洗腦術——思想控制的荒唐史》。張孝鐸譯。北京：中國青年出版社。

宋宏亮。1998 年。「三十年前的溫州武鬥」。《華夏文摘增刊》第 158 期（1998 年 11 月）。

宋永毅。2002 年。「『文革』中的暴力與大屠殺」。《當代中國研究》2002 年第 3 期。

宋永毅。2006 年。「造反派和『三種人』—一個亟待深入研究的歷史課題」。《動向》（2006 年 2 月刊）。

宋永毅。2008 年。「『文化大革命』和非理性的毛澤東」。《當代中國研究》（2008 年第 4 期）。

蘇陽。2006 年。「『文革』中的集體屠殺：三省研究」。《當代中國研究》2006 年第 3 期。

譚合成。2010 年。《血的神話——西元 1967 年湖南道縣文革大屠殺紀實》。香港：天行健出版社。

王晶垚。2014 年。「關於宋彬彬劉進虛偽道歉的聲明」。《縱覽中國》2014-1-27。

王年一。1988。《大動亂的年代》。鄭州：河南人民出版社。

王容芬。2013 年。「一層終於捅破了的窗戶紙—紀念紅八月受難者卞仲耘老師和證人林莽（陳洪濤）老師」。《縱覽中國》2013-8-4.

王紹光。1991 年。「群眾與文化大革命」。《大陸知識份子論政治、社會、經濟》李少民編。臺北：桂冠圖書股份有限公司，第 90-94 頁。

王希哲。1981 年。「毛澤東與文化大革命」。《七十年代月刊》（1981 年 2 月刊）。

王友琴。「暴力性「鬥爭會」的最早的受難者：李敬儀和吳天石之死」。
http://hum.uchicago.edu/faculty/ywang/history/LiJingYi.htm

王友琴。2004 年。《文革受難者：關於迫害、監禁和殺戮的尋訪實錄》（電子版），第 596 頁。
http://www.chinese-memorial.org/

王友琴。2010 年。「『帶了個好頭』：紅衛兵道歉」。《南方週末》2010 年 10 月 22 日。

王友琴。2014 年。「回應宋彬彬等」。《共識網》（2014-3-25）。

武振榮。2005 年。「解讀金春明教授關於『文革』的定義」。《華夏文摘增刊》（2005 年 8 月）第 452 期。

席宣、金春明。1996/2005 年。《「文化大革命」簡史》北京：中共黨史出版社。

喜東。1996 年。「『十年文革』，還是兩年文革？」《華夏文摘增刊》（1996 年 4 月）第 84 期。

喜東。1996 年。「兩個文革，還是一個文革？」。《華夏文摘增刊》第 83 期。

向前。2012 年。「政治身份體系下的社會衝突：文革初期群眾行為的社會根源」。《記憶》第 85 期。

徐賁。2004 年。「文革政治文化中的恐懼和暴力」。《愛思想網》2004-8-7。

徐賁。2010 年。「『人民文革』和中國『群眾』」。《縱覽中國》（2010 年 2 月 18 日）。

徐賁。2014 年。「宋彬彬的『錯』和『罪』」。《華夏文摘增刊》第 927 期。

徐友漁。1996 年。「關於『兩個文革』說」。《中國研究》。日本（1996 年 8 月），第 17 期。

徐友漁。1999 年。《形形色色的造反》。香港：香港中文大學出版社。

徐友漁。2000 年。「懺悔是絕對必要的」。《華夏文摘增刊》第 224 期。

徐友漁。2007 年。「文革研究之一瞥：歷史、現狀和方法」。《文化大革命：歷史真相和集體記憶》宋永毅主編。香港：田園書屋，第 594-606 頁。

徐友漁。2011 年。「西方跟中國的學術界對於中國文化大革命的研究」。《大學論壇》第 48 期。

徐友漁。2014 年。「文革只有宋彬彬們道歉不夠」。《騰訊文化》2014 年 1 月 15 日。

徐競草。2014 年。「價值 3 億美元的『倒獎勵』」。《37° 女人》2014 年第 6 期。（轉引自《讀者》2014 年第 15 期）。

徐正全。2012 年。《雪地足跡：一個文革死刑犯的人生記憶》。香港：中國文化傳播出版社。

閻長貴。2011 年。「究竟誰利用誰？——對《決議》中關於文革定義的評析」。《記憶》第 78 期。

楊小凱。1990 年。「六四省悟：反文革造反派翻案」。《中國之春》(1990 年 8 月刊)第 42-43 頁。

葉永烈。1995 年。《文革名人風雲錄》。西寧：青海人民出版社。

佚名。2012 年。「戰史為什麼不宣傳解放南京的部隊？」《共識網》（2012 年 3 月 1 日）

印紅標。1997。「紅衛兵運動的主要流派」，《青年研究》（1997 年第 4 期）。

余不潔。2014 年。「拒絕接受道歉恰當嗎？」《華夏文摘增刊》第 956 期。

于堅。2000 年。「懺悔是個人的自由——為余秋雨一辯」。《華夏文摘增刊》第 224 期。

裕雄。2014 年。「再談良知與責任—評宋彬彬道歉」。《華夏文摘增刊》第 929 期。

張程、喬晞華。2013 年。《總統制造：留美博士眼中的美國大

選》。北京：人民日報出版社。

張程、喬晞華。2015。《多棱鏡下：中國電影與時裝、時尚》。
　　北京：人民日報出版社。

張晨晨。2008 年。「文革初期的集體暴力」。《二十一世紀》網
　　路版，2008 年 12 月號，第 52-61 頁。

鄭仲兵、雷頤、韓鋼、李鬱。2004。「漫談文革研究」。《往事》
　　第 1 期（2004 年 9 月 28 日）。

鄭義。1996 年。「兩個文化大革命雛議」。《華夏文摘增刊》（1996
　　年 4 月）第 83 期。

鄭義。1996 年。「清華附中、紅衛兵與我」。《北京之春》第 42
　　期（1996 年 11 月）。

周至美、蔣晨悅。2014 年。「宋彬彬的三個名字」。《南都週刊》
　　2014 年第 4 期（1 月 2 日）。

朱嘉明。1996 年。「三十年後思考文化革命的幾個問題」。轉
　　自《華夏文摘增刊》（1996 年）第 97 期（原載《新聞
　　自由導報》第 207 期）。

朱曉茵、劉進等。2014 年。「劉秀瑩老師談女附中文革」，《記
　　憶》第 108 期（2014 年 2 月 15 日）。

朱學勤。2014 年。「吐盡狼奶、開口奶：從宋彬彬道歉說起」。
　　《華夏文摘增刊》第 932 期。

維基百科。http://zh.wikipedia.org/。

《現代漢語詞典》。2002 年。中國社會科學院語言研究所詞典
　　編輯室。

國家圖書館出版品預行編目資料

既非一個文革,也非兩個文革：南外紅衛兵打死工人王金事件
個案分析 / 喬晞華著. -- 初版. --
臺北市：博客思, 2015.11
面； 公分. -- (文革大系；2)
ISBN 978-986-5789-78-7 (平裝)
　1.王金事件 2.文化大革命
628.75　　　　　　　　　　　　　　　　104018700

文革大系 2

既非一個文革，也非兩個文革

——南外紅衛兵打死工人王金事件個案分析

作　　者：喬晞華
編　　輯：高雅婷
美　　編：高雅婷
封面設計：諶家玲
出 版 者：博客思出版事業網
發　　行：博客思出版事業網
地　　址：台北市中正區重慶南路 1 段 121 號 8 樓之 14
電　　話：(02)2331-1675 或(02)2331-1691
傳　　真：(02)2382-6225
E—MAIL：books5w@gmail.com 或 books5w@gmail.com
網路書店：http://bookstv.com.tw/、華文網路書店、三民書局
　　　　　http://store.pchome.com.tw/yesbooks/
　　　　　博客來網路書店 http://www.books.com.tw
總 經 銷：成信文化事業股份有限公司
劃撥戶名：蘭臺出版社　帳號：18995335
網路書店：博客來網路書店 http://www.books.com.tw
香港代理：香港聯合零售有限公司
地　　址：香港新界大蒲汀麗路 36 號中華商務印刷大樓
　　　　　　C&C Building, 36,Ting, Lai, Road, Tai,Po, New,Territories
電　　話：(852)2150-2100　　　傳真：(852)2356-0735
總 經 銷：廈門外圖集團有限公司
地　　址：廈門市湖裡區悅華路 8 號 4 樓
電　　話：86-592-2230177
傳　　真：86-592-5365089
出版日期：2015 年 11 月 初版
定　　價：新臺幣 380 元整
ISBN：978-986-5789-78-7